高等职业教育轨道交通类校企合作系列

铁路电力远动技术

TIELU DIANLI YUANDONG JISHU

主　编　曹　阳
副主编　武　欢　王天夫
主　审　杨陆林

西南交通大学出版社
·成都·

内容简介

本书根据高等职业教育对人才技术应用能力培养的需求，并结合作者多年从事高等职业教育教学的经验编写而成．本书在总结我国微机远动技术研究、开发与应用的基础上，围绕电气化铁道装备水平的实际情况，突出介绍了牵引供电SCADA系统的基本概念、结构与功能，变电所综合自动化基本知识，数据信息的采集与处理技术、数据通信网络结构及原理．结合铁路运行管理部门的实际工作情况，介绍了远程终端单元（柱上RTU）的结构原理、故障处理，信号电源监控，铁路电力线路自动化系统，变（配）电所远程视频（安全）监控系统，远动装置运行维护常识，以及KH-8000T铁路电力远动系统操作等知识。

本书可作为高等职业技术学校电气化铁道技术、铁道供电专业的教材，也可作为电气化铁道技术相关专业工程技术人员的培训、参考用书。

图书在版编目（ＣＩＰ）数据

铁路电力远动技术／曹阳主编．—成都：西南交通大学出版社，2015.2（2022.12重印）
高等职业教育轨道交通类校企合作系列教材
ISBN 978-7-5643-3761-2

Ⅰ.①铁…Ⅱ.①曹…Ⅲ.①电气化铁道 – 牵引变电所 – 远动化 – 高等职业教育 – 教材 Ⅳ.①U224.9

中国版本图书馆CIP数据核字（2015）第030828号

高等职业教育轨道交通类校企合作系列教材

铁路电力远动技术

主编 曹 阳

责 任 编 辑	李芳芳	
特 邀 编 辑	李庞峰 李 娟	
封 面 设 计	墨创文化	
出 版 发 行	西南交通大学出版社 （四川省成都市二环路北一段111号 西南交通大学创新大厦21楼）	
发 行 部 电 话	028-87600564 028-87600533	
邮 政 编 码	610031	
网 址	http://www.xnjdcbs.com	
印 刷	成都市书林印刷厂	
成 品 尺 寸	185 mm × 260 mm	
印 张	17.75	
字 数	436 千	
版 次	2015年2月第1版	
印 次	2022年12月第4次	
书 号	ISBN 978-7-5643-3761-2	
定 价	38.00 元	

前　言

随着我国电气化铁道事业的发展和新技术、新设备、新工艺的不断出现，特别是近 20 年来，随着计算机技术、网络技术和通信技术的不断发展，铁路远动技术得到了迅速发展，现场设备也不断更新。为了满足铁路运行维护和基本建设等部门的需要，进一步提高从事铁路远动技术工作人员的技术业务水平，根据铁路高职教育电气化铁道技术专业"铁路电力远动技术"课程教学大纲编写了本教材。

对于高等职业技术学院的学生，由于传统的教材过于注重理论知识和计算过程，而实际操作跟不上现场设备的更新，学生在学习过程中不能很好地将理论知识和操作技能进行有机的结合。通过近几年的教学实践和思考，我们感到有必要从铁路现场实际设备出发，编写这样一本教材，既有助于教学，又便于学生理解与掌握相关的知识。本书主要内容包括：牵引供电 SCADA 系统的基本概念、结构与功能，变电所综合自动化基本知识，数据信息的采集与处理技术，数据通信网络结构及原理，并结合铁路运行管理部门的实际工作情况，介绍远程终端单元（柱上 RTU）的结构原理、故障处理，信号电源监控，铁路电力线路自动化系统，变（配）电所远程视频（安全）监控系统，远动装置运行维护常识，KH-8000T 铁路电力远动系统操作等。

本书的主要特色：淡化理论产生的过程及演变，强调理论知识的结论，在文字叙述的基础上注重配图。重视项目实施及解决实际生产中的问题的能力，在基础理论知识上，以"必须够用"为原则，在实做上引入沈阳铁路局现场实际设备及远动设备检修任务和 KH-8000T 铁路电路电力远动技术的实训设备及实际操作任务。

本书适用于电气化铁道技术专业、供用电专业和自动化专业。

本书由辽宁铁道职业技术学院电气工程系曹阳任主编，武欢、王天夫任副主编。具体分工为：曹阳编写第一章、第二章、第三章、第五章、第六章；王天夫编写第四章、第七章、第八章、第九章；武欢编写第十章、第十一章、第十二章、第十三章。本书由沈阳铁路局调度所工程师杨陆林主审。在编写过程中得到了沈阳铁路局调度所的大力支持和帮助，在此表示感谢！在本书编写过程中我们参阅了大量的教材、手册等资料，在此向有关作者表示感谢！

由于编者学识水平有限，难免会出现疏漏之处，恳请广大读者批评指正。

编　者

2015 年 1 月

目 录

上篇 牵引供电远动技术

第一章 概 述 ………………………………………………………………… 3
  第一节 SCADA 系统的基本结构 …………………………………………… 3
  第二节 SCADA 系统的基本概念 …………………………………………… 6
  第三节 SCADA 系统的性能指标 …………………………………………… 8
  第四节 SCADA 系统的发展 ………………………………………………… 9

第二章 牵引供电 SCADA 系统调度端 …………………………………… 12
  第一节 SCADA 系统调度端基本结构及原理 …………………………… 12
  第二节 SCADA 系统调度端主要组成设备及功能 ……………………… 13
  第三节 SCADA 系统调度端典型案例 …………………………………… 32

第三章 变电所综合自动化概述 …………………………………………… 35
  第一节 变电所综合自动化的概念及特点 ………………………………… 35
  第二节 变电所综合自动化系统的基本功能 ……………………………… 37
  第三节 变电所综合自动化系统的结构形式和配置 ……………………… 40
  第四节 变电所综合自动化技术的发展方向 ……………………………… 44
  第五节 变电所综合自动化实例 …………………………………………… 46

第四章 数据信息的采集与处理 …………………………………………… 65
  第一节 模拟量的采集与处理 ……………………………………………… 65
  第二节 VFC 式数字采集系统 ……………………………………………… 84
  第三节 模拟量输出电路 …………………………………………………… 88
  第四节 开关量输入/输出电路 …………………………………………… 92
  第五节 脉冲量计数电路 …………………………………………………… 98
  第六节 输入/输出接口 …………………………………………………… 100

第五章 牵引供电 SCADA 系统的通信与网络技术 …………………… 113
  第一节 数据通信概述 ……………………………………………………… 113
  第二节 牵引供电 SCADA 系统通信网络基本概念 …………………… 123
  第三节 现场总线技术 ……………………………………………………… 131
  第四节 典型应用案例 ……………………………………………………… 133

第六章　远程终端单元（柱上 RTU）··137

　第一节　柱上 RTU232 ··137

　第二节　RTU 常见故障处理 ··142

　第三节　接触网隔离开关监控系统 ···148

下篇　铁路电力线路自动化

第七章　铁路电力线路自动化 ··155

　第一节　概　述 ··155

　第二节　线路开关设备 ···155

　第三节　线路自动化模式 ··157

　第四节　线路自动化监控终端 FTU ···161

　第五节　线路故障检测技术和定位技术 ···165

第八章　变配电所自动化 ··169

　第一节　概　述 ··169

　第二节　设计模式 ···170

　第三节　主要功能 ···171

　第四节　当地监控系统 ···172

　第五节　远动终端（RTU）···175

　第六节　微机保护装置 ···177

　第七节　变配电所无人值班 ··179

第九章　信号电源监控 ··185

　第一节　概　述 ··185

　第二节　系统结构 ···185

　第三节　主要功能 ···186

　第四节　信号电源监控装置 STU ···187

　第五节　STU 与 FTU 的配合 ··190

　第六节　智能箱变 ···192

第十章　铁路电力调度自动化主站 ··195

　第一节　概　述 ··195

　第二节　基本功能 ···196

　第三节　硬件系统 ···197

　第四节　软件系统 ···200

　第五节　同构平台系统和混合平台系统 ···206

第十一章　变（配）电所远程视频（安全）监控系统⋯⋯⋯⋯⋯⋯⋯⋯⋯208

　　第一节　概　述⋯⋯⋯⋯⋯⋯⋯⋯⋯⋯⋯⋯⋯⋯⋯⋯⋯⋯⋯⋯⋯⋯⋯⋯208

　　第二节　变（配）电所远程视频监控系统构成⋯⋯⋯⋯⋯⋯⋯⋯⋯⋯⋯209

第十二章　远动装置运行维护常识⋯⋯⋯⋯⋯⋯⋯⋯⋯⋯⋯⋯⋯⋯⋯⋯⋯215

　　第一节　运行管理⋯⋯⋯⋯⋯⋯⋯⋯⋯⋯⋯⋯⋯⋯⋯⋯⋯⋯⋯⋯⋯⋯⋯215

　　第二节　电力监控设备的运行与巡视⋯⋯⋯⋯⋯⋯⋯⋯⋯⋯⋯⋯⋯⋯222

　　第三节　电力监控设备事故处理⋯⋯⋯⋯⋯⋯⋯⋯⋯⋯⋯⋯⋯⋯⋯⋯230

　　第四节　远动设备故障判断、查找和处理⋯⋯⋯⋯⋯⋯⋯⋯⋯⋯⋯⋯238

　　第五节　电力监控设备的维修⋯⋯⋯⋯⋯⋯⋯⋯⋯⋯⋯⋯⋯⋯⋯⋯⋯242

第十三章　KH-8000T 铁路电力远动系统操作介绍⋯⋯⋯⋯⋯⋯⋯⋯⋯251

　　第一节　基本操作⋯⋯⋯⋯⋯⋯⋯⋯⋯⋯⋯⋯⋯⋯⋯⋯⋯⋯⋯⋯⋯⋯251

　　第二节　主控模块⋯⋯⋯⋯⋯⋯⋯⋯⋯⋯⋯⋯⋯⋯⋯⋯⋯⋯⋯⋯⋯⋯258

　　第三节　线路自动化参数配置⋯⋯⋯⋯⋯⋯⋯⋯⋯⋯⋯⋯⋯⋯⋯⋯⋯271

　　第四节　添加新子站到主站⋯⋯⋯⋯⋯⋯⋯⋯⋯⋯⋯⋯⋯⋯⋯⋯⋯⋯274

参考文献⋯⋯⋯⋯⋯⋯⋯⋯⋯⋯⋯⋯⋯⋯⋯⋯⋯⋯⋯⋯⋯⋯⋯⋯⋯⋯⋯275

上篇

牵引供电远动技术

第一章　概　述

SCADA 的英文是 Supervisory Control and Data Acquisition，译成中文就是监督控制与数据采集。SCADA 系统的应用领域很广，它可以应用于电力系统、给水系统、石油、化工等领域的数据采集与监视控制以及过程控制等诸多领域。SCADA 系统是以计算机为基础的生产过程控制与调度自动化系统。它可以对现场的运行设备进行监视和控制，以实现数据采集、设备控制、测量、参数调节以及各类信号报警等各项功能。由于各个应用领域对 SCADA 的要求不同，所以不同应用领域的 SCADA 系统发展也不完全相同。在铁路牵引供电系统中使用的 SCADA 系统常称为远动系统。

远动系统的一般定义为"用电气化手段通过一个或多个相互联接（或非连接）的通道，实现对远方处于分散状态的生产过程的集中监测、控制和集中管理的系统"。牵引供电远动系统是远动系统在铁道电气化方面的一个最典型的应用。远动系统中采用的远动技术已成为一门独立学科，它是在自动控制理论、计算机技术、现代通信理论和技术基础之上发展起来的一个交叉学科，并随着这些技术的日益发展而迅速发展。

牵引供电系统中使用的 SCADA 系统主要监控牵引供电系统沿线各变电所、分区所、开闭所的设备运行状态，完成遥控、遥测、遥信、遥调、遥视、保护及调度管理，辅助完成事故分析及处理等功能。牵引供电系统中 SCADA 系统有着信息完整、提高效率、正确掌握系统运行状态、加快决策、能帮助快速诊断出系统故障状态等优势，现已成为牵引电力调度不可缺少的工具。它在保证牵引供电设备安全稳定运行、减轻调度员的负担、实现电力调度自动化与现代化、提高调度的效率和水平等方面起着重要的作用。

第一节　SCADA 系统的基本结构

SCADA 系统由监控站、被控站及信道三大部分组成。一个典型的 SCADA 系统结构如图 1.1 所示。

（1）调度端。调度端设在电力调度所内完成远动对象的监控、数据统计及管理功能等。

（2）被控站。受调度端监视的站场称为被控站。被控站完成远动系统的数据采集、预处理、发送、接收及输出执行等功能。

（3）信道。远动信息传输的介质（通路）称为信道。现有的通信线路(即信道)种类很多，就电力系统远动信道而言，目前主要采用如下几种：

① 用架空明线或电缆直接传送远动信息；

② 远动与载波电话复用电力线载波信道；

③ 光纤通信；

④ 无线信道。远动与微波通信设备复用，无线传送远动信息。

其中①、②、③属于有线信道。

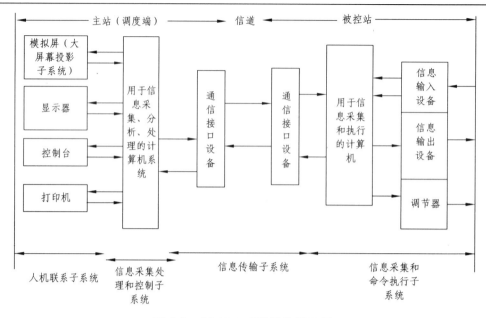

图 1.1 SCADA 系统结构展开图

目前多采用光纤通信。光纤通信的优点：

（1）传输频带宽，通信量大。

（2）传输衰耗小，适合长距离传输。

（3）体积小，重量轻，可绕性强，敷设方便。

（4）输入与输出间电隔离，不怕电磁干扰。

（5）保密性好，无漏信号和串音干扰。

（6）抗腐蚀，抗酸碱且可直接埋入地下。

缺点：

（1）强度不如金属线。

（2）连接比较困难，一旦故障后修复工艺要求较高。

（3）分路和耦合不方便。

（4）弯曲半径不宜太小。

光纤主要有单模和多模光纤。单模光纤传输容量大、距离长，用于主干线；多模光纤传输容量小，用于设备内部通信。光纤通信系统的组成如图 1.2 所示。

图 1.2 光纤通信系统的组成

牵引供电 SCADA 系统调度控制中心与牵引供电系统的变电所、开闭所，分区所中的被控站联系了起来。按我国的习惯，一侧称为调度端，另一侧称为执行端。从监控的角度看，一侧是监控端，而另一侧是被监控端。广义而言，对其他站实现远程监控的站称为监控站或主站，而受主站监控的站称为被控站或分站、子站。在被控站内完成远动数据采集、处理、发送、接收以及输出执行等功能的设备称为远动终端（Remote Terminal Unit，RTU）。习惯上还把由被控站发往监控站的信息，如遥测信息、遥信信息等称为上行信息，所用的信道为上行信道。把监控站发往被控站的信息，如遥控信息、遥调信息等称为下行信息，所用的信道称为下行信道。

一、远动信息的传输

在信道中传输的远动信息分为上行信息和下行信息。

（1）下行信息：从调度端发往被控站的信息（如下发遥控，遥调令），所用通道称为下行信道。

（2）上行信息：从被控站发往调度端的信息（如被控站要上送的测量量、开关状态及事故信号等），所用信道称为上行信道。

从远动系统信息传送方式分为两大类，即循环传送方式（CDT）和查询传送（Polling）方式。

（1）循环传输模式CDT（Cyclic Data Transmission）方式：以被控端为主，被控站的远动信息按规约规定组成帧，再编排帧的顺序，周期性地以循环模式向调度端传送。信息传送是周期性的、发端不顾及收端的需要，也不需收端给予回答。即由被控端传送遥测、遥信量给调度端。

（2）Polling 方式（查询传送方式）：调度端必须主动向被控端发送查询报文，被控端按调度端的查询要求发送回答报文。要保证调度端发问后收到正确的回答，必须保证有上下行信道。以调度端为主，由调度端发出查询命令，被控端按发来的命令工作，被查询的站向调度端传送数据或状态信息。

二、远动系统的工作方式

远动系统的工作方式有多种，可分为 1∶1 工作方式、1∶N 工作方式及 $M∶N$ 工作方式。

1∶1 工作方式：指 1 个调度端对应 1 个被控站；

1∶N 工作方式：指 1 个调度端对应 N 个被控站；

$M∶N$ 工作方式：指 M 个调度端对应 N 个被控站。

三、SCADA 系统的类型

根据远动系统所采用的信道，被控站及调度系统的结构不同可有多种分类。

（1）按信道结构：即按传送信号是利用有线信道还是无线信道进行传送，可分为有线和无线远动系统，如站场隔离开关的无线远动装置。

（2）按被控端结构：可分为常规远动系统和综自远动系统。

（3）按调度端结构：可分为单机系统、双机系统和网络化系统。

第二节　SCADA系统的基本概念

一、远动技术的任务和功能

远动技术是调度所与各被控端(如变电所等)之间实现遥控、遥测、遥信、遥调和遥视(简称"五遥")技术的总称。远动技术常应用于被控对象远离被控点或是有危险不可靠近的大、中型系统中，如：电力系统、牵引供电系统、石油开采、煤矿、农田灌溉、给排水系统、列车运行、大型联合企业、气象、宇航、原子能及军事目标控制等监控领域。

远动技术的出现和发展为牵引供电系统调度管理提供了新的技术手段，对缩小系统故障危害面，缩短故障处理时间，减少停电损失，提高调度的灵活性，保证系统安全、经济和可靠运行等方面起到了重要作用，是实现牵引供电系统现代化管理的重要技术措施。

（一）远动技术的主要任务

远动技术的主要任务分为两大类：集中监视和集中控制。

集中监视：正常状态下，实现系统的合理运行方式；故障状态下，及时了解事故发生原因和范围，加快事故处理。

集中控制：调度人员可以借助远动装置对设备进行遥控或遥调，可提高运行操作质量，改善运行人员的劳动条件，提高劳动生产率。

（二）远动技术的五遥功能

远动技术具有"五遥"功能：遥控、遥测、遥信、遥调、遥视。

1. 遥控（YK）

遥控是从调度所发出命令以实现远方操作和切换。这种命令只取有限个离线值，通常只取两种状态指令，例如命令开关的"合"、"分"指令。遥控分为单控、程控。

2. 遥调（YT）

遥调是指调度所直接对被控站某些设备的工作状态和参数的调整，如调整变电所的某些量值（如变压器等可进行分级调整）。

3. 遥测（YC）

遥测是将被控站的某些运行参数传送给调度所。

牵引供电系统的主要遥测对象如下：

● 变电所：

进线电压；

进线电流；

主变功率；

27.5 kV 母线电压；

主变一次侧有功电度、无功电度；

馈线电流；

馈线故障点参数（馈线号、阻抗值、公里标）；

电容补偿装置电流。

● 开闭所：

进线电压；

进线电流；

27.5 kV 母线电压；

馈线电流；

馈线故障点参数（馈线号、阻抗值、公里标）。

● 分区所：

接触网末端电压；

馈线电流。

4. 遥信（YX）

遥信是将被控站的设备状态信号远距离传给调度所。

遥信分为 3 大类：

① 位置遥信：开关对象的状态信号。

② 非位置遥信：除开关对象位置信号外的其他故障状态信息。如：

预告遥信：轻故障信号；

事故遥信：事故信号。

③ 软遥信：非常规节点遥信，由变电所综合自动化系统软件判定后给出。

对牵引供电系统涉及的遥信量可分为以下几大类：

● 变电所：

遥控对象位置信号；

中央信号（包括事故总信号、预告总信号、自动装置动作、控制回路断线、控制方式、所内监视、交流回路故障、直流电源故障、压互回路断线等）；

进线有压/失压，自投投入/撤除信号；

牵引变压器的各类故障信号（含保护动作信号）；

电容补偿装置的各类故障信号（含保护动作信号）；

动力变压器的各类故障信号（含保护动作信号）；

馈电线的各类故障信号（含保护动作信号）；

各开关操作机构的工作状态信号；

远动装置、远动通道运行状态。

● 开闭所：

中央信号（包括事故总信号、预告总信号、自动装置动作、控制回路断线、控制方式、所内监视、交流回路故障、直流电源故障、压互回路断线等）；

遥控对象位置信号；

进线各类故障信号（含保护动作信号）；

馈电线的各类故障信号（含保护动作信号）；

各开关操作机构的工作状态信号；

远动装置、远动通道运行状态。

● 分区所：

中央信号（包括事故总信号、预告总信号、自动装置动作、控制回路断线、控制方式、所内监视、交流回路故障、直流电源故障、压互回路断线等）；

遥控对象位置信号；

馈线的各类故障信号（含保护动作信号）；

各开关操作机构的工作状态信号；

远动装置、远动通道运行状态。

5. 遥　视

遥视是将被控站设备的视频信号传送给调度所，进行远方图像监视。调度端直接对被控站设备进行远程监视控制。变电所的遥视涉及以下场所和设备：变电所内场区环境；主变压器外观及中性点接地开关；变电所的户外断路器、隔离开关以及接地开关等；变电所内的各主要设备间。变电所监控适合在无人值守的环境中，监控中心进行远程监控、管理和维护，电子地图功能可按用户的要求安排摄像机、报警源、地图链接，双击摄像机图标可转到相应的画面，报警时自动转到联动的摄像机画面，实现移动监视，外接开关量报警，实现报警上传、联动机制等，报警后可以联动录像、摄像机预置位、现场声、光报警设备，并上报调度端。

第三节　SCADA 系统的性能指标

衡量远动系统的性能指标如下。

1. 可靠性

可靠性是指设备在技术要求所规定的工作条件下，能够保证所规定技术指标的能力。不拒动，不误动。整个系统可靠性用系统的可用率来表示，远动系统中每个设备的可靠性一般用平均无故障间隔时间表示，远动系统中传输可靠性是用信息的差错率来表示。

远动系统对于装置的可靠性有很高的要求。一次误动作或者拒动都有可能引起严重的后果，造成生命和财产的损失。可靠性包括装置本身的可靠性及信息传输的可靠性两个主要方面。

远动系统中每个设备的可靠性一般用平均故障时间，即两次偶然故障的平均间隔时间来表示。而整个系统的可靠性通常用"可用率"来表示。

$$系统可用率 = \frac{运行时间}{运行时间 + 停用时间} \times 100\%$$

式中，停用时间包括故障和维修时间。影响可用率的重要因素有：设备的质量、维护检修情况、环境条件、电源供电可靠性及备用的程度等。

国外的远动装置平均故障时间已达 30 000 h，国内要求在 8 000 h 以上。

远动信息传输过程中，会因为干扰而出现差错，传输可靠性是用信息差错率来表示的。

$$差错率 = \frac{信息出现差错的数量}{传输信息的总数量}$$

在通常情况下，差错率要求在 10^{-10} 以下。

2. 容 量

把遥控、遥调、遥信、遥测和遥视等对象的数量，统称为该装置的容量。主要指实际应用中，五遥对象及内容要满足于实际用户的远动要求，同时也要考虑到五遥功能的可扩展。容量越大，则表示该远动系统所能完成的功能越多。

对电铁远动系统，通常要求：

遥控 > 64 路；遥测 > 32 路；遥信 > 128 路。

3. 实时性

实时性指从发送端事件发生到接收端正确地接收到该事件信息这段时间间隔，用传输时延来表示。例如，电力系统典型的最大容许时延，在传送遥测信号时为 2 ~ 10 s，在状态变化（例如开关跳闸）时为 0.5 ~ 5 s，在传送遥控、遥调等命令时为 0.1 ~ 2 s。

2006 年 8 月招标的精（河）伊（宁）霍（尔果斯）线牵引远动系统要求：

遥控命令传送时间 ≤ 0.5 s、遥信变位传送时间 ≤ 0.5 s、画面响应时间 ≤ 0.5 s、遥控正确率 ≥ 99.99%、遥信正确率 ≥ 99.99%。

4. 抗干扰能力

任何信道中必然存在着人为或自然的干扰。在自然干扰中最有害的是工业干扰和起伏干扰。此外，在多路传输时还有信道间的相互干扰。因此，在远动系统信道另一端所得到的已不是原来的信号，而是信号 $f(t)$ 和干扰 $n(t)$ 的混合。假如信道的输出端没有特殊的方法把原来的信号 $f(t)$ 分离出来，减免干扰的影响，则在实现五遥功能时有可能出错。

在有干扰的情况下，远动系统仍能保证技术的能力称为远动系统的抗干扰能力。增加抗干扰能力的方法有两种：在信道输入端适当变换信号形式，使其不易受干扰信号的影响；在接收端变换环节的结构加以改善，使其具有消除干扰的滤波能力。

远动系统的上述主要性能指标对同一系统往往不能同时满足，其中存在矛盾，因此需要权衡利弊，予以选择。此外，远动系统还应具有足够的灵活性，以便使系统能在用途改变或容量变更时，只需稍作改动或简单地增加设备就可运用。设计较好的远动系统还应做到使用维护方便和成本低廉，设计尽可能简单化，使用户在操作上易于掌握和便于维护，这将对降低成本和提高系统可靠性大有好处。

随着铁道电气化的迅速发展，牵引供电系统的运行、调度管理工作日益复杂。计算机远动技术在铁道电气化中得到了广泛应用，牵引供电系统设有电力调度所，统一指挥供电系统的运行，集中管理沿铁道分布的许多牵引变电所、分区亭、开闭所和 AT 所中的电气设备。为了保证供电系统运行的可靠性和经济性，调度所必须及时掌握系统的实际运行情况。

第四节 SCADA 系统的发展

SCADA 系统在牵引供电系统上的应用较早，在保证电气化铁路的安全可靠供电、提高铁路运输的调度管理水平方面起到了很大的作用。在牵引供电 SCADA 系统的发展过程中，随着计算机的发展，不同时期有不同的产品，同时我国也从国外引进了大量的 SCADA 产品与设备，这些都带动了牵引供电 SCADA 系统向更高的目标发展。

SCADA 系统自诞生之日起就与计算机技术的发展紧密相关。SCADA 系统发展到今天已历经了四代。

第一代是基于专用计算机和专用操作系统的 SCADA 系统。这一阶段是从计算机运用 SCADA 系统开始到 20 世纪 70 年代末。

第二代是 20 世纪 80 年代基于通用计算机的 SCADA 系统。在第二代中，广泛采用小型计算机以及其他通用工作站，操作系统一般是通用的 UNIX 操作系统。第一代与第二代 SCADA 系统的共同特点是基于集中式计算机系统，并且系统不具有开放性，因而系统维护、升级以及与其他系统联网构成很大困难。

第三代是 20 世纪 90 年代按照开放的原则，基于分布式计算机网络以及关系数据库技术的能够实现大范围联网的 SCADA 系统。这一阶段是我国 SCADA 系统发展最快的阶段，各种最新的计算机技术、网络技术、通信技术都汇集进 SCADA 系统中。

第四代综合 SCADA 系统的基础条件已经具备，并在 21 世纪初诞生。该系统的主要特征是采用 Internet 技术、面向对象技术、神经网络技术以及 JAVA 技术等，继续扩大 SCADA 系统与其他系统的集成，综合安全经济运行以及商业化运营的需要。

SCADA 系统在牵引供电系统的应用技术上已经取得突破性进展，应用上也有迅猛的发展。其技术在不断完善，不断发展。当今，随着电力系统以及牵引供电系统对 SCADA 系统需求的提高以及计算机技术的发展，为 SCADA 系统提出新的要求。概括地说，有以下 4 点：

1. SCADA 系统与其他系统的广泛集成

SCADA 系统是电力系统自动化的实时数据源，为系统分析提供大量的实时数据；同时在模拟培训系统、EMIS 系统等系统中都需要用到系统实时数据，而没有牵引供电的实时数据信息，所有其他系统就不能得到牵引供电系统设备运行状态，无法真实地进行培训；EMIS 的调度指挥抢修功能也不能很好地实现。所以 SCADA 系统如何与其他非实时系统的连接成为 SCADA 研究的重要课题。现在 SCADA 系统已经成功实现与行车调度系统、EMIS 系统等的互联。牵引供电 SCADA 系统与 EMIS 系统、地理信息系统、电力、水调度自动化系统、调度生产自动化系统以及办公自动化系统的集成成为综合调度管理系统的一个发展方向。

2. 变电所综合自动化

SCADA 系统被控站以 RTU、微机保护装置为核心，将变电所的控制、信号、测量、计费等回路纳入计算机系统，取代传统的控制保护屏，能够降低变电所的占地面积和设备投资，提高二次系统的可靠性。变电所的综合自动化系统目前已取代常规被控站测控 RTU 而成为电气化铁道牵引变电所自动化的主导产品。

3. 专家系统、模糊决策、神经网络等新技术的研究与应用

利用这些新技术模拟牵引供电系统的各种运行状态，并开发出调度辅助软件和管理决策软件，由专家系统根据不同的实际情况推理出最优化的运行方式或处理故障的方法，以达到快速判定及分析处理故障的目的。

4. 面向对象技术、Internet 技术

面向对象技术（OOT）是网络数据库设计，将面向对象技术（OOT）运用于开放式 SCADA 系统是今后发展的趋势。

复习思考题

1. 什么是 SCADA 系统？

2. SCADA 系统结构由哪几部分组成？各部分的作用是什么？

3. 简述光纤信道的优缺点。

4. 远动系统信息传输方式分为哪两种？各有什么特点？

5. 远动系统的任务和功能有哪些？

6. 名词解释：遥控、遥测、遥调、遥信。

7. 主要遥测信号有哪些？

8. 远动系统的主要技术指标有哪些？其中可靠性用什么指标来衡量？

9. SCADA 系统发展经历了几代？第四代的特点有哪些？

第二章 牵引供电 SCADA 系统调度端

在牵引供电 SCADA 系统中，调度中心能正确和及时地掌握每时每刻都在变化着的牵引供电系统设备运行情况，完成天窗作业，处理影响整个牵引供电系统正常运行的事故和异常情况，将分散在几十千米、几百千米以上至上千千米以外的变电所、分区亭、开闭所表征牵引供电系统设备运行状态的信息，迅速、正确、可靠地收集，及时以友好人机界面向调度员显示，并对所有数据进行分析、处理、存储及打印，并转发其他系统共享。因此调度中心（调度端）是 SCADA 系统的指挥调度中枢。

第一节 SCADA 系统调度端基本结构及原理

随着计算技术、网络技术的发展，SCADA 系统调度端也经历了集中式、分布式、开放自律分布式等多个发展时期。下面介绍分布式调度自动化系统的结构及原理。

如图 2.1 所示，新一代调度管理系统是分布式网络化系统，共享一套数据库管理系统、人机交互系统和分布式支撑环境。系统各网络功能节点可以集成在同一节点上，也可分散驻留于不同节点，配置灵活，每个系统都可独立运行。

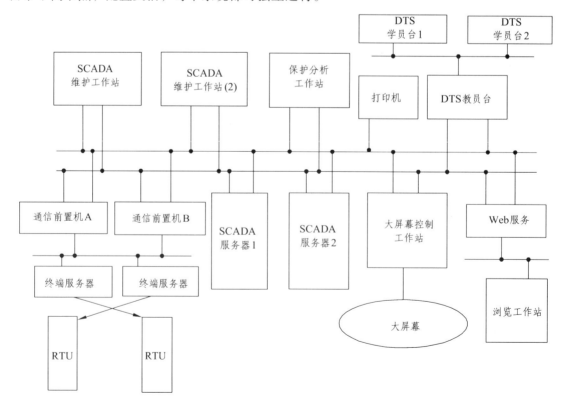

图 2.1 分布式调度自动化系统的结构

由图 2.1 可以看出，系统由 3 个网络组成：数据采集网、实时双网和 DTS（调度员培训系统）网。两台互为热备用的前置机挂在前置网上，与多台终端服务器共同构成前置数据采集系统，负责与远方 RTU 通信，进行规约转换，并直接挂接在实时双网上，与后台系统进行通信。实时双网组成后台系统，它负责与前置数据采集系统通信，完成 SCADA 的后台应用和分析决策功能。根据职责和功能的不同，实时网上可以配置系统维护工作站、调度工作站和保护分析工作站，各类工作站的数目可依据实际需要进行配置。DTS 网是调度员培训系统的内部网，它通过 DTS 的教员工作站与实时双网相连。其中 DTS 的教员工作站在这里同时起一网桥的作用，DTS 网可直接取用实时网上的实时数据进行培训。DTS 网与实时网上的数据互不干扰，减轻了网络的数据流。另外在实时网上配置了一个 WEB 服务器，企业 MIS 网上的用户通过它可以实现对实时网上的数据和画面的浏览。商用关系数据库系统采用多客户/（主，备）服务器模式，数据库服务器节点由一主一备结构构成，主数据库服务器定期向备份数据库服务器复制数据，以提高系统数据的安全性和可靠性。由图 2.1 可见，系统中的服务器为热备用。这种配置既可减少投资又不降低系统可靠性。本系统中 SCADA 服务器还兼有历史和通信服务器的功能。

该系统结构具有以下特点：

（1）主网结构采用双 LAN，提高了网络通信的可靠性。

（2）按功能和信息流向分组、分层，将前置机处理系统和 SCADA 后台应用以及 DTS 应用分别连接至一独立 LAN 上，连接隔离可减少网上报文"碰撞"机会，提高了主网络系统的传输效率。

（3）主、备数据库服务器（SQL Server）通过第三网络接口板连接至企业 MIS，实现与外部系统的开放数据访问。

（4）关键节点均采用主—备结构的双机热备份冗余配置，当一节点故障时，另一节点升级为主务器。数据库 SQL Server 服务器均采用分布式主—备结构的冗余配置。

（5）在调度员培训状态时，SCADA 人机工作站作为学员端需从应用数据网获取数据，这样将通信流量较大的负载从主网（双 LAN）中隔离开来，大大减小了主网上网络通信的数据流量，提高了网络效率。调度培训还可方便地取得实时数据，且各人机工作站可灵活地根据数据源的不同（电力系统实时数据）在 SCADA 实时态和 DTS 态进行切换，这样可以实现在同一节点上同时运行不同的应用程序。

（6）通信前置系统由标准的终端服务器组成。这种配置不仅可扩充性好，而且可以用通道之间的软件切换来替代传统的硬件切换，提高了可靠性。

第二节　SCADA 系统调度端主要组成设备及功能

SCADA 系统调度端其主要系统由服务器、WEB 服务器、调度员工作站、维护工作站、通信前置机及打印机、模拟屏（大屏幕显示器）等外设组成。一个典型的网络化 SCADA 系统调度端结构如图 2.2 所示。

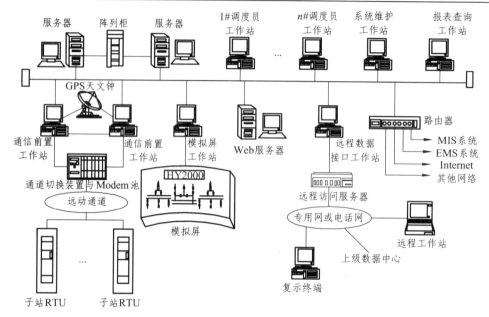

图 2.2   SCADA 系统调度端结构图

一、通信前置机

通信前置机作为 SCADA 系统调度中心与被控站联系的枢纽，在 SCADA 系统中起着重要作用。一方面，它接收远方被控端传递来的数据，通过预处理后转发给主站中的主机以及调度员工作站进行再处理；另一方面，前置机接收主机和其他工作站传递过来的操作命令，传递给远方被控站执行。通信前置机作为 SCADA 系统中承上启下的通信枢纽，其性能对整个 SCADA 影响很大。如果通信前置机的性能较差，则会成为 SCADA 系统的瓶颈。通信前置机在调度系统中有多种应用模式，如图 2.3 所示。

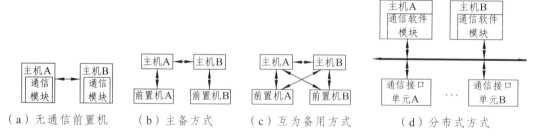

图 2.3   通信前置机的几种应用模式

图 2.3（a）方式中并不单独设置通信前置机，通信模块作为主机系统功能中的一部分，其特点是节约硬件资源，但增加了主机负担，并且扩展性差。

图 2.3（b）中为一主一备方式，指的是通信前置机采用双机冗余备用，一台前置机工作而另一台随时处于"待命"状态，当工作的前置机出现故障时，另一台对其进行接管。

图 2.3（c）中的互备方式也称为双机备用方式，两台前置机同时工作，各负责一部分被控端的通信任务。一台前置机一旦出现故障，另一台立即接管其所管辖任务，保证整个系统的正常运行。

图 2.3（d）中的分布式方式也叫作通信的 1+N 冗余方式。其在调度中心各服务器或各个工作站嵌入了具有通信前置机功能的通信模块，各通信接口单元分担部分通信负荷，一旦某台通信接口单元出现故障，根据优先级的设定，主站中其他通信模块都会接管其任务，保证系统的最基本功能的运行。

二、调度员工作站

调度员控制台是调度人员对牵引供电系统进行监视和操作控制用的交互型人机联系设备。台上一般有彩色显示器、操作键盘、鼠标、音响报警装置等，IC 卡输入装置、语音输入/输出装置的应用也正在得到推广应用。调度员工作站是专门供调度员进行人机交互的计算机，又称图形工作站或人机交互工作站。它一般采用工业控制计算机或工作站计算机，可配有单个或多个监视器，机内装有画面编辑显示和人机交互管理软件，主要用途是实现调度员人机交互的功能。调度员可通过在显示器上的用户画面和模拟显示设备对供电系统及其设备的运行状态进行实时监视。

监控系统的登录：首先出现如图 2.4（a）所示的登录对话框，输入用户信息，包括用户名和密码，点击"确定"按钮。输入正确的用户名和密码后会启动主控程序和四个通信及应用服务程序，它们的图标会出现在系统托盘区。监控系统主界面如图 2.5 所示。

（a）登录对话框　　　（b）后台监控系统图标　　　（c）登录后系统托盘区

图 2.4　监控系统的登录

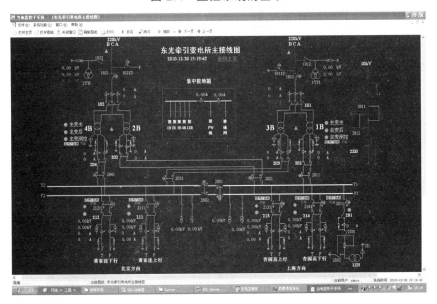

图 2.5　监控系统主界面

通过调度员工作站主要实现的功能如下：

（一）遥控功能

1. 单　控

单控主要用于对被控站内的某一开关设备的运行状态进行控制、自动装置的投切控制、二次回路的复归控制、保护定值切换等操作。控制方式有两种，方式一：遥控过程严格按"选择—返校—执行"的原则操作执行，确保控制操作准确可靠；方式二：一步操作（直控方式），复归控制采用直控方式。

如图 2.6 所示，在主接线图中可以直接进行遥控操作。具备遥控功能的开关图元会出现一个虚线框，代表那个图元可以遥控。将鼠标移动到可以遥控的开关上，出现遥控点提示和相关状态提示信息。用户可对此提示信息进行确认该对象是否为想要遥控的对象。

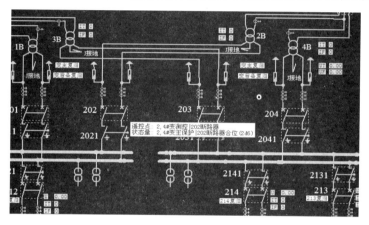

图 2.6　主接线图

图 2.7 显示了遥控对象所在的变电所、所属装置、遥控名称、相关遥信、当前状态。用户可对此进行再次确认，确保选择的遥控对象无误。确认无误后选择遥控动作进行分闸或合闸操作，点击"执行"即可执行遥控操作。

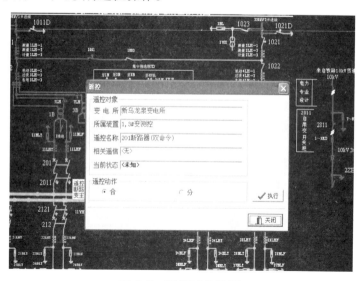

图 2.7　遥控对象界面

开关处于"合"位，需要进行分闸控制，当发出执行命令后，CRT 画面上的读开关"红灯闪烁"，直到分闸位置信号返回变"绿灯"为止。同样，开关处于"分"位置，需要进行合闸控制，当发出执行命令后，CRT 画面上的该开关"绿灯闪烁"，直到合闸位置信号返回变"红灯"为止。操作画面如图 2.8 所示。

图 2.8 单控操作画面

当对开关进行合/分操作时，同时给安全视频监控系统一个命令，使系统追随该开关进行图像画面显示。

对于整个系统而言，控制过程内容描述：

① 选点：在监控计算机上选择需要进行控制动作的开关点。

② 发令：发出遥控命令。

③ 内部校验：由计算机根据数据库内动作开关遥信序号位及开关状态确认该开关是否允许操作及操作状态是否正常。

④ 通讯控制器校验：将命令传送至通讯控制器进行再校验。

⑤ 校验返回：将校验结果返送计算机并以人机界面显示。

⑥ 确认执行：操作人员根据校验结果，在监控计算机上发执行或撤销命令。

⑦ 执行结果返回：由间隔层设备执行遥控命令，引起开关变位，并显示执行结果。

⑧ 操作登录：将调度人员进行的遥控操作内容、时间、结果及人员姓名登录下来备查，保存一年的档案。

2. 程 控

程控完成对被控站一系列开关设备按预定的顺序进行状态控制。一般程控分站内程控和站间程控两种。程控操作就其执行过程而言与单控相似，它是若干个单控过程的组合。程控的执行具有手动一次启动、手动逐条执行和条件自动（经人工确认）执行等方式。程控的编制采用表格定义方式，允许加入执行条件判断。在程序控制执行前首先自动检查各控制对象是否具备控制条件，若不具备程控条件，列出不具备控制的控制对象，并提醒值班人员注意。在程控过程中可以人为终止程控的执行。程控过程中的各项操作均具有超时监视、超时自复归功能，不具备控制权的调度员工作站可进行程控过程的动态显示及程控卡片查询等工作。

3. 遥控试验

在 CRT 主接线图画面上设有遥控试验开关光标，各被控站控制信号盘内设有一个模拟试验开关。当操作员鼠标或键盘选择"遥控试验开关对象光标"并发出操作命令后，系统将控制被控站远动装置试验开关。对实验开关的操作可测试通道及遥控控制模板，检查遥控过程的各环节设备是否正常。

为了控制输出的安全性，调度员工作站还具有防止输出继电器接点粘接、多重选择、选择超时监视等措施，当发生上述情况时，执行命令被屏蔽，不下发被控站，并给出相应的提示信息。

4. 复归操作

对被控站声光报警等信号可以进行复归的操作。该操作无遥信返回，操作完成后，系统给出操作输出执行的提示。

5. 模拟操作

可对开关进行不下位模拟对位操作，并用不同的符号或颜色区别于正常状态。

当被控站或通道故障时，系统可将有关开关的运行状态设为手动状态，相应开关的运行状态可由操作员根据实际状态手动设置，以保持与被控端的实际运行状态一致。此外，手动隔离开关的状态也采用手动置位操作方式。系统具有对数据点的抑制和恢复功能，如当现场设备维护时，对该设备由于调试产生的报警信息进行禁止，以避免干扰正常的调度运行。

被禁止的点能在人机界面上通过变色或其他方法显示，依然能清楚辨别。

数据点的禁止或允许可以像时间表程序一样，以时间表为根据，具备所有时间表程序具有的特性，例如可根据预定次数，对单个点或一组点禁止或允许功能等。

对于被禁止的点，用户可以将该点置于人工置数状态，然后人工修改它的值，此时，该点的数据不再更新，直至用户解除人工置数状态。人工置数操作不会影响系统的连续运行。

具有权限的操作员可以通过操作命令人工设置遥信点的状态和遥测点的数值，或禁止对遥信点的采集，对于禁止操作，数据库中保留禁止前的状态，所有禁止点进入禁止点列表。

当系统无法采集到某个设备（如开关、刀闸等）的状态或采集到的数据不可信时，用户可以将该设备置于人工置数状态。所有人工设置的状态量能自动列表显示。

人工置数后的设备在图形画面上用明显的符号和颜色设置相应的标志。所有人工设置的状态量能用列表显示，并能根据该状态量所在厂站名调出相应主接线图。

6. 闭锁、解锁操作

系统能对单个、批量以及整个变电所的设备进行遥控闭锁操作。处于闭锁状态的设备不能进行控制操作，解闭锁后方可操作，解锁为闭锁的反操作。

系统具有完善的防误操作功能，对所有的操作进行安全合理性判断，闭锁不符合电力调度操作规程的不安全操作。

当现场供电设备故障时，引起相应开关跳闸，则此开关控制命令的操作被自动闭锁，人工解锁后才能进行操作。

系统提供闭锁定义功能，用户能依据各种闭锁条件对单个开关、顺控卡片定义闭锁条件。可对变电所内任何开关设备单个或批量的操作进行闭锁。当要对闭锁开关进行再操作时，必须先解锁，否则给出该开关已闭锁的提示且不能操作该开关。此外还可对开关设备的遥信信号进行闭锁/解锁，使之成为不可信/可信对象。

7. 其他安全操作

调度员工作站还有其他一些安全操作，例如：挂地线操作，当进行该操作后即可实现对相关对象的闭锁操作。另外，系统考虑了基本的安全操作因素、自动闭锁不安全操作。此外，调度员还可以进行遥信、遥测闭锁操作等，这时停止对画面相关对象的实时信息刷新。上述复归操作、模拟操作、闭锁、解锁操作等安全操作为单步操作。

此外还可以通过调度员工作站完成如下控制调节的功能：

断路器及隔离开关正确控制；有载调压变压器分接头调节；其他可控点进行控制（如隔离开关、高频自发信启动、距离保护闭锁复归、电容器远方投切、电抗器远方投切等）。

遥控操作有多种方式，系统除常用遥控操作模式外，还增加保证安全操作控制其他多台调度模式、互锁模式及双台监督模式。遥控互锁模式为确保对同一被控站，同时只有一个调度员对其进行发令控制。系统只设置控制令，在双台或多台调度时（包括分级控制）调度员只有申请并获得控制权后才能发遥控，调度员也可主动取消控制权或超时自动取消，确保系统安全。控制令可全系统设置一个，实现同时只允许一个调度席可发布控制令；也可按变电所设置，实现同一时间只有一人对同一变电所实施控制。当然，控制令也可按被控点来设，实现对单一被控对象的互锁。若设有上级系统总调度员，则总调度介入操作时，具有最高权限、率先取得控制令。这是常用模式双台监控。此功能专为严格执行"一人执行一人监督"的规范操作而设，当副席调度发控制令时，需由主席授权确认，监督控制命令下发执行，同时系统完整记录控制操作及监督过程。如图 2.9 所示：选择监护人后请求许可，在没得到允许前遥控执行按钮为灰色不能执行，当监护人确认正确并输入口令后，遥控执行按钮变为有效可执行。

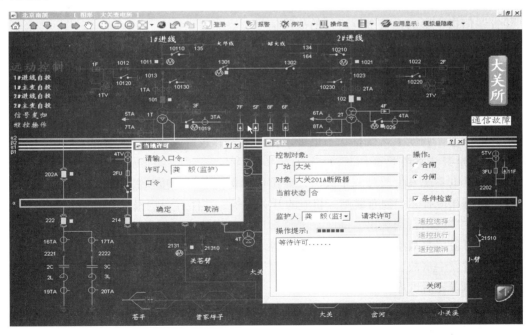

图 2.9 双台监控模式

（二）遥信显示处理功能

1. 遥信信号

凡在设备本体具有接点或下位监控单元能够输出，并且在控制中心主服务器数据库分配地址的信号均能作为遥信信号。

2. 遥信显示

遥信分为位置状态遥信和保护信号遥信。

位置遥信有单位置遥信和双位置遥信两种情况，单位置遥信只有 0 或 1 两种状态，分别代表设备的开/关状态，双位置遥信有 00、01、10、11 四种状态：

01：正常位置状态（开或关等）；

10：正常位置状态（关或开等）；

00：故障状态；

11：故障状态。

位置遥信状态包括：

各种开关、刀闸、接触器的合、分状态；

开关手车的工作、实验、柜外位置状态；

各种开关操作手柄的遥控、就地位置状态；

温度检测设备的过限与否。

保护遥信为单位置遥信，包括各类保护跳闸动作重合闸动作的启动、出口、失败，各路开入错误、开出错误、采样错误、定值错误等信息，分为事故遥信和预告遥信。

事故遥信指使设备停电、停运的事故信号。如各种开关保护跳闸动作信号、重合闸启动、重合闸成功和失败、温控器检查超温跳闸、进线失压等信号。

预告遥信指不影响设备继续运行的故障信号。

3. 遥信监视内容

1）正常运行状态监视

不论装置在何种状态下，所有牵引供电系统，电力变配电系统的被监控设备的分、合状态均可以在显示器和投影系统上进行显示。其中分闸用绿色表示，合闸用红色表示。另外，被控站通信状态，调度主站设备状态也可以在显示器和投影系统上进行显示。

2）异常运行状态的监视

当牵引供电系统发生故障和事故时，变位信号优先送往调度所控制中心，在投影系统和显示器上将有相应提示，如有跳闸，相应的开关闪烁，并伴有音响报警（可手动复归），显示器上事故站主接线图自动跳出，同时在屏幕窗口显示事故内容细目，并打印记录。事故发生后，操作员可使用事故确认键或鼠标确认事故。事故未被确认前，事故画面不可被关闭。如有几个站同时发生事故，在画面上按故障处理等级对故障站名排序，紧急故障优先处理；同一等级的故障以先后次序排序。

当发生一般性故障，即预告信号时，其处理与事故报警相同。故障报警与预告报警将发出有明显区别的音响。

（1）报警信息处理。

系统报警处理功能有报警一览画面、实时打印、存档及声光报警等，当牵引供电系统及供电设备出现非正常运行或预告信号时，发出非紧急故障报警，出现事故时发出紧急故障报警，两种音响有明显区别，并提供警报确认、分类、归档及存储手段。报警可分为不同优先级，所有报警可根据不同的条件分别提取并显示、打印。

● 报警条件：

供电系统异常；

供电系统设备异常；

调度系统设备故障；

变电所自动化设备故障；

通道或变电所自动化设备电源故障；

保护装置动作。

● 报警处理：

产生可视信号及音响提示；

在 LCD 及大屏幕显示屏上显示警报信息；

显示与报警内容相关画面及相应的信息提示；

在实时数据打印机上打印相关信息，不同种类的报警信息以不同的颜色显示；

自动将报警信息存入新的警报记录中。

● 警报种类：

系统的所有警报根据警报条件可在警报表上分别列出显示。

● 越限告警：

对需要报警的值设置上下限，当越限状态变化时，发生越限报警。越限报警在细目窗口中显示文字，相应数据加底色显示，值班调度员可选择是否打印遥测越限记录。

● 变位报警：

当系统发生正常变位时，CRT 画面中变位点闪烁，并显示变位状态、系统打印变位状态及变化时间、细目窗口显示文字信息，同时根据需要发出语言告警。

● 事故报警：

发生事故预告后，系统发出事故预告警；

跳出事故站点名称；

变位点发出醒目闪烁及变色；

在细目窗口中推出文字信息，仔细说明事故原因；

语音告警、提醒操作人员直到确认；

立即在流水打印机上打印各种信息；

启动事故追忆，记录事故发生时的系统状态，并可根据需要进行打印。

● 预告报警：

发生预告后，系统发出预告告警：

在细目窗口中推出文字信息，仔细说明预告原因；

语音告警，提醒操作人员直到确认；

立即在流水打印机上打印各种信息。

● 设备故障告警：

当被控站设备通信中断或主站设备发生故障时，发生告警信息，以提示维护人员及时处理。

● 显示和处理方式：

在调度员工作站显示器及投影系统上能够实时显示牵引供电系统所、分区亭主接线图、站场线路图、设备及线路带电状态等动态画面。显示器及投影系统上开关符号的颜色：合闸为红色；分闸为绿色。

调度员的操作菜单采用单幅画面整屏显示和整屏多窗口显示的两种方式提供给用户灵活选择。同时可以通过设置合理的输入校验，以防止调度员的误操作。

当牵引供电系统发生事故跳闸时，显示器上事故站名报警栏内所发生事故的被控站名闪光，同时在事故细目画面中记录有包括故障时间、站名，故障详细内容的记录，该记录还同时进行数据库相关记录的存盘处理，以满足历史数据长期存储与查询的需求。此被控站的跳闸开关符号闪光，事故音响产生，并等待操作员进行确认处理。当有两个以上的被控站发生事故跳闸或出现非紧急故障时，在站名报警栏内同时显示多个报警站名，按故障处理等级对故障站名进行排序，紧急故障优先于非紧急故障，按顺序显示在事故细目窗口中，并提示跳闸原因。事故处理顺序为先处理跳闸信息（紧急故障）后处理非跳闸信息（非紧急故障）。同一等级的故障以到达控制中心的先后为序。此外，在投影仪上相应的跳闸开关闪烁，并启动音响报警和打印报警记录，等待操作员确认处理。若故障仍存在，则保留故障内容，确认与未确认的内容有明显区别。

当警报发生，操作员可调出警报类型画面，判断警报情况，进行警报处理。

系统提供事件记录、操作记录、报警记录，用于对各种信息的统计列表，用户可通过定义时间、站名、对象、报警级别等内容方便地检索所需信息，且具有实时打印、定时打印、随机打印等方式。

（2）实时监控信息窗口。

实时报警窗口在有报警信息送达时会自动弹出，也可手工调出该窗口进行查看和操作。鼠标点击"功能"目录下的"实时报警"，出现实时报警窗口，界面如图 2.10 所示。该窗口显示每一条详细报警信息，包含：是否确认、报警类型、报警级别、报警时间、时间来源、报警对象、报警内容。并且不同级别的报警用不同的颜色进行区分。在下方窗口还会详细显示该报告的报警内容。

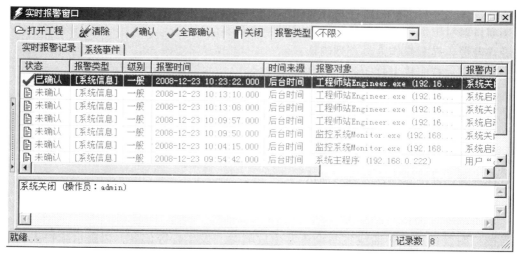

图 2.10　历史报警窗口

　　历史报警功能让用户可以根据时间查询报警信息，点击"功能"目录下的"历史报警"，可以查看历史报警；也可以在工具条上点击"历史报警"按钮。历史报警界面如图 2.11 所示。

图 2.11　查询报警操作界面

（3）实时打印功能。

　　在主控程序界面的文件菜单下有系统设置子菜单，如图 2.12 所示。

图 2.12　系统设置子菜单

　　系统设置主要完成实时打印的设置，包括是否启动实时打印以及哪些报警项目需要实时打印。点击后出现如图 2.13 所示的界面。用户可根据需要选择需要打印的项目。一般遥信变位、故障报告、事件报告、自检报告等要选中 。

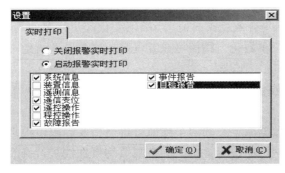

图 2.13　系统设置界面

打印设置主要完成对打印机属性的设置，包括打印机的选择、纸张的选择等。如图 2.14 所示。

图 2.14　打印设置界面

（三）遥测监视功能

遥测参数的采集方式：系统通过交流采样方式对被控站系统运行参数进行实时采集，并在调度系统中进行实时监视。

（1）显示处理方式。

在 LCD 显示器所显示的被控站主接线图上，以数字方式实时显示电流、电压及功率等测量参数。

（2）设置专用图表画面显示遥测参数。

电流、电压、功率等曲线图：在同一曲线图上可以同时用不同的颜色来显示多条不同的相关模拟量以进行比较。

在显示方法上提供多种用户自定义方式，如可以显示根据时间横坐标和单位纵坐标来定义等。

（3）电度量直方图：可以同时用不同颜色显示有功、无功电度量。

（4）定期统计报表：系统按每时（天、月、季、年）定期统计电度量，模拟量极值，开关动作次数（区分操作与事故情况）、主要设备的运行、退出时间，并列表存储。对模拟量越限进行统计列表，内容包括：越限出现、复限时间、持续时间、越限极值等。

（5）对牵引变电所谐波含量及畸变率进行监测并统计列表。

（6）模拟量数据处理。

阈值监视：系统只接收有效变比的值，当数值变化超过指定的阈值范围时传送给控制站，每个模拟量值的阈值域可参数化，阈值可在线设定或修改，并可通过数据库进行修改。

（7）刻度值处理。

每个模拟量值具有通过数据库定义的特性曲线，它定义了测量值转换成工程值的规则。

（8）限值校验。

每个模拟量值根据数据库定义的四个限值可进行检验，限值包括：上限、上上限、下限和下下限，并可进行变化率的报警检查。所有限值均可在线进行修改。每个量与正常值的偏差限值在数据库中定义。

（9）最大最小值的计算。

对所定时间范围内，选出遥测点的最大和最小值，并存入数据库中。当所测量的参数出现越限时，在显示器画面该参数显示数值上给出底色提示，以提醒操作员密切注意该参数的变化情况。

（10）脉冲量数据处理。

本系统可以对脉冲量进行如下处理：

传送数值定义至数据库地址、增量、累加和刻度的计算

（11）存储至数据库内。

为电度量参数提供手动置数功能，以及置数后的日报、月报、年报的自动统计，并刷新数据库。

（四）事故追忆功能

为便于分析事故原因，可在调度员工作站查询完善的事故追忆功能，可在线修改事故追忆触发点定义。事故追忆功能被触发时，在显示器上推出画面向调度员发出信息提示。追忆数据可以表格方式显示和打印。追忆内容为：故障时间、故障内容、事故发生时的录波数据等。事故追忆主要供事故分析使用。

事故追忆是数据处理系统的增强性功能，它使调度员在一个特定的事件发生后，可以重新显示扰动前后系统的运行情况和状态，以便进行必要的分析。

（五）事件顺序记录（SoE）

当某个开关状态发生变位后，记录下开关号，变位后的状态，以及变位的时刻。事件顺序记录有助于调度人员及时掌握被控对象发生事故时各开关和保护动作状况及动作时间，以区分事件顺序，作出运行对策和事故分析。时间分辨率是事件顺序记录的重要指标，分为 RTU 内与 RTU 之间两种。

1. SoE 的 RTU 内分辨率

在同一 RTU 内，顺序发生一串事件后，两事件间能够辨认的最小时间称为 SoE 的站内分辨率。在调度自动化中，SoE 的站内分辨率一般要求小于 5 ms，其大小由 RTU 的时钟精度及获取事件的方法决定。

2. SoE 的 RTU 之间分辨率

SoE 的 RTU 之间分辨率，即站间分辨率，是指各 RTU 之间顺序发生一串事件后，两事件间能够辨认的最小时间，它取决于系统时钟的误差和通道延时的误差、中央处理机的处理延时等，SoE 的站间分辨率一般要求小于 10 ms，这是一项整个远动系统的性能要求指标。

SCADA 系统对断路器和保护信号的动作顺序能够以 ms 级进行记录。

能够在调度员工作站上显示动作顺序，并在打印机上打印。顺序事件及时存档，存档保存时间可由调度员确定。

（1）按时间先后记录厂站遥信变位状况，并保存在数据库中；

（2）具有 40 ms 可调去抖功能；

（3）可按厂站、时间、事项类型等多种方式检索历史记录。

（六）画面显示功能

调度员工作站可以显示系统的各种画面，其画面显示功能如下：

（1）系统采用全图形、多窗口化显示风格，可同时监视多幅画面，可以滚动显示画面。

（2）画面的背景色有多种颜色可供用户选择。

（3）用户画面窗口具有平滑缩放功能，缩放时画面上的各设备动态符号相对位置保持不变，且是全图形的。

（4）系统单线图的动态显示智能化，除原始信息从被控站获取外，其他所有动态显示的逻辑判断功能，均是自动实现的。

（5）系统提供丰富的用户画面，配置各种图表显示方式。

（6）主要用户画面种类如下，用户还可根据需要方便地增加：

线路示意图：以地理图方式显示线路走向及车站设置。

供电系统示意图：动态显示牵引供电网络及各主要设备运行状态。

电设施分布示意图：显示全线各种变电所的位置分布。

可调出二级显示调度监控系统运行工况图：包括调度所设备、被控站设备、通道等在内的整个电力监控系统配置情况及各设备运行状态等信息。

变电所综合自动化构成示意图：包括控制信号盘、间隔单元、所内监控网络等配置情况及各种模块运行状态等信息。

各变电所主接线和接触网线路图：动态显示各变电所的主接线、接触网线路和设备的运行状态及系统运行参数。

程控显示画面：在主接线图中用鼠标点中程控操作菜单后，将显示该站的程控项目窗口。

遥测曲线画面：显示各遥测量的趋势曲线。

电度量直方图：显示有功电度量和无功电度量。

统计报表：显示各种报表，包括以下报表，还可根据用户要求定制。

事件记录、操作记录、警报记录；

每日（月、季、年）电量及极值统计报表；

设备档案报表。

（七）报表管理

报表管理子系统可以从主控程序界面（见图 2.15），或相应的工具栏按钮，启动报表管理子系统。

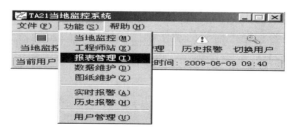

图 2.15　启动报表管理子系统

"报表管理"子系统启动后，再打开要浏览的报表，打开报表后，将出现如图 2.16 所示的界面。报表窗口显示了报表名称、统计对象、统计日期、统计时间等信息。如果要创建新的报表，请选择"新建"报表。

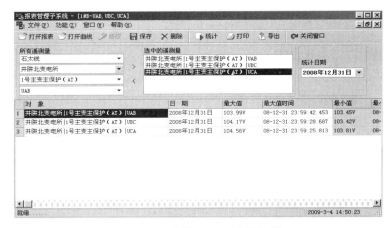

图 2.16　报表管理子系统操作界面

新建报表操作如图 2.17 所示。报表功能包括"遥测量负荷报表—小时报"，"遥测量负荷报表—日报"，"遥测量统计报表—日报"，"遥测量统计报表—月报"，"遥测量统计报表—年报"，"遥测量电度报表—小时报"。如图 2.18 ~ 2.21 所示。

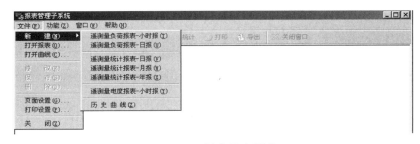

图 2.17　新建报表操作

图 2.18　遥测量负荷报表—小时报

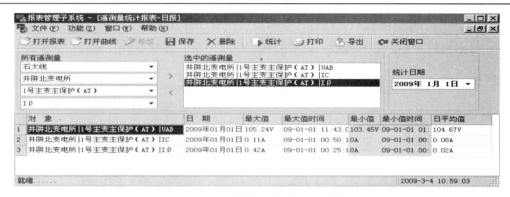

图 2.19　遥测量统计报表—日报

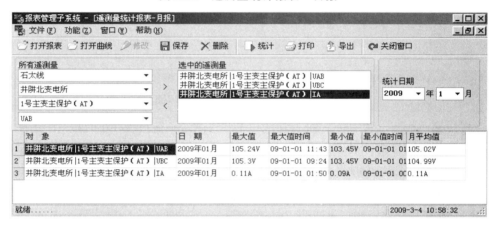

图 2.20　遥测量统计报表—月报

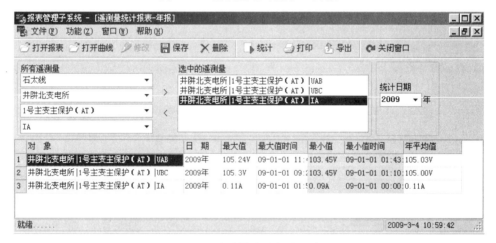

图 2.21　遥测量统计报表—年报

（八）故障报告

查询成功后在"故障报告信息"列表框中将出现故障报告信息，这里显示了详细的故障报告内容，如故障序号、故障时间、动作元件、动作参数、相关启动出口事件，等等。如图2.22所示。

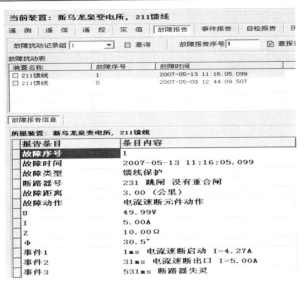

图 2.22　故障报告信息窗口

翔实的故障报告将有助于用户分析故障过程、查找故障原因。

（九）故障录波查询

如果需要查看故障波形，可以点击"查波形"按钮，即可进行波形传输，波形数据将按通道逐个传送，因波形数据相对较多，请耐心等待各个录波通道的数据传送完毕，传送过程中不要进行其他操作。如图 2.23 所示。

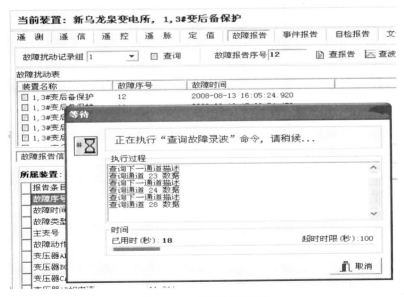

图 2.23　查看故障波形

（十）波形分析

波形分析如图 2.24 所示。

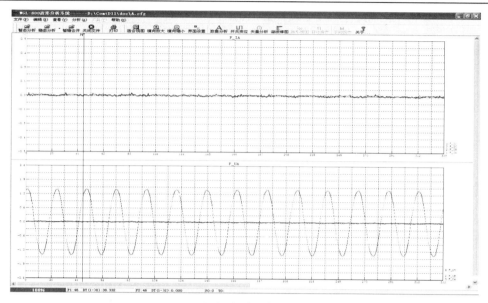

（a）波形分析图

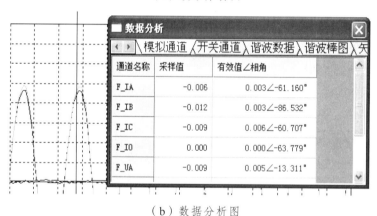

（b）数据分析图

图 2.24　波形分析及数据分析

以不同的颜色显示模拟量的波形，并且可以缩放和随意分组。还可对波形进行数据分析，如有效值、角度、谐波含量等。

三、维护工作站

维护工作站完成整个系统的数据建立及修改、画面建立及修改、系统动态监视、环境参数设置，发布系统的一些重要命令、报表记录的查询转存及数据维护等功能。

四、模拟屏（大屏幕投影仪）

模拟屏主要显示电力系统的全貌和最关键的开关状态及运行参数。它是调度人员监视电力系统运行的传统手段。模拟屏有不对位和灯光式两种。前者简单，适合小系统使用；后者可以不下位进行操作。

对重要的报警信号，除了屏幕显示器有所显示外，还配以音响报警，以引起调度人员的注意。现在语音报警也开始使用，调度人员可直接听到报警的原因，使报警更加直观。

五、复示终端

复示实质上是调度员控制台的一种，但操作权限小，它不是装在调度室内而是装在远方。它可让未装中央监视系统的下级调度中心值班人员监视所管辖的电力网信息，或作为上级主管和有关业务部门了解电力系统运行情况的工具。

六、打印机

打印机是主要的记录设备。电力系统中发生的异常或事故，发生的时间顺序以及日常的正点运行报表都要通过不同的打印机打印出来。

记录仪表和拷贝机对于特别重要的参数，如频率和联络线交换功率等，可以设置记录仪表，可将这些参数的变化曲线完整地记录下来。拷贝机可以把重要的屏幕显示器画面拷贝下来，以备事后分析和查询。

七、GPS 时钟

在调度端和被控站内均设有 GPS 时钟系统，RTU 站间 SoE 分辨率是一项系统指标，因此它要求各 RTU 的时钟与调度中心的时钟严格同步。

正常情况下，控制站设备和被控站设备的时钟都与 GPS 时钟系统对时，以保证所有设备时钟同步。该方法需要在各站点安装 GPS 接收机、天线、放大器，并通过标准 RS-232 口和 RTU 相连。

当 GPS 时钟系统故障时，系统自动采用软件对时。但由于受到通信速率的影响，需要采取修正措施。这种方法的优点是不需要增加硬件设备。此外，系统能够监视 GPS 时钟系统的状态、显示通信状态等信息。

八、不停电电源装置（UPS）及配电柜（1 套）

为了保证系统的可靠运行，不受外部电源停电的影响，系统配置 1 套 UPS 装置，其容量满足当外部电源停电 30 分钟内系统的正常运行。UPS 设备前盘设置运行监视界面，可提供 UPS 的远距离监视信号，以满足调度员对 UPS 设备的监视。远距离监视信号的主要内容包括：UPS 的工作状态、蓄电池的工作状态、输入电源的工作状态等。

UPS 装置满足外部输入电源的条件，工作噪声不大于 55 dB，具有一定的过负荷能力。配电柜设两路交流输入电源，可通过组合开关切换。各输入、输出回路具有过负荷自动跳闸功能。当一路电源失压时，另一路可自动切换输入。配电柜还具有过压、过流保护功能。当两路交流电源都失压时，UPS 自动投入供电。配电柜带有各种显示表计和手动操作按钮，便于现场维护和调试。

第三节　SCADA 系统调度端典型案例

一、哈大线牵引供电 SCADA 调度系统

哈大线牵引供电系统管辖全线近 950 km 的复线电气化铁路的 17 个变电所，供电范围包括哈尔滨、长春、大连、沈阳四个供电段。全线在沈阳设置一个总牵引供电调度所。

哈大线 SCADA 系统设一个主调度中心，三个分调度中心，是一个基于广域网的调度端（WAN）系统结构。主控中心内部采用 10 M/100 M 自适应局域网连接，主要由主服务器、GPS 全球定位系统、调度员工作站、数据维护工作站、通信前置机、网络设备及相应的外围设备组成。各分控中心内部通过 10 M 局域网相连，只配置有调度员工作站及相应的网络和外围设备。主控中心和分控中心间通过路由器和高速 MODEM 相连。哈大线牵引供电远动系统配置如图 2.25 所示。

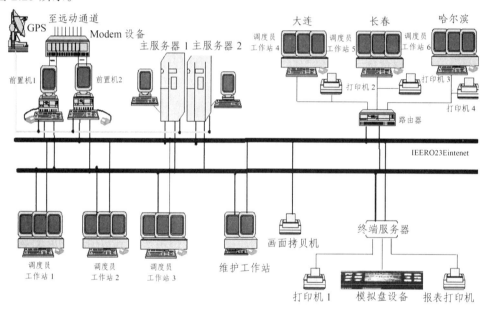

图 2.25　哈大线牵引供电监控系统主控中心系统配置图

分布式广域网监控系统将先进的计算机技术、通信技术及自动化技术融为一体，是当今较先进的计算机监控系统。当牵引供电系统的地理跨度太大且调度中心分别设置于多个地点时，调度端系统可采用广域网结构，哈大线牵引供电远动系统即采用该种配置。基于广域网的调度端是一个完整的网络系统，在广域网系统中的任何一个工作站上，只要安全权限允许就可以监视和控制整个广域网内的现场数据和设备。三个调度中心的管理权限也可按需要配置，冗余度高、可靠性强。

基于广域网的高速铁路牵引供电监控系统的优点在于，对于行政隶属不同的调度中心可独立调度管理本分局管内的牵引供电系统，以避免供电调度与线路维护之间的工作冲突。冗余度高，可靠性强，可实现多级备用，但分调中心通过路由器与调制解调器与主控中心实现通信，系统的实时响应能力稍逊于集中监控系统。

二、秦沈线 SCADA 系统调度端

秦沈客运专线在沈阳分局设牵引供电调度所，分别对其所管辖的全线牵引供电设施进行监控管理。该远动系统由设在调度所内的控制站设备、远动数据传输通道、设在沿线各牵引变电所、分区所、开闭所、网上开关站及维修基地远动复示终端设备组成。

全线调度划分为两个调度台。第一个调度台管辖范围为由山海关至锦州南（含）包括四个牵引变电所、一个开闭所、三个分区所、一个网上开关站；第二个调度台管辖范围为由锦州南（不含）至分局界（锦州与沈阳分局），包括三个牵引变电所、四个分区所、一个网上开关站。一个分区所及一个网上开关站纳入既有哈大线沈阳牵引供电调度所。其中分局界分区所采用一机双调方式，系统调度端采用计算机局域网结构、分布式控制系统，以计算机设备为核心、以功能为模块、以网络节点为单元进行配置。系统配置了主机、调度员工作站、系统维护工作站、视频监视工作站、前置通信处理机、模拟屏驱动器、复示系统处理机等网络节点设备及相应的人机接口设备。还设置了实时数据、文档管理报表打印机、画面拷贝机及实时监视牵引供电系统概况的模拟屏等外围设备，同时提供完善的软件资源及 UPS 设备。控制站系统配置图如图 2.26 所示。

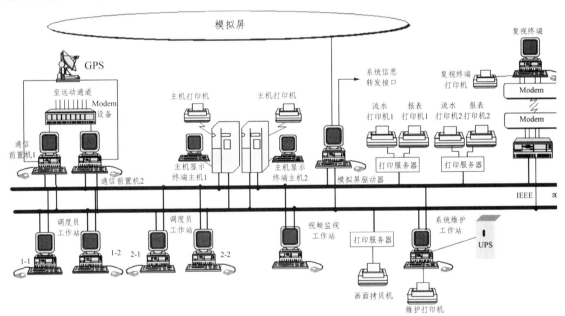

图 2.26　秦沈线 SCADA 系统调度端系统配置图

复习思考题

1. SCADA 系统调度端的主要设备有哪些？
2. 前置机的作用是什么？有哪几种形式？
3. 单控过程的执行原则是什么？并说明单控执行过程。
4. 什么是双台监控模式？并说明双台监控执行过程。
5. 报警条件和种类有哪些？

6. 什么是闭锁？为什么设置闭锁功能？

7. 简述事故追忆功能的内容和作用。

8. 什么是顺序事件记录？它的作用是什么？

9. UPS 的作用是什么？

10. 简述为什么采用 GPS 时钟，以及 GPS 与 RTU 的连接方法。

第三章　变电所综合自动化概述

第一节　变电所综合自动化的概念及特点

一、概　述

变电所是供电系统中不可缺少的重要环节，它担负着电能转换和电能重新分配的重要任务，对供电系统的安全、可靠和经济运行起着举足轻重的作用。变电所二次系统的功能是：对分散的断路器等电气设备进行控制；对变电所的各种测量和状态数据进行分散采集和综合分析；利用各种数据信息对变压器、电力线路、电容器等电气设备和供电系统进行保护、监视和优化管理。

常规变电所的二次设备由继电保护、自动装置、测量仪表、操作控制屏和中央信号屏以及远动装置（部分变电所没有远动装置）等部分组成。20 世纪 80 年代以来，由于集成电路技术和微机技术的发展，上述二次系统开始采用微机技术，例如：微机保护装置、微机自动装置、微机监控系统等。这些微机装置尽管功能不同，但其硬件结构大同小异，除微机系统本身外，主要由各种模拟量、数字量的数据采集回路和与之相匹配的 I/O 回路组成，而且各回路所采集的量和所控制的对象还有许多是共同的。这些促使科技工作者思考如何打破常规二次设备的框框，从变电所的全局出发，着手研究全微机化的变电所二次系统的优化设计问题，这就是"变电所综合自动化系统"的由来。

近 20 年来，随着微电子技术、计算机技术和通信技术的发展，变电所综合自动化得到了迅速发展，这种技术目前已成为热门话题，引起了电力工业各部门的注意和重视，并成为我国电力工业推行技术进步的重点之一。在城市地铁供电系统中，上海地铁和广州地铁在建设的初期引进了大量国外技术，率先在企业供电领域中全面使用了变配电综合自动化技术，随着国内同类产品可靠性的提高，全国地铁供电系统大量采用国产产品。在国内改造中的多数变电所，也将变配所综合自动化作为首选的技术革新项目。综合自动化的发展是传统变电所技术的一场重大革命。

二、变电所综合自动化的特点及优越性

变电所综合自动化系统利用先进的计算机技术、现代电子技术、通信技术和信号处理技术，对变电所的二次设备（包括测量、信号、保护、控制、自动和远动装置等）进行功能的组合和优化设计，从而实现对变电所主要设备（变压器、电容补偿装置和输、配电线路等）的自动监视、测量、控制和保护，以及与调度通信等综合性的自动化功能。

变电所综合自动化系统，即用微机保护代替常规的继电保护屏，改变常规的继电保护装置不能与外界通信的缺陷；利用多台微型计算机和大规模集成电路组成的自动化系统，代替常规的测量和监视仪表，代替常规控制屏、中央信号系统和远动屏；变电所综合自动化系统

可以采集到比较齐全的数据和信息，利用计算机的高速计算能力和逻辑判断功能，可方便地监视和控制变电所内各种设备的运行。

（一）特　点

变电所综合自动化系统具有结构分层分散化、功能综合化、操作监视屏幕化、运行管理智能化和通信网络化的显著特点。

1. 结构特点

变电所自动化系统的结构特点是分散和分层，分散是由于微机技术的发展，器件成本的降低，使得最先采用的由一台或几台微机实行集中监控，演变成了由许多微机实行模块化分散监控；分层是把变电所的一、二次设备大致分为 3 个物理层，即站级管理层（变电所层）、间隔设备层和网络通信层。

2. 功能特点

变电所自动化系统的功能综合化特点：保护、控制、测量逐步形成一体化设备。

3. 通信特点

变电所自动化系统构建通信网络进行信息交换，站级管理层（变电所层）和间隔设备层各层次既相互独立，又通过网络通信层进行通信，与供电 SCADA 系统构建了一个标准化的三层网络系统。

设备层：三层网络系统中底层为设备层，新建变电所的设备层基本上采用现场总线技术。

变电所层：大多采用以太网技术互联，以太网具有传输速度高、低耗、易于安装和兼容好等方面的优势，由于它支持几乎所有流行的网络协议，所以在商业系统中被广泛采用。

调度层：可以实现多个变电所终端的互联，以 TCP/IP 协议互联。

4. 采样特点

数据采样逐步由直流采样过渡到直接、交流采样方式。

5. 监视特点

操作监视屏幕化：监控单元一般采用 LCD 彩色液晶显示方式，变电所层采用微机集中监视方式。

6. 管理特点

变电所综合自动化采用分散安装，分层结构、分布式功能配置，代表当前工业自动化发展潮流。变电所综合自动化技术集继电保护功能、自动控制功能、测量表计功能、接口功能及统一管理功能为一体，完成对变电所的自动化管理，是实现变电所无人值班最有效的途径。

（二）优越性

变电所综合自动化优越性主要表现在如下几个方面：

（1）变电所综合自动化系统利用计算机技术和通信技术，改变了传统二次系统模式，实现了信息共享，简化了系统，减少了连接电缆，减少了占地面积，降低了造价，改变了变电所的面貌。

（2）提高了变电所的自动化水平，减轻了值班员和技术人员的工作量。

（3）先进的通信功能为各级调度提供了更多变电所的信息，以便调度中心及时掌握电网及变电所的运行情况，实现对电力电能的合理调配。

（4）为无人值班管理模式提供了更好的条件，提高了劳动生产率，减少了人为误操作的可能。

（5）全面提高了变电所运行的可靠性和经济性。

第二节　变电所综合自动化系统的基本功能

变电所综合自动化系统的基本功能体现在下面 5 个子系统中。

一、监控子系统的功能

与传统变电所相比，监控子系统是整个综合自动化系统最具特色的，它利用计算机最擅长的数据处理能力及其网络技术，完成数据采集、事件顺序记录、故障录波与测距、故障记录操作控制、安全监视、人机联系、打印、数据处理与记录、谐波分析与监视 9 种功能。

（一）数据采集

变电所的二次系统需要采集大量的数据，用来完成对一次系统的保护、测量、控制等功能。数据采集是综合自动化系统最基本的功能。

（二）事件顺序记录

事件顺序记录（Sequence of Events，SoE）包括断路器跳合闸记录、保护动作顺序记录等是监控子系统重要的功能之一。微机保护或监控系统必须有足够的容量，能存放足够数量或足够长时间段的事件顺序记录，确保当后台监控系统或远方集中控制主所通信中断时，不丢失事件信息，并应记录事件发生的时间（应精确至毫秒级），为故障分析提供最直接的资料。

（三）故障录波与测距、故障记录

1. 故障录波与测距

110 kV 及以上的重要输电线路和一些特殊电力线路（如：电气化铁路的接触网）距离长、发生故障影响大，必须尽快查找出故障点，以便缩短修复时间，尽快恢复供电，减少损失。设置故障录波和故障测距是解决此问题的最好途径。变电所的故障录波和测距可采用两种方法实现，一种方法是由微机保护装置兼作故障记录和测距，再将记录和测距的结果送监控机存储及打印输出或直接送调度主所，这种方法可节约投资，减少硬件设备，但故障记录量及测量精度有限；另一种方法是采用专用的微机故障录波器，并且故障录波器应具有串行通信功能，可以与监控系统通信。

2. 故障记录

35 kV 及以下电压等级配电线路很少专门设置故障录波器，为了方便分析故障，可设置简单故障记录功能。故障记录是记录继电保护动作前后与故障有关的电流量和母线电压。故障记录量的选择可以按以下原则考虑：如果微机保护子系统具有故障记录功能，则该保护单元保护启动时，即启动故障记录，这样可以直接记录发生事故的线路或设备在事故前后的短路电流和相关的母线电压的变化过程；若保护单元不具备故障记录功能，则可以采用保护启动监控数据采集系统，记录主变压器电流和高压母线电压。记录时间一般可考虑保护启动前 2 个周波（即发现故障前 2 个周波）和保护启动后 10 个周波以及保护动作和重合闸等全过程的情况，在保护装置中最好能保存连续 3 次的故障记录。对于大量中、低压变电所，没有配备专门的故障录波装置，而 10 kV 馈出线较多、故障率高，在监控系统中设置了故障记录功能，对分析和掌握情况、判断保护动作是否正确提供了依据。

3. 操作控制

综合自动化变电所中，操作人员都可通过 CRT 屏幕对断路器和电动隔离开关进行分、合闸操作，对变压器分接开关位置进行调节控制，对电容器进行投、切控制，同时能接受遥控操作命令，进行远方操作；为防止计算机系统故障时无法实现遥控操作命令，在设计时，应保留人工直接跳、合闸的操作方法。断路器操作应有闭锁功能，操作闭锁应包括以下内容：

（1）断路器操作时，应闭锁自动重合闸功能。

（2）当地操作和远动操作要互相闭锁，保证只有一种操作方式，以免互相干扰。

（3）根据实时信息，自动实现断路器与隔离开关间的闭锁操作功能。

（4）无论当地操作或远动操作，都应有防误操作的闭锁措施，即要收到返校信号后，才执行下一项；必须有对象校核、操作性质校核和命令执行三步，以保证操作的正确性。

4. 安全监视

监控系统在运行过程中，对采集的电流、电压、频率、主变压器油温等量，要不断进行越限监视，如发现越限，立刻发出告警信号，同时记录和显示越限时间和越限值，另外，还要监视保护装置是否失电，自控装置工作是否正常等，确保监控装置正常运行。

5. 人机联系

变电所采用微机监控系统后，可以通过 CRT 显示器、鼠标和键盘观察全站的运行状况和运行参数，亦可对全站的断路器和隔离开关等进行分、合操作，彻底改变传统的依靠指针式仪表进行测量，以及依靠模拟屏或操作屏进行操作的控制方式。特别要强调指出的是：对无人值班变电所也必须设置必要的人机联系功能，以便当巡视或检修人员到现场时，能通过液晶显示器、七段显示器、CRT 显示器或便携机观察站内各设备的运行状况和运行参数，对断路器等开关设备控制应具有人工当地紧急操作的功能设施。

6. 打 印

对于有人值班的变电所，监控系统可以配备打印机，完成必要的打印记录功能；对于无人值班变电所，可不设当地打印功能，各变电所的运行报表集中在调度中心打印输出。

7. 数据处理与记录

监控系统除了完成上述功能外，数据处理和记录也是很重要的功能。历史数据的形成和存储是数据处理的主要内容。此外，为满足继电保护和变电所管理的需要，必须进行一些数据统计，其内容包括：

（1）主变和输电线路有功和无功功率每天的最大值和最小值以及相应的时间；

（2）母线电压每天定时记录的最高值和最低值以及相应的时间；

（3）计算配电电能平衡率；

（4）统计断路器动作次数；

（5）断路器切除故障电流和跳闸次数的累计数；

（6）控制操作和修改定值记录。

8. 谐波分析与监视

电力系统中的谐波含量是电能质量的重要指标。随着非线性器件和设备的广泛应用，电气化铁路的发展和家用电器的不断增加，电力系统的谐波含量显著增加，并且有越来越严重的趋势。目前，谐波"污染"成为电力系统的公害之一。因此，在变电所自动化系统中，要重视对谐波含量的分析和监视，对谐波污染严重的变电所应采取适当的抑制措施。

二、微机保护子系统的功能

微机保护是综合自动化系统的关键功能，可以说综合自动化系统是从微机保护的研究开始的。微机保护既可以用于综合自动化系统中，也可以单独代替传统保护用于传统变电所技术中。

三、电压、无功综合控制子系统的功能

电压水平和功率因数是两个重要电气参数。当变电所一次系统的这两项指标不符合标准时，电压、无功综合控制子系统启动，自动控制变压器和无功补偿装置分接头的控制开关：使电压水平和功率因数恢复到要求值。所以，电压、无功综合控制也是变电所综合自动化系统的一个重要组成部分。

电力系统的频率是电能质量重要的指标之一。电力系统正常运行时，必须维持频率在（50 ± 0.2）Hz 的范围内。系统频率偏移过大时，发电设备和用电设备都会受到影响。在系统发生故障，有功功率严重缺额，需要切除部分负荷时，应尽可能做到有次序、有计划地切除负荷，并保证所切负荷的数量必须合适，以尽量减少切除负荷后所造成的经济损失。这是低频减载装置的任务。

四、备用电源自投控制功能

备用电源自投装置（Auto Put-into Device，APD）是因电力系统故障或其他原因使工作电源被断开后，能迅速将备用电源、备用设备或其他正常工作的电源自动投入工作，使失去工作电源的用户能迅速恢复供电的一种自动控制装置。

在传统的变电所中，APD 装置是由继电器和断路器辅助接点设计完成的，而变电所综合自动化系统的 APD 装置的作用和传统的变电所中的基本是一样的。

五、变电所综合自动化系统的通信功能

变电所综合自动化系统通信网络的任务体现在两个方面，一方面，各个单一功能的子系统（或称单元模块）间应具有很强的通信功能；另一方面，先进的自动化系统应能替代远程终端（RTU）的全部功能，与调度中心具有很强的通信功能。因此，综合自动化系统的通信功能包括系统内部的现场级间的通信和自动化系统与上级调度的通信两部分。

在综合自动化系统中，由于综合、协调工作的需要，网络技术、通信协议标准、分布式技术、数据共享等问题，其通信网络的构成必然成为研究综合自动化系统的关键问题。

第三节　变电所综合自动化系统的结构形式和配置

变电所综合自动化系统的发展过程与集成电路技术、微计算机技术、通信技术和网络技术密切相关。随着这些技术的不断发展，综合自动化系统的体系结构也不断发生变化，其性能和功能以及可靠性等也不断提高。从国内外变电所综合自动化系统的发展过程来看，其结构形式有集中式和分布式。如图 3.1 所示为变电所综合自动化系统的示意图。

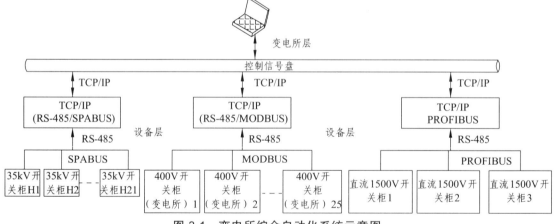

图 3.1　变电所综合自动化系统示意图

1. 设备层（0 层）

设备层主要指变电所的变压器和断路器、隔离开关、电流、电压互感器等一次没备。

2. 间隔层（1 层）

变电所综合自动化系统主要位于间隔层（1 层）和变电所层（2 层），和传统变电所的二次设备相同，间隔层一般按断路器间隔划分，具有测量、控制部件和继电保护部件，各间隔之间通过现场总线或局域网联系。

3. 变电所层（2 层）

变电所层除完成全所性的监控任务外，并通过监控机和上层管理（如调度中心）进行通

信。变电所层设局域网（如以太网）供各主机之间和监控主机与间隔层之间交换信息。

变电所层的监控机或称上位机，通过局部网络与保护管理机和数据控制机通信。监控机的作用，在无人值班的变电所，主要负责与调度中心的通信，使变电所综合自动化系统具有RTU 的功能，完成五遥的任务；在有人值班的变电所，除了仍然负责与调度中心通信外，还负责人机联系，使综合自动化系统通过监控机完成当地显示、制表打印、开关操作等功能。

一、分层（级）分布式系统集中组屏的结构形式

这种结构的综合自动化系统，可以简单地解释为传统的二次设备功能采用单片机（主要由 CPU 及其外围设备构成）完成，变电所的一次设备保持了原貌，变电所的结构形式和传统的变电所相比几乎没有改变。

（一）分层（级）分布式系统集中组屏的结构形式

分层分布式系统集中组屏的结构，是把整套综合自动化系统按其功能的不同，将间隔层按对象划分组装成多个屏（或称柜），例如：主变压器保护屏（柜）、线路保护屏、数采屏、出口屏等。一般来说，这些屏都集中安装在主控室中，这种结构形式简称为"分布集中式结构"，如图 3.2 所示为集中配屏布置示意图。在多数传统变电所的改造初期，只是采用微机保护装置代替电磁型或晶体管保护装置，其自动化功能非常有限。随着综合自动化技术的发展，对各间隔采用微机技术构成保护、测量、监控等功能，这些独立的间隔装置直接通过局域网络或串行总线相互联系，同时也和变电所层联系，从而实现在线监控功能。

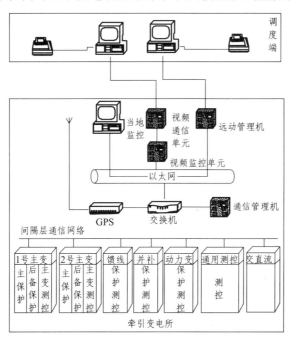

图 3.2 变电所分层分布式集中配屏布置示意图

保护用的微机大多数采用 16 位或 32 位单片机，保护单元是按对象划分的，即一条馈出线路或一组电容器各用一台单片机，再把各保护单元和数据采集单元分别安装于各保护屏和数据

采集屏上，由监控主机集中对各屏（柜）进行管理，然后通过调制解调器与调度中心联系。

这种自动化系统可应用于有人值班或无人值班变电所，对无人值班变电所提供了可靠性的有利条件。

（二）分层分布式系统集中组屏结构的特点

1. 分层（级）分布式的配置

为了提高综合自动化系统整体的可靠性，如图 3.2 所示的系统采用按功能划分的分布式多 CPU 系统，其功能单元有：各种高、低压线路保护单元；电容器保护单元；主变压器保护单元；备用电源自投控制单元；低频减载控制单元；电压、无功综合控制单元；数据采集与处理单元；电能计量单元等。每个功能单元基本上由一个 CPU 组成，多数采用单片机，也有一个功能单元由多个 CPU 完成的，例如主变压器保护，有主保护和多种后备保护，因此往往由 2 个或 2 个以上 CPU 完成不同的保护功能。这种按功能设计的分散模块化结构具有软件相对简单、调试维护方便、组态灵活、系统整体可靠性高等特点。

2. 继电保护相对独立

继电保护装置是电力系统中对可靠性要求非常严格的设备，在综合自动化系统中，继电保护单元宜相对独立，其功能不依赖于通信网络或其他设备。各保护单元要有独立的电源，保护的输入应仍由电流互感器和电压互感器通过电缆连接，输出跳闸命令也要通过常规的控制电缆送至断路器的跳闸线圈，保护的启动、测量和逻辑功能独立实现，不依赖通信网络交换信息。保护装置通过通信网络与保护管理机传输的只是保护动作信息或记录数据。为了无人值班的需要，也可通过通信接口实现远方读取和修改保护整定值。

3. 具有与系统控制中心通信功能

综合自动化系统本身已具有对模拟量、开关量、电能脉冲量进行数据采集和数据处理的功能，也具有收集继电保护动作信息、事件顺序记录等功能，因此不必另设独立的 RTU 装置，不必为调度中心单独采集信息，而将综合自动化系统采集的信息直接传送给调度中心，同时也接受调度中心下达的控制、操作命令和在线修改保护定值命令。并进一步发展从全电力系统的范围更好地考虑电流、电压和稳定控制问题，虽然目前还不能做到这一点，但是变电所综合自动化系统为实现以上功能提供了技术上的支持，可能今后会给电力系统带来很大的效益，这是变电所综合自动化监控机的发展方向。

4. 模块化结构，可靠性高

由于各功能模块都由独立的电源供电，输入/输出回路都相互独立，任何一个模块故障，只影响局部功能，不影响全局，而且由于各功能模块基本上是面向对象设计的，因而软件结构相对于集中式的简单，因此调试方便，也便于扩充。

5. 室内工作环境好，管理维护方便

分级分布式系统采用集中组屏结构，全部屏（柜）安放在室内，工作环境较好，电磁干扰与开关柜相比较弱，而且管理和维护方便。对于 10～35 kV 中、低压变电所，一次设备都比较集中，有不少是组合式设备，分布面不广，所用控制电缆不太长，因此采用集中组屏虽然比分散式安装增加电缆，但其优点是集中组屏，便于设计、安装、调试和管理，可靠性也

比较高，尤其适合于旧所改造。

　　集中组屏结构形式的主要缺点是安装时需要的控制电缆相对较多，增加了电缆及其辅助投资。多数传统变电所改造成综合自动化结构时，因为无需一次设备的再投资，相比之下，采用分层（级）分布式系统集中组屏的结构形式比较经济，所以在旧所改造时是首选方案。在铁道电气化的供电系统中，20 世纪 90 年代，开始使用微机保护装置（如京广线采用的WXB-61A 型馈线保护装置）和微机远程控制系统，采用的就是分层（级）分布式系统集中组屏的结构形式，因为系统还不能完成综合自动化的整体功能，那只能是综合自动化的雏形。

二、分布分散式与集中相结合的结构形式及特点

（一）分布分散式与集中相结合的结构形式

　　由于分布集中式的结构，虽具备分级分布式、模块化结构的优点，但因为采用集中组屏结构，因此需要较多的电缆。随着单片机技术和通信技术的发展，特别是现场总线和局部网络技术的应用，以及变电所综合自动化技术的不断提高，有条件考虑全微机化的变电所二次系统的优化设计问题。一种发展趋势是按每个电网元件（例如：一条馈出线或一台变压器或一组电容器等）为对象，集测量、保护、控制为一体，设计在同一机箱中。对于 6～35 kV 的配电线路，可以将这个一体化的保护、测量、控制单元分散安装在各个开关柜中，然后由监控主机通过光纤或电缆网络，对它们进行管理和信息交换，这就是分散式的结构。至于高压线路保护装置和变压器保护装置，仍可采用集中组屏安装在控制室内。实际上，各国的习惯不同，西欧国家习惯于将保护装置安装在控制楼中，理由是环境好，检修方便。这种将配电线路的保护和测控单元分散安装在开关柜内，而高压线路保护和主变压器保护装置等采用集中组屏的系统结构，称为分布和集中相结合的结构，其结构形式如图 3.3 所示，这是当前综合自动化系统的主要结构形式。

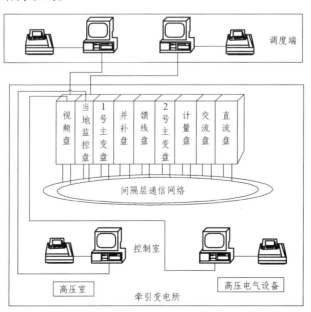

图 3.3　变电所分布分散式与集中相结合布置示意图

（二）分布分散式与集中相结合的结构特点及优越性

（1）10 ~ 35 kV 馈线保护采用分散式结构，在开关柜中就地安装二次设备，通过现场总线测控单元分散安装在各开关柜内，因此主控室内减少了保护屏的数量，加上采用综合自动化系统后，原先常规的控制屏、中央信号屏和所内模拟屏可以取消，使主控室面积大大缩小，也有利于实现无人值班。

（2）减少了施工和设备安装工程量。由于安装在开关柜的保护和测控单元在开关柜出厂前已由厂家安装和调试完毕，再加上敷设电缆的数量大大减少，因此现场施工、安装和调试的工期随之缩短。

（3）简化了变电所二次设备之间的互联线，节省了大量连接电缆。

（4）分层分散式结构可靠性高，组态灵活，检修方便。分层分散式结构，由于分散在高压设备附近安装，减小了电流互感器的负担。各模块与监控主机间通过局域网络或现场总线连接，抗干扰能力强，可靠性高。

变电所分层分散式的结构可以降低总投资，是变电所综合自动化系统的主流发展方向。

第四节　变电所综合自动化技术的发展方向

一、综合自动化技术推动变电所无人值班制度的实施

（一）变电所无人值班制度

早在 20 世纪四五十年代，上海、广州、天津等大城市，对一些 35 kV（10 kV）变电所，实行无人值班制度，变电所的门平时是锁起来的，一旦出现故障，保护跳闸切断用户电源，用户会用电话或其他方式要求供电局去检修，恢复供电。供电局在确认停电事故后，便派出检修人员去查找并修复故障，恢复供电。

变电所无人值班制度沿用到今天，得到了大力发展，是因为变电所实行无人值班有明显的经济效益和社会效益，特别是提高了运行的可靠性，减少了人为事故，保障了系统安全，提高了劳动生产率，降低了建设成本，推动了电力行业的科技进步。

（二）变电所综合自动化与变电所实现无人值班制的关系

因为变电所综合自动化技术大量采用计算机网络技术，人们往往联想到新型变电所可以按无人值班的模式运营，但无人值班和有人值班是两种不同的管理模式，它与变电所一、二次系统技术水平的发展，与变电所是否实现自动化没有直接关系。一、二次设备可靠性的提高和采用先进技术，可以为无人值班提供更为有利的条件，但不是必备的条件。

早期的无人值班变电所的一、二次设备与有人值班变电所完全一样，没有任何信息送往调度室。其一、二次设备的运行工况如何，只能由检修人员到现场后，才能知道，因此，这类无人值班只适合于重要性不高的变电所。到了 20 世纪 60 年代，由于远动技术的发展，在变电所开始应用遥测、遥信技术，从而进入了远方监视的无人值班阶段，在调度中心，调度人员可以了解到下面无人值班所的运行工况，这是最早的变电所自动化技术。但是，这个阶段的遥测、遥信功能还是很有限的，例如遥信只传送事故总信号和一些开关位置信号。调度

值班员通过事故总信号知道变电所发生故障，可及早派人到变电所或线路寻找故障和进行检修，这对及早恢复供电无疑是很有好处的，但是调度无法对开关进行远距离操作。

20 世纪 80 年代中后期以后，随着微处理器和通信技术的发展，利用微型机构成的远动系统的功能和性能有很大提高，具有遥测、遥信和遥控功能，有的还有遥调功能，这使无人值班技术又上了一个台阶。经过几十年的努力，电网装备技术和运行管理水平及人员素质都有了很大提高，一次设备可靠性提高，遥控技术逐步走向成熟。特别是"八五"期间，全国电网调度自动化振兴纲要的实施，电网调度自动化实用化工作的开展取得了很好的经验，为全国特别是中心城市实行无人值班工作制度奠定了扎实的基础。因此，1995 年国家电力调度通信中心要求现有 35 kV 和 110 kV 变电所，在条件具备时逐步实现无人值班，新建变电所可根据调度和管理需要以及规划要求，按无人值班设计。

可见，变电所综合自动化技术对无人值班制起着重要的推动作用。变电所实行无人值班制是综合自动化技术发展的必然结果，新型牵引变电所正在按这个方向进行设计和建设。

二、综合自动化技术发展方向

（一）系统结构的转变

变电所综合自动化系统的结构将从集中控制、功能分散逐步向分散型网络发展。传统的系统结构是按功能分散考虑的。发展趋势将从一个功能模块管理多个电气单元或间隔单元向一个模块管理一个电气单元或间隔单元、地理位置高度分散的方向发展。这样，自动化系统故障时对电网可能造成的影响大大地减小了，自动化设备的独立性、适应性更强。

（二）智能电子装置的发展

智能电子装置（Integrated Electronics Device，IED）实际上就是一台具有微处理器、输入/输出部件，并能满足各种不同的工业应用环境的嵌入式装置，它的软件则因应用场合的不同而不同。其实，变电所综合自动化系统中的测控装置、继电保护装置、RTU 都可以理解为是一种智能电子装置。现在计算机的发展使设备的功能仅由软件决定，硬件因 I/O 所要求的数量而异，开发通用标准型的灵活的硬件和软件平台是一种趋势，这样就能适用于所有保护和控制，使系统具有开放性和数据一致性的特点，为变电所综合自动化系统向分散型发展提供有利条件。

（三）光电互感器的应用

光电互感器采用光纤传送信号，无铁芯（不存在磁饱和和铁磁谐振问题）、频率响应范围宽、容量大、抗电磁干扰能力强，所以测量单元与微机保护单元互感器可共用，简化了二次设备，这样可以将测量单元与保护单元融合在一起，实现一个模块管理一个电气单元或间隔单元，为变电所综合自动化系统结构实现分散式提供了技术支持。

（四）监控系统的发展

监控系统的发展主要表现在两方面，即变电所遥视系统的逐步应用和人工智能在故障诊断应用方面的不断完善。遥视系统是将变电所内采用摄像机拍摄的视频图像远距离传输到调度中心或集控站（主站），使运行、管理人员可以借此对变电所电气设备运行环境进行监控，以保证无人值班变电所的安全运行。遥视系统的视频图像监视在本质上还属于图像获取系统，将计算机视觉技术运用到图像信息分析与理解中，可以实现变电所系统图像信息的智能处理。计算机视觉技术在变电所领域已有成功应用的例子，有指针式仪表表示值的自动检定、移动物的自动识别报警和跟踪运行人员的操作过程。随着计算机视觉相关技术的不断发展应用，该技术在变电所领域显示出了良好的应用前景。

（五）人工智能技术的发展应用

近年来，随着人工智能技术的发展，诊断自动化、智能化的要求逐渐变为现实，其中基于知识的专家系统目前在诊断中已有成功的应用。模糊理论通常和专家系统结合，作为前处理和后处理。神经网络技术由于它强大的并行计算能力和自学习功能及联想能力，很适合作故障分类和模式识别，近年来，已成为本领域的研究热点，发展迅速。综合几种智能技术的优缺点来看，人工智能技术在故障诊断领域的发展方向主要有：神经网络与各种诊断理论的结合、神经网络与信号处理的融合、神经网络结构的改进、基于知识的专家系统与神经网络诊断系统的综合及智能诊断系统的微型化和"傻瓜"化。

（六）通信方式的发展

1. 工业以太网的发展应用

与现场总线相比，工业以太网是统一的总线网络技术，存在通用优势，而且具有价格低、速度快、易于组网等优点。工业以太网有两种模型：一种是混合模型（以太网和其他总线相连）；另一种是所谓的"透明工厂"型，即从高层到底层都采用统一的工业以太网的通信协议。混合型工业以太网的技术已经十分成熟，"透明工厂"型工业以太网是工业控制领域的研究热点，目前国内外已经提出了多种解决方案，每种方案也都有许多学者在研究，在不断地发展、完善中，相信未来的一段时期，工业以太网会给变电所自动化系统带来新的活力。

2. 蓝牙技术的发展应用

蓝牙技术是一种无线数据与语音通信开放性全球规范技术，它是一种以低成本的近距离无线连接为基础，为固定与移动设备通信环境建立一个特别连接的短程无线电技术，解决了以太网用于变电所自动化布线难的问题。该技术具有小功率、微型化、低成本以及与网络时代相适应的特点。蓝牙技术是一项发展中的技术，其应用正处于起步阶段，但蓝牙技术标准统一、知识产权共享的优势是非常明显的，其未来的发展不可限量。可以预见，变电所内许多设备间采用无线方式通信在不久的将来就可以实现。

第五节　变电所综合自动化实例

LTS2000 是基于 RTU 原理构建的，是哈—大电气化铁路牵引变电所远动控制系统的中枢，通过 LTS2000 既可以实现对牵引变电所的远动控制，又可以实现对牵引变电所的本地控制，同时 LTS2000 还集成了总保护和对测量数据的采集及模数转换功能。

一、LTS2000 的基本信息

牵引变电所控制系统 LTS2000 的设计是为了在完整的变电所内监视和控制机柜内和馈线架上的电气/机械设备。从主控制中心通过远程来控制未被当地控制的牵引变电所，通过 SCADA 本地控制牵引变电所。

（1）牵引变电所集成功能：

① 远程控制系统；

② 本地控制系统；

③ 馈线架和机柜的电气和机械控制；

④ 命令的输出；

⑤ 联锁；

⑥ 信息的输入；

⑦ 测量值的处理和转换；

⑧ 安排好的转换序列。

（2）配备了能与操作员进行通信联系的各种额外功能：

① 数据的获取、存储、确认、封锁；

② 报警表；

③ 事件表；

④ 查询；

⑤ 数据的参数化。

（3）LTS2000 的电力供应：

LTS2000 的电力供应是由 NQ+N 箱内的 60 V DC 提供的，其电源的后备是由两组蓄电池提供的。CAN 总线的内部供电是通过两台 DC/DC 转换器实现的。

（4）LTS2000 机柜完整的变电所设备安装在 4 个机柜内，一个机柜用于电缆连接，一个机柜用于端子的连接，另两个机柜集成了用于实现过程和本地/远方控制功能的所有模板。它们的设计是为了安装带有"F"和"C"的系统高度的机架。以下模板和设备是已安装好的：

①	调制解调器	-SAT WT-K 101	6TE
②	GPS 模板	-GPS 167	8TE
③	本地/远程模板	-FWS757	8TE
④	二极管电路板	-789	4TE
⑤	监视 U1—U4	-727，　　4×5	4TE
⑥	电压监视 5 V/12 V	-67	4TE
⑦	监视电源 60 V/12 V DC	-9549-60/12	4TE
⑧	电压电源模板	-CS 1001-7R	12TE
⑨	Z-COM 模板	-FWS 750	4TE
⑩	I/O 模板	-FWS752	8TE
⑪	测量转换器（电流）	-H&B A40	6TE
⑫	测量转换器（电压）	-H&B V40	6TE
⑬	测量转换器（功率）	-H&B SU	6TE
⑭	MCB 模板	-FWS754	4TE
⑮	高级保护	-UES-40	84TE

（5）LTS2000 的接口，如图 3.4 所示。

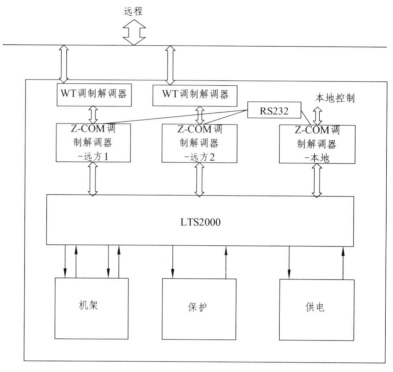

图 3.4　LTS2000 的接口图

（6）联锁功能：

隔离开关故障（带负载情况下转换）是操作机构的主要原因。这些故障会导致短路并且由于操作机构部件的破坏而导致运行故障并危及工作人员。为了避免这种情况的发生，隔离开关只有在没有电流通过时才能被分断和闭合。命令输出电路中的安全措施应当确保，只有几条准则以预先检查通过后才能生成转换脉冲。

（7）LTS2000 的自动转换序列：

LTS2000 通过软件程序实现自动转换序列

以下自动转换序列在这个工程项目中实现：自动接触网线路检测（OLPA），可配置参数。自动反向电压检测（OLRA），可配置参数。自动 220 kV 输入馈线转换故障或丢失 I/O 模板不影响其余的牵引变电所功能。

二、LTS2000 模板介绍

（一）WT-K（Communication Control Center）

LTS2000 内设置两个 WT-K 调制解调器。一个用于远方主用，一个用于远方备用，它们的作用是对连接于 LTS2000 和远方控制中心间的通讯信号进行载波和加快传输速度。如图 3.5 所示为 WT-K 模板示意图。

面板符号及指示灯说明：

- BETR：正常工作模式；

- AUS：终止工作模式；
- TEST：检测工作模式；
- （ - ）：低频信道工作模式；
- （ + ）：高频信道工作模式；
- （1：1）：模板功能检测复位恢复模式；
- 511：低频模拟信号检测；
- QBF：同于 511；
- TU：数据接口检测；
- PU：信号电平检测；
- SU：信号质量检测；
- UU：过驱检测；
- CTS：清除后发送；
- AUT：单元自动检测；
- DEF：检测恢复。

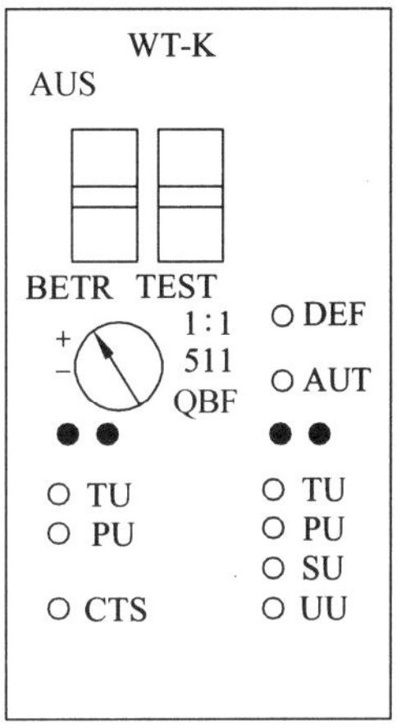

图 3.5　WT-K 模板示意图

（二）GPS（Ground Processing System）：全球定位系统

如图 3.6 所示，其无线时钟功能集成在 Z-Com 模板上，为系统提供有效的同步运行时间。

符号说明：

FAIL：系统时间不同步；

LOCK：系统时间同步；

BSL：修改 EPROM 时用；

OCXO：修改 EEPROM 时用；

INIT：系统初始化；

COM0：人机接口，可对内部时钟进行修改；

ANTENNA：时钟接收天线。

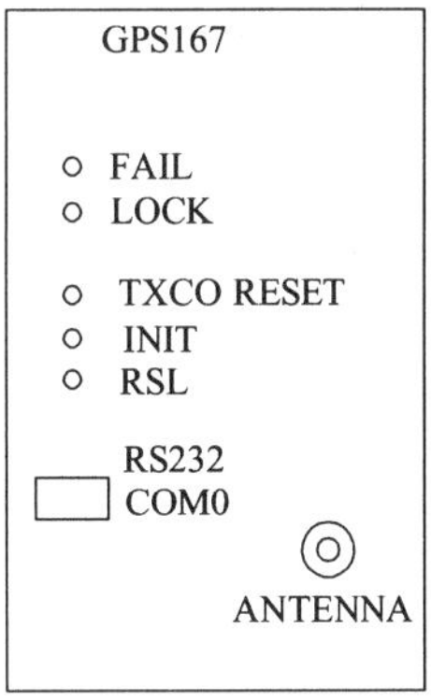

图 3.6　GPS 模板示意图

（三）FWS757 模板

通过 FWS757 模板，本地远程开关可实现本地和远程两种控制方式的相互转换。FWS757 模板示意图见图 3.7。

面板符号及指示灯说明：

REMOTE1：只能接收通过远程控制从主控制中心发来的命令，本地控制命令将被拒绝。

REMOTE2：当地控制系统只能对某一间隔进行控制，其他控制系统只能接远程控制中心的命令。

LOCAL：只能由当地控制，远程控制中心的命令将被拒绝。

QUIT：报警复位按钮。

ALARM：报警显示灯。

图 3.7　FWS757 模板示意图

（四）电源电压监视模板 Supervision727

如图 3.8 所示，各表示灯说明：

U1：监视 Transformer1　CS1001-7R 的 5 V 电源；

U2：监视 Transformer2　CS1001-7R 的 5 V 电源；

U3：监视 Transformer1 和 Transformer2　CS1001-7R 的 5 V 电源；

U4：监视 Transformer1 和 Transformer2　CS1001-7R 的 5 V 电源（U3 的备用）；

12 VFAILURE：监视 9549 模板 12 V 故障。

```
┌──────────────┐
│  SUPERVISION │
│              │
│   ○    U1    │
│   ○    U2    │
│   ○    U3    │
│   ○    U4    │
│   ●    12V   │
│   FAILURE    │
├──────────────┤
│     727      │
└──────────────┘
```
图 3.8　电源电压监视模板

（五）电源电压故障监视模板 Supervision–67

如图 3.9 所示，各表示灯说明：

LED1-11 和 LED14 备用；

LED12 监视 727 模板的 5 V 电源；

LED13 监视 727 模板的 12 V 电源。

```
┌──────────────┐
│   FAILURE    │
│   ○1         │
│   ○2         │
│   ○3         │
│   ○4         │
│   ○5         │
│   ○6         │
│   ○7         │
│   ○8         │
│   ○9         │
│   ○10        │
│   ○11        │
│   ○12        │
│   ○13        │
│   ○14        │
├──────────────┤
│     67       │
└──────────────┘
```
图 3.9　Supervision-67

（六）电源电压模板

Supervision Supply3- 9549。

模板功能说明：9549 模板为系统提供 60/12 V 电源。

（七）Transformer1 60/5 V DC and Transformer2 60/5 V DC

如图 3.10 所示，模板功能：为系统提供 60/5 V 电源。

模板 1 和模板 2 并联使用符号及表示灯说明：

通过（＋）、（－）两个插孔可为 1001 模板自身检测提供外加电源；

OK 表示 1001 模板输入、输出电源正常工作；

（i）表示系统输入电源零故障；

-（LOL）表示系统输出电源故障。

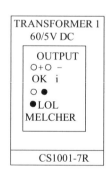

图 3.10　Transformer1 60/5 V DC

（八）系统中心通讯模板 FWS750

LTS2000 设有三块中心通讯模板。位置在 J0+U－A1－01 处的模板为本地通讯模板；位置在 J0+U－A1－05 处的模板为远程通讯主模板；位置在 J0+U－A1－81 处的模板为远程通讯备用模板。

FWS750 符号及表示灯说明：

符号说明：见图 3.11，模式选择开关正常工作时应处于 0 位。

表示灯说明：工作状态中的表示灯 1 亮表示系统处于工作中；表示灯 3 亮表示系统正在处理测量值；表示灯 5 亮表示系统正在进行信息处理，表示灯 2、4、6 亮表示系统正在进行系统初始化或系统正在进行内部配置检查，其他表示灯见图标说明。

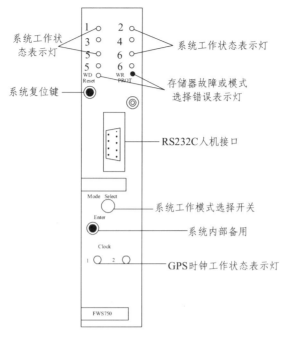

图 3.11　FWS750 模板

GPS 同步显示码：

通过系统状态表示灯显示的系统启动期间的故障。

安装在一个牵引变电所 LTS2000 内的 I/O 模板的概览。如表 3.1 所示。

表 3.1　牵引变电所 LTS2000 内的 I/O 模板概览

	模板名称	每个牵引变电所的数量	模板的缩写词
（a）	系统指示信号	1	SYS
（b）	接触网检测	1	J00
（c）	通用模板	1	J01
（d）	接触网（中间）	1	J02
（e）	接触网（右边）	1	J08
（f）	接触网（左边）	1	J09
（g）	辅助电力供应	1	J03
（h）	补偿 1	1	J05
（i）	补偿 2	1	J04
（j）	变压器 1（25 kV 输入馈线）	1	J06
（k）	变压器 2（25 kV 输入馈线）	1	J07
（l）	变压器 1（220 kV）	1	D01
（m）	变压器 2（220 kV）	1	D03
（n）	线路隔离（220 kV）	1	D02
（o）	到铁路货运编组站、火车站或者另外的接触网馈线的其他 25 kV 馈线	由于每个、单独的牵引变电所而有所不同	J1X

（九）I/O 模板部分功能及应用说明

状态指示灯显示系统的故障情况同 Z-COM FWS750 模板，如图 3.12 所示。

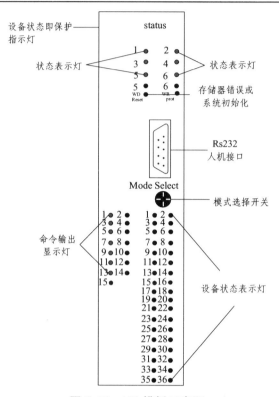

图 3.12　I/O 模板示意图

存储器错误或系统初始化指示灯的具体表示情况同 Z-COM FWS750 模板。

模式选择开关系统正常工作时应处于 0 位。

命令输出指示灯的指示情况：该阵列的指示灯表示的是该模板所工作的间隔单元开关分合过程（单数代表 ON，双数代表 OFF）。

设备状态表示灯，代表当前设备所处状态。下面列举沈阳西变电所 D1 间隔 I/O 模板的表示情况，如表 3.2 所示（表格中的表示灯皆处于亮的状态）。

表 3.2　设备状态表示灯表示情况

序号	名称	序号	名称	序号	名称	序号	名称
1	101 短路器分	10	1011 开关合	19	碰壳保护跳闸	28	备用
2	101 短路器合	11	备用	20	备用	29	7UT513 保护启动
3	012 开关分	12	备用	21	绕组温度跳闸	30	7SJ511 保护启动
4	1012 开关合	13	绕组温度高报警	22	油温跳闸	31	备用
5	1013 开关分	14	由温度高报警	23	压载抽头保护跳闸	32	备用
6	1013 开关合	15	油位低报警	24	重瓦斯保护跳闸	33	备用
7	1091 开关分	16	轻瓦斯报警	25	过电流 报警	34	101 短路器监视
8	1091 开关合	17	差动保护跳闸	26	电流速断保护跳闸	35	D1+S 箱中 K01 故障
9	1011 开关分	18	过载保护跳闸	27	备用	36	D1 间隔模板保险故障

（十）测量转换器

测量转换器 HB A40、V40 和 SU 将变压器的二次电流和电压转换为适用于电子显示的适当值，如表 3.3 所示。

表 3.3　测量转换器

类　　型	A40	V40	SU
可测量变量	电流	电压	MW，Mvar，$\cos\phi$
输　　入	0 ~ 2 A	0 ~ 120 V	0 ~ 2 A，0 ~ 120 V
输　　出	0 ~ 20 mA	0 ~ 20 mV	0 ~ 20 mA，0 ~ 20 mV
电力供应	来自测量的信号	来自测量的信号	60 VDC
特征线	线性	线性	线性
测量范围	单极	单极	单极

（十一）MCB 模板 FWS754

用于每个机架的控制合位置信号电路的 MCB 集成在控制机柜 LTS2000 内模板具有 19″ 规格和 3HE 高度，对于 60 V DC 的电压监视，为每块 MCB 模板上的 60 V DC 设计可使用电流值 1 A、3 A 和 6 A。

（十二）高级保护 UES-40

高级保护是一个重要的后备保护，它包含机架泄漏保护和断路器跳闸故障监视两种保护。

（十三）无功功率补偿调整控制器 RVS6

其前面板图如图 3.13 所示。各按钮名称如表 3.4 所示。

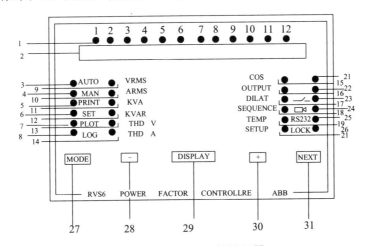

图 3.13　无功功率补偿调整控制器 RVS6

表 3.4　各按钮名称

序号	名称	序号	名称	序号	名称	序号	名称
1	可变输出指示灯	9	VRMS 指示灯	17	延时指示灯	25	RS 232 指示灯
2	7 段显示	10	ARMS 指示灯	18	次序指示灯	26	锁定指示灯
3	自动模式指示灯	11	KVA 指示灯	19	临时指示灯	27	模式按钮
4	手动模式指示灯	12	KVAR 指示灯	20	准备指示灯	28	按钮指示灯
5	打印模式指示灯	13	THD V 指示灯	21	步进指示灯	29	显示按钮
6	设置模式指示灯	14	THD A 指示灯	22	步进指示灯	30	按钮
7	绘图模式指示灯	15	$\cos\phi$ 指示灯	23	风扇指示灯	31	下一步按钮
8	记录模式指示灯	16	输出指示灯	24	警告指示灯		

无功功率补偿的目的：改善功率因数并使它接近于 1，同时也要避免补偿过多。补偿调整控制器频繁地监视电流和电压之间的相位角，从中得出 $\cos\phi$ 值，并将它与事先调好的基准值相比较，通过理想值和实际值相互的比较，无功功率调整控制器可以从中计算出所需的无功功率，以便使功率因数 $\cos\phi$ 接近事先调好的理想值（这里是 1）。补偿调整控制器以一定的间隔记录测试值，然后再计算出中间值，如果需要同时接上两个补偿单元（当无功功率需求量突然加大），两个补偿单元以 12 秒的间隔相继接通，从而避免电网上出现谐波振动的现象。为避免使补偿单元出现太频繁的闭合和断开现象，补偿调整控制器上应装配闭合磁滞补偿单元将根据无功功率的不同需求量，自动进行接通和切断。

二、MicroSCADA 操作

应用画面的基本操作，所有的操作/选择均使用鼠标的左按钮。基本操作界面如图 3.14 所示。

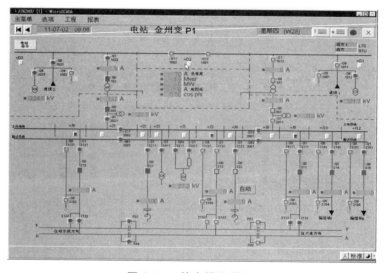

图 3.14　基本操作界面

在用 LIB500 构造的应用程序，开始界面将询问用户的名称和密码。每一个 MicroSCADA

用户名都与系统管理器定义的特定用户权限联系在一起。

密码不在屏幕上显示。如果用户名和密码不匹配，或用户名不存在，初始画面重现，可以重新输入。每一次尝试登录都被系统登记（即使是失败的）。如果登录成功，屏幕将显示首画面。所有的操作依次在监视器或当前应用窗口上执行，这些操作是在与用户名相联系的权限范围之内。当执行某些手动操作时，用户名将作为等同事件包含在事件登记中。

在开始界面和从主菜单访问的登录窗口中，任何时候均可执行登录或退出操作。

（一）启动/打开新的监视器的首画面

系统启动后出现一个登录对话框，如图 3.15 所示。用户必须填写用户名和密码（均为OPERATOR），可以用键盘上的 Tab 键或鼠标（左键）点击来执行区域间的转换。

图 3.15　登录对话框

（二）对话期间登录

如果在对话期间需要改变使用者，可以通过下述方法实现。从下拉菜单中选择主菜单/登录，出现如图 3.16 所示对话框。

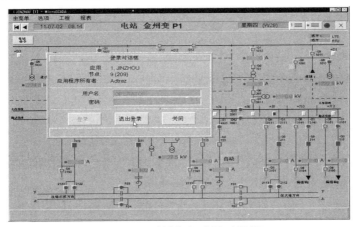

图 3.16　对话期间登录对话框

单击"退出登录"按钮，当前用户退出，新用户可以用鼠标点击用户名来登录。输入用户名按 Enter 键，输入密码按 Enter 键。如果密码正确，新用户将被允许继续操作。

对话框包括页眉、快捷按钮、显示区三部分。

1. 页　眉

在所有的 MicroSCADA 画面中，顶部都是相同的。页眉条选项带下拉菜单。对于操作不

同的屏幕，每一个画面的顶部都出现下拉菜单。用下拉菜单可以在用户应用程序中创建 LIB500
画面与其他应用画面之间的导航。因此，在系统允许的情况下可以直接访问所用的画面。

2. 快捷按键

页眉条有许多快捷按键能够快速完成系统导航。在左侧有首页和前一张画面的快捷按键，
在右侧有警报画面、事件画面和报警音接受快捷按键。

3. 显示区

显示区主要显示主接线图、报表信息、报警信息。

在下面几页中介绍了不同选项的详细信息。

（三）主菜单

主菜单如图 3.17 所示。

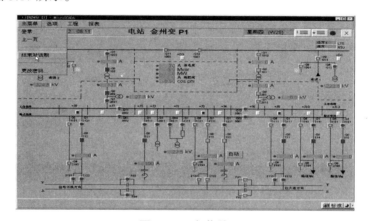

图 3.17　主菜单

1. 主菜单：登录

登录功能可以用主菜单项的下拉菜单激活。在此处，当前用户可以退出（退出登录），新
用户可以登录（用户名和密码）。

2. 主菜单：上一页

点击上一页（前一张画面），将显示当前画面之前最近一张画面（首画面无效）。

3. 主菜单：结束对话期

点击"结束对话期"，将打开确认对话终止对话框，选择"是"，将退出用户并关闭显示
器。在事件列表中能看到这些事件。

4. 主菜单：更改密码

所有的用户可以在对话框上更改自己的密码。

如果旧密码正确，则密码将变为密码区域给出的新密码。

5. 选　项

只有系统管理者才能访问这个选项。

6. 工　　程

只有系统管理者才能访问这个选项。注意：只有语言是英语时，测试画面才可以操作。

7. 报　　表

报表菜单如图 3.18 所示。

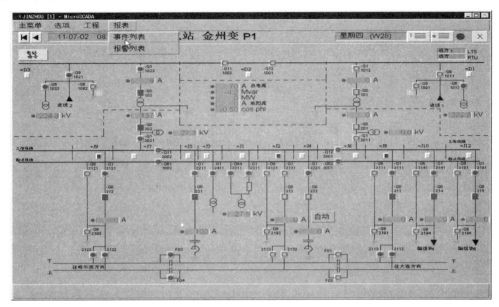

图 3.18　报表菜单

（1）"报表"：事件列表如图 3.19 所示。

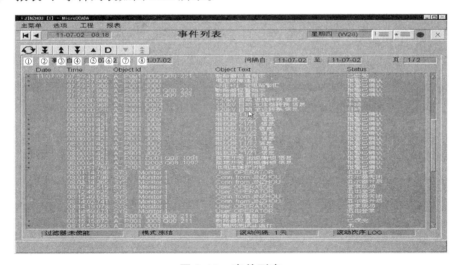

图 3.19　事件列表

事件列表的目的是提供给用户关于系统中发生事件的信息，它能够接受到其他用户的操作、对象的操作、登录等活动的信息。

为了便于用户的使用，事件列表给出数据的结构。一般来说，每个事件列出事件文本行说明进程中事件的原因。

事件文本行由时间表、对象表示、信号文本、表示状态的文本等组成。

事件列表中的下拉菜单与工作站画面的相似。工具条按钮是：

① 显示模式（可变的或冻结的）；

② 到最后一个事件；

③ 向上滚动；

④ 向下滚动；

⑤ 向上滚动（一天）；

⑥ 选择日期；

⑦ 向下滚动（一天）；

⑧ 到前一间隔的最后一页。

翻页：

只有事件数超过一页列表时才可以滚动。滚动条位于列表的右侧。点击滚动条顶部和底部的滚动箭头使列表上移或下移一行。滚动箭头之间的滚动框表示每一个列表事件的数目。点击滚动块的上部或下部，将以页为单位滚动。列表也可以用鼠标拖动滚动块滚动。

（2）"报表"：警报列表如图 3.20 所示。

警报列表显示了一系列当前管理进程的警报情况。通常，每一个警报作为一条警报文本行出现。该文本行说明进程中警报发生的原因。警报文本行一般包括时间表、一个对象地址、一个对象文本、一个表示警报状态文本。

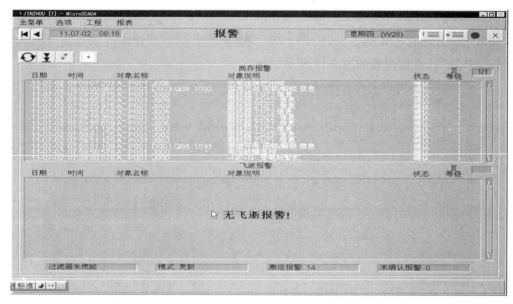

图 3.20　警报列表

事件列表的下拉菜单与工作站画面中的相似。工具条按钮如图 3.21 所示。

图 3.21　工具条按钮

每个工具的简短说明如表 3.4 所示。

表 3.4 工具说明

工具	说 明
显示模式	在可变的或冻结的模式间转换
最新报警	流动列表显示最新报警并设置变动的模式
确认当前页	确认当前页中所有的报警打开一个确认对话框确认该操作
确认全部	确认列表中的所有报警。打开一个确认话框确认该操作

确认：

单个警报的确认通过单击列表上的警报行来完成。如果选择的警报是未确认的，该行显示出高亮度，同时确认对话框打开并且警报列表设置为冻结模式以防不必要的滚动。

在对话框中，警报文本行（除状态文本）是显示确认的正确警报。如果单击"是"按钮，警报被确认，对话框关闭，警报列表被设置为可变动的状态。单击"取消"按钮只是关闭对话框并返回警报列表模式，当再次打开对话框，该模式是有效的。使用"确认 acknowledge All"工具，列表中的所有警报被确认。

翻页：

可以分别滚动警报列表中的两个列表。只有警报列表超过一页时才可以滚动（14 行）。滚动条位于每个列表的右侧。点击滚动条顶部和底部的滚动箭头使列表向上或向下滚动一行。滚动箭头之间的滚动框表示每一个列表的数目。点击滚动块的上部或下部将以三行为单位滚动列表。列表也可以用鼠标拖着滚动块滚动。

8. 报 警

（1）警报标识：

当系统中有未确认的警报出现，在页眉条的右侧出现一个红色闪烁的警报加重号。当有多个警报时，则在确认警报后红色闪烁加重号变成红色稳态加重号。如图 3.22 所示。

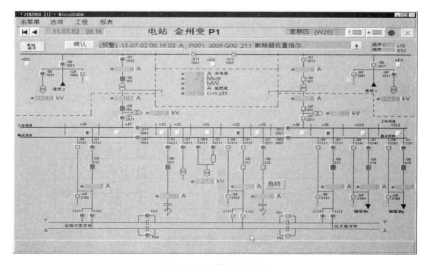

图 3.22 警报标识

（2）警报行：

警报行为操作者提供快速查找系统中的警报事件的方法。警报行中的警报很容易确认。警报行显示系统中所有激活、未确认和未激活的警报，最新的警报显示在列表的顶部。点击警报行右侧的按钮，能列出各种警报。可以选择列表中的任意警报来确认。如图 3.23 所示。

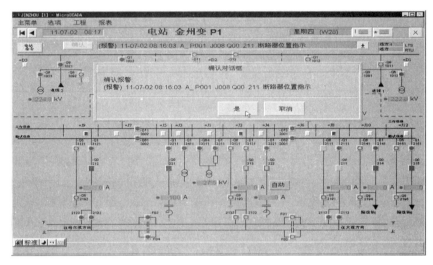

图 3.23　确认警报

使用者的权限等级至少是控制（1）才能确认警报。在警报行中，激活和未激活的警报分开显示。如果警报未激活，将警报文本括上括号（警报）。此后显示警报的日期和时间以及警报对象的对象文本。

9. 开　关

（1）开关设备的操作

一些规则是通用的并使用所有的 MV 功能（符号和颜色等）。对象的状态显示包含两部分：代表符号和颜色。这两部分定义了准确的对象状态。

中断对象旁边使用"黄色的锁"这个符号表示开关已加锁，对象旁边"钥匙"这个符号表示工作站的该设备处于"当地控制"状态之中。如图 3.24 所示。

（2）颜色使用，如图 3.25 所示。

使用的符号：

■　隔离开关

●　隔离开关

⊖　互感器

●—Ⅱ　接地开关

图 3.24　开关符号

状态	符号（关闭）	符号（关闭）	颜色
选择		□	白色
未确认警报	■	□	红色闪烁
持续性警报	■	□	红色
警报中断	■	□	蓝紫色
控制中断	■	□	褐色
人工输入	■	□	石青色

图 3.25　颜色使用

控制对话框如图 3.26 所示。

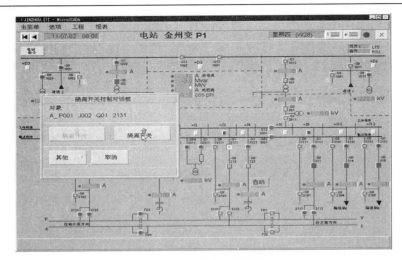

图 3.26　控制对话框

下面解释隔离开关的操作。

如果操作者的权限等级是控制（1）或更高才可以操作，隔离开关的状态允许控制。如果允许控制，"合隔离开关"或"分隔离开关"按钮将被激活。

在主控制对话框的信息条上显示隔离开关的状态信息，但仅显示主要的信息。

当选择"合隔离开关"或"分隔离开关"选项时，选择命令传送到控制单元。在操作被执行以前，用户必须在确认对话框上确认该操作。该对话框的功能是在执行前确认所选择的操作，即执行保护控制的第二步。如果发生错误（例如：在通信中），出现一个 SCIL 状态码，在状态码手册中能找到代码的实际意义。

其他支持功能部件用"其他……"按钮访问。

10. 闭　锁

闭锁子菜单可以通过选择"闭锁"项打开。在主控制对话框上单击"其他"按钮能够找到该项。随闭锁情况项是灰暗的/有效的而定，列表/复位仅对系统管理者是有效的。选择"闭锁"项出现如图 3.27 所示的对话框。

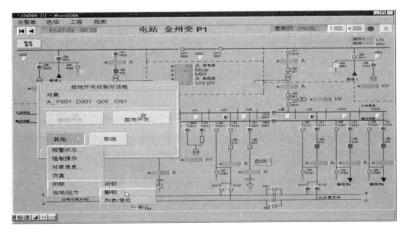

图 3.27　闭锁对话框

密码区必须用鼠标点击来激活。用户必须给出 4 位长的密码。当密码准备好，它必须首先按 Enter 键来接受，接着按下"闭锁"或"解锁"按钮。密码必须以数字 1~9（没有 0）开始。如果用户想执行解锁，相应的密码必须与闭锁的密码相同。如图 3.28 所示。

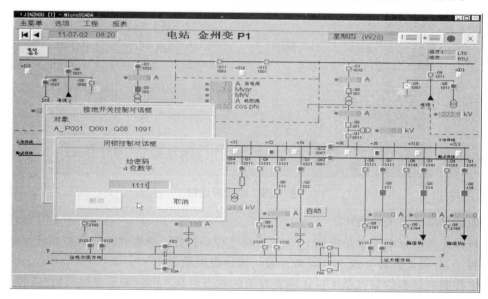

图 3.28　闭锁/解锁密码区

11. 区域功能按钮

每个区域旁的按钮与缺省值不同时染上红色，点击该按钮弹出一个对话框来显示该区域的信息要点，如图 3.29 所示。

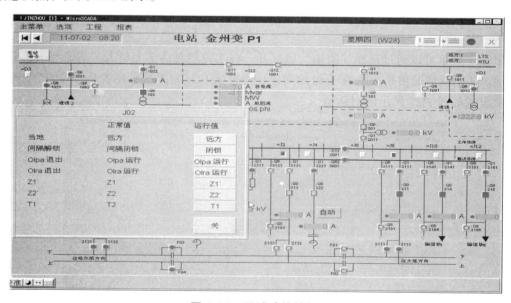

图 3.29　区域功能按钮

12. MicroSCADA 的控制模式由远方切换为当地位

牵引变电所正常运行其控制模式为"远方 1"位，当通道故障或其他原因需要当地操

作断路器或隔离开关时，需转换到"当地位"，此操作必
须经供电调度批准并下倒闸命令后方可进行，同时操作
命令要填写在《倒闸操作命令记录》中。根据记录的倒
闸命令，在 LTS2000 柜内的 FWS757 模板上旋转"远方/
当地"切换开关实现的（见图 3.7），操作人员在得到供
电调度命令后，将此开关由 remote 位切换到 local 位，如
图 3.30 所示。

这样，控制模式就由远方切换到当地了。此时，
MicroSCADA 上的主界面的右上角将显示由原来的"远方
1"切换到"当地"，如图 3.31 所示位置。

图 3.30　倒闸操作示意图

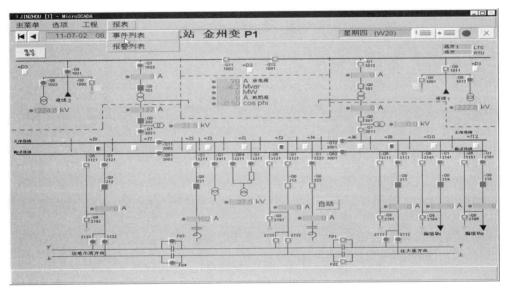

图 3.31　控制模式切换

13. **如何重新启动 LTS2000 控制系统**

当电调处显示远动和当地操作开关失灵（或电调屏幕变粉）需重新启动 LTS 控制系统时，
依据电调命令对系统进行重新启动，用笔尖按动 Z-COM 板的 Reset 键，整个系统将重新初始
化，等初始化完毕后，操作恢复正常。如图 3.32 所示。

图 3.32　重启操作示意图

复习思考题

1. 简述变电所综合自动化的特点及优越性。
2. 简述变电所综合自动化的基本功能。
3. 简述变电所综合自动化系统的分布集中式特点。
4. 简述变电所综合自动化系统的分散与集中相结合形式的结构特点。
5. 简述变电所综合自动化系统的全分散式结构特点。
6. 简述 LTS2000 结构模板有哪些？
7. 如何将 LTS2000 由远方改为本地控制？
8. 如何重启 LTS2000？

第四章　数据信息的采集与处理

　　本章重点介绍模拟量输入/输出电路的组成及原理；VFC 数字采集系统的基本知识；A/D 转换器的原理；数字量输入/输出电路的组成及原理；脉冲量的采集方法及原理；I/O 接口技术等计算机远动系统中相关的数据信息采集与处理方面的理论知识。

　　在计算机远动系统（包括变电所综合自动化）中，各种开关设备工作状态的遥信数据采集与处理，供电系统负荷电流、工作电压、有功功率和无功功率、电度量等遥测数据的采集与处理，遥控命令信息的处理等工作是非常重要的。这些数据信息主要涉及模拟量和数字量，系统在完成数据信息采集与处理时，一般使用模拟量输入/输出、数字量输入/输出等功能性模块电路。本章主要介绍模拟量输入/输出、数字量输入/输出电路的组成、原理及性能要求等相关的理论知识，使读者对远动系统中的各种数据信息采集与处理系统的结构及原理有一定的了解。

第一节　模拟量的采集与处理

　　牵引供电系统所需测量的遥测量包括电流、电压、功率、频率、相角等，电流、电压主要以正弦交流信号模拟量的形式表示，微机远动系统在测量电量值时，首先应将模拟量数字化，然后将数字化的电量计算得到电流、电压值，同时可以计算出频率、相角和功率。由于计算机只能识别数字量，所以模拟量信号必须通过模拟量输入电路，转换成相应的数字信号，才能输入计算机中进行处理。

一、模拟量输入电路的组成

　　模拟量输入电路一般主要包括电压形成、低通滤波（ALF）、采样保持（S/H）、多路转换（MPX）及模数转换（A/D）等功能电路模块。图 4.1 为 A/D 式模拟量数据采集系统的结构框图。

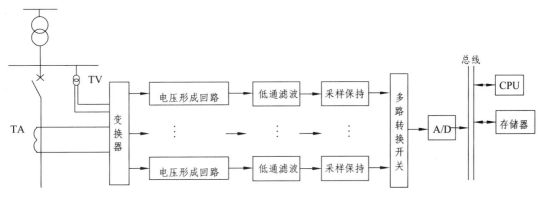

图 4.1　A/D 式模拟量数据采集系统的结构框图

1. 电压形成回路

在变电所中，远动装置要从变电母线、牵引网馈线等设备上连接的电流互感器（TA）、电压互感器（TV）或其他变换器上取得模拟量信息。但这些互感器或变换器的二次数值、输入范围对典型的微机 RTU 电路却不适用，需要降低和变换，具体决定于模拟量输入电路所用的 A/D 转换器的电压等级。通常 A/D 转换器的输入有以下几种电压等级：双极性的为 0 ~ ±2.5 V、0 ~ ±5 V、0 ~ ±10 V；单极性的为 0 ~ 5 V、0 ~ 10 V、0 ~ 20 V 等。

交流电压的变换一般采用电压变换器（或采用从电压变送器获取信号）；交流电流的变换一般采用电流中间变换器（或从电流变送器获取信号），也可以采用电抗变换器，两者各有优缺点。电抗变换器有阻止直流、放大高频分量的作用，因此当一次存在非正弦电流时，其二次电压波形将发生严重的畸变。电抗变换器的优点是线性范围较大，铁芯不易饱和，有移相作用，也可抑制非周期分量。电流中间变换器的最大优点是只要铁芯不饱和，则其二次电流及并联电阻上的二次电压的波形可基本保持与一次电流波形相同且同相位，即它的传变可使原信号不失真。这一点对微机远动装置来讲是很重要的，可以保证遥测数据的精确度；但电流中间变换器的铁芯在非周期分量的作用下容易饱和，变换线性度较差，动态范围也较小。

电压形成电路除了起电量变换作用外，另一个重要作用是将一次设备的 TA、TV 的二次回路与微机远动 RTU 中的 A/D 转换电路完全隔离，从而保证 RTU 的工作安全，提高抗干扰能力。

2. 低通滤波（ALF）回路

前置模拟信号的低通滤波器一般由 R、C 元件组成。其作用是阻止频率高于某一数值的信号进入 A/D 转换电路，防止模拟量信息采样时造成混叠误差。

3. 采样保持（S/H）器

由于输入的模拟信号是连续变化的，而 A/D 转换器要完成一次转换是需要时间的。采样保持电路的作用就是在 A/D 转换器进行采样期间，在一个极短时间内测量模拟信号在该时刻的瞬时值，并在模数转换器转换为数字量的过程内保持不变，以保证转换精度。

4. 多路转换开关（MPX）

在变电所中，要监测或控制的模拟量不止一个，例如变电所有多条馈线要采集电流、电压信号，为了节省投资，可以用多路转换开关，使多个模拟信号共用一个 A/D 转换器进行转换。

5. A/D 转换器

A/D 转换器是模拟量输入电路中的核心器件，其作用是将模拟输入量转换成数字量，以便计算机进行读取及处理。

二、电量变送器

电量变送器是一种将输入的交流被测电量变换成直流电量输出的设备。这种直流电量的输出值一般均为标准值，如 0 ~ 5 V、0 ~ 1 mA，以便与远动巡回检测及计算机等设备配套使用，也可以直接通过电缆与测量表计相连接，实现就地测量。

在远动装置的模拟量输入电路中，当电压形成电路模块采用变送器进行测量时，首先将被测电量经电量变送器变换成直流信号，然后将直流信号送入采样保持器、A/D 转换器。CPU 从 A/D 转换器内读出转换后的数字量。下面着重讨论几种电量变送器的基本原理。

1. 交流电流变送器

交流电流变送器的主要任务就是将交流电流（由电流互感器 TA 二次送来）变换成额定为 5 V 的直流电压。交流电流变送器的原理接线图如图 4.2 所示。

由牵引供电系统的电流互感器 TA 的次级引来的电流，经过电流变换器后，把被测的交流电流转换成为交流电压，再由桥式电路 VD_1 ~ VD_8 整流成直流后滤波输出。图 4.2 中 R_1 为 U_A 的固定分流电阻。电阻 R_2 和 VD_9 ~ VD_{12} 组成非线性补偿电路。

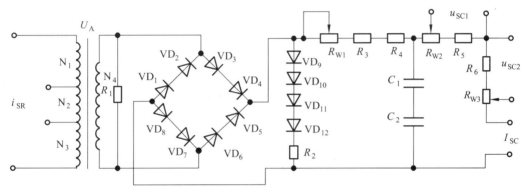

图 4.2 交流电流变送器的原理接线图

图 4.2 中 N_1、N_2、N_3 为电流变换器的初级绕组抽头，可供改变输入量使用，N_4 为次级绕组。电流变换器既可使输入回路与变送器回路在电气上隔离开，又可使输入电流降低。电阻 R_1 为 U_A 的固定分流电阻，改变 R_1 将会改变输出直流电流、电压的大小并影响线性度，因此在一般情况下 R_1 电阻不允许改变。二极管 VD_9 ~ VD_{12} 和电阻 R_2 组成二极管的非线性补偿电路，电压低时，补偿回路内阻大分流小；电压高时，补偿回路内阻小分流大。全波桥式整流电路由二极管 VD_1 ~ VD_8 组成，考虑到交流电流变送器应能耐受 16 倍额定电流的冲击，此时电流变换器次级感应电压可高达 220 V 左右，所以每个桥臂采用两个锗二极管串联。要求这两个锗二极管正向电阻尽可能小，反向电阻大于 500 kΩ，反向击穿电压大于 220 V，否则不仅会有被击穿的可能，也会在一定程度上影响线性度。

为了满足变送器的输出阻抗不小于 40 kΩ 的要求，所以在线路中接有电位器 R_{W1} 和电阻 R_3、R_4，并将电流变换器的次级电压相应提高到 60 V。当电流输出端所接负载为 0 ~ 3 kΩ 时，调整电位器 R_{W1}，可使输出直流电流为 1 mA。当有电流流过电位器 R_{W2}、电阻 R_5 及电位器 R_{W3} 电阻 R_6 时，可分别产生 5 V 的电压降，用作两组直流电压输出。当两组电压输出端与外接负载并联以后，可调整电位器 R_{W2} 和 R_{W3}，分别使两组输出直流电压仍为 5 V。

2. 交流电压变送器

交流电压变送器的主要任务就是将交流电压（由电压互感器 TV 二次送来）变换成额定

值为 5 V 的直流电压。交流电压变送器的原理接线如图 4.3 所示。

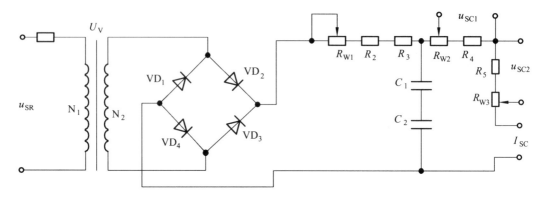

图 4.3　交流电压变送器的原理接线图

　　由电压互感器 TV 次级引来的电压接至 u_{SR} 端，经电压变换器 U_V 降压，桥式电路 $VD_1 \sim$ VD_4 整成直流后滤波输出。它的电路结构和工作原理基本上与交流电流变送器相同，而不同之处有以下几个方面。

　　（1）交流电压变送器一般被测交流电压变化的范围总是在额定值的±20%左右，不可能在过低的情况下使用，也就是 U_V 一般不会使用在磁化曲线的起始部分。因此，交流电压变送器就不必采用像交流电流变送器那样的线性补偿电路。

　　（2）由于交流电压变送器承受的过载冲击较小，因此在二极管 $VD_1 \sim VD_4$ 组成的全波桥式整流电路中，每个桥臂就不必像交流电流变送器那样串接两个二极管。

　　（3）在 U_V 原边串一个起降压作用的电阻 R_1，一方面可使体积设计得小些，另一方面可用来改变 U_V 初级电流的大小，也就是改变 U_V 磁化电流的大小，这在一定程度上可调整输出直流电流、电压与输出量之间的线性关系。

　　3. 功率变送器

　　功率变送器是用来测量工频电路中的有功和无功功率，把被测电功率变换成和它呈线性关系的直流电压。每个功率测量部件为一个时间差值乘法器，它由磁饱和振荡器、恒流电路、桥式开关电路、电压变换器、电流变换器等组成。单相功率变送器的原理框图如图 4.4 所示，而三相功率变送器通常是将两个单相功率测量部件安装在一个装置内，用二元件法来测量三相功率的。图 4.5 为三相功率变送器的原理框图。

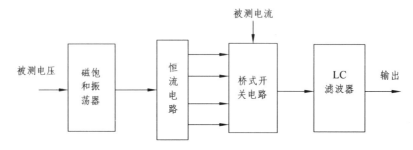

图 4.4　单相功率变送器原理框图

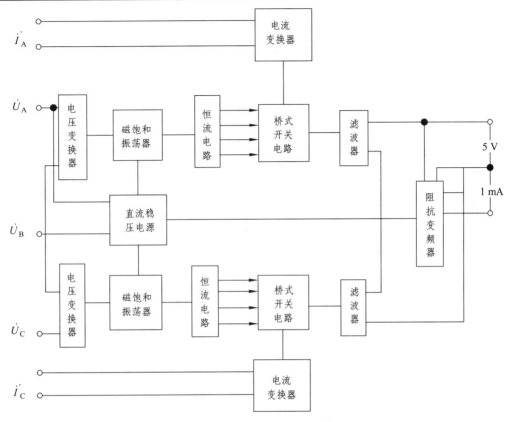

图 4.5 三相功率变送器原理框图

可以用图 4.6 所示的桥式开关电路方案来说明单相功率的测量原理。桥式开关 S_1、S_1' 和 S_2、S_2' 以一定顺序轮流接通和断开。S_1 和 S_1' 接通时，S_2 和 S_2' 断开，电流 I 流经仪表 A，方向自左向右。延续时间 T_1 后转为 S_1 和 S_1' 断开，S_2 和 S_2' 接通，于是流经 A 的电流改变方向，成为自右向左；延续 T_2 时间后又转为 S_1 和 S_1' 接通，S_2 和 S_2' 断开，如此不断循环。周期 $T = T_1 + T_2$。流过仪表的电流 i_a 的方向如图 4.6 所示。电流 I_a 的波形如图 4.7 所示。

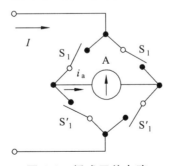

图 4.6 桥式开关电路

流过仪表的平均电流 I_a 为

$$I_a = \frac{IT_1 - IT_2}{T_1 + T_2} = I\frac{T_1 - T_2}{T} \tag{4.1}$$

如果让这些开关的动作受电压 U 的控制，使 $\dfrac{T_1-T_2}{T}=KU$，那么 $I_a=I\dfrac{T_1-T_2}{T}=KUI=KP$，就和功率成正比了。

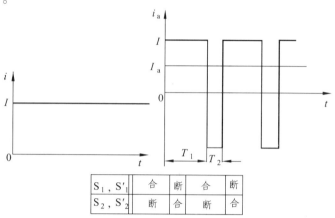

图 4.7　桥式开关电路中电流 I_a 的波形图

用桥式开关电路来测量功率的这种方案，在负荷电流改变方向或电压改变极性的情况下仍然适用；而且不仅适用于直流电路，也可用于交流电路。

三、采样及采样保持电路

对交流电流、电压等不同类型的模拟量可采用不同的采样方式。一般说来，采样方式可分为直流采样和交流采样两种类型。直流采样是指将现场不断连续变化的模拟量先转换成直流电压信号，再送至 A/D 转换器进行转换。目前广泛采用交流采样，下面对其进行介绍。

（一）采　样

计算机只能对数字信号进行处理，故对输入的模拟信号应进行采样，以获得用数字量表示的时间序列。此过程即为量化过程，量化包括两个过程：第一个过程是把时间上连续的信号按一定的时间间隔变成时间的离散序列，称之为时间取量化；第二个过程是逐一将这些离散时间的信号电平转换为二进制数表示的数字量，称之为幅值取量化。

时间取量化的过程称之为采样，即在给定的时刻对连续信号进行测量。采样是将一个连续的时间信号 $x(t)$ 变成离散的时间信号。从信号处理的观点看，采样的过程可以看成用采样序列 $s(t)$ 与连续信号 $x(t)$ 相乘后得到的一个新的信号 $x_0(t)$，即

$$x_0(t)=x(t)s(t) \tag{4.2}$$

采样过程是将模拟信号 $r(t)$ 首先通过采样保持器，每隔 T_s 对输入信号的即时幅度采样一次（定时采样）（见图 4.11），并把它存放在保持电路里，供 A/D 转换器使用。经过采样以后的信号称为离散时间信号，它只表达时间轴上一些离散点 $(0,\,T_s,2T_s,\cdots,nT_s)$ 上的信号值 $x(0),x(T_s),x(2T_s),\cdots,x(nT_s)$，从而得到一组特定时间下表达数值的序列。

（二）采样方式

下面简略介绍在数字采集中采用的等时间间隔采样的方式。假设输入信号为带限信号（已

通过理想低通滤波），使用采样频率满足采样定理的要求。

1. 单一通道的采样方式

根据采样点的位置及采样间隔时间与输入波形在时间上的对应关系，采样方式可以分为异步采样和同步采样。

1）异步采样

异步采样也称定时采样。等间隔采样周期 T_s 永远保持固定不变，即 T_s=常数。采样频率 f_s 不随模拟输入信号的基波频率 f_1 变化而调整，人为地认为模拟输入信号的基波频率不变。此种情况下，采样频率 $f_s(=1/T_s)$ 通常取为供电系统工频 f_1 的整数倍 N，但是供电系统运行中，基波频率 f_1 可能发生变化而偏离工频，事故状态下偏离甚至很严重，采样频率 f_s 相对于基频 f_1 不再是整数倍数关系，这使得 N 个采样值不再是模拟输入信号的一个完整的周期采样，即采样脉冲和输入信号时间位置发生异步，这会造成数据转换中的误差。所以，当供电系统运行频率偏离 50 Hz 较小时，可以采用此种采样方式，因其实现方法较简单。

2）同步采样

同步采样又分为两种方式，即跟踪采样和定位采样。目前计算机远动装置主要采用跟踪采样。跟踪采样的采样周期 T_s 不再恒定，而是使采样频率 f_s 跟踪系统基频 f_1 的变化，始终保持 $f_s/f_1=N$ 为不变的整数。这种采样方式通常是通过硬件或软件测取基频周期 T_1 的变化，然后动态调整采样周期 T_s 来实现。采用跟踪采样技术后，数字滤波能彻底消除基波频率变动引起的转换误差。

2. 多路通道的采样方式

在计算机远动系统中，通常需要采集多个模拟量输入信号，所以需要做到多个采集通道的协调工作。按照对各通道信号采样的相互时间关系，可以采用以下 3 种采样方式。

（1）多路通道同时采样。在每一个采样周期对所有采样的各个通道的量在同一时刻一起采样，叫作同时采样。同时采样的实施技术有两种，如图 4.8 所示。一种是每一通道都设置 A/D 转换器，同时采样后同时进行 A/D 转换。但由于 A/D 转换器价格较贵，功耗较大，这样做在经济上不合算。另一种同时采样，但全部通道合用一个 A/D 转换器，即同时采样，依次进行 A/D 转换。此种方式在目前的远动系统中应用较广泛。

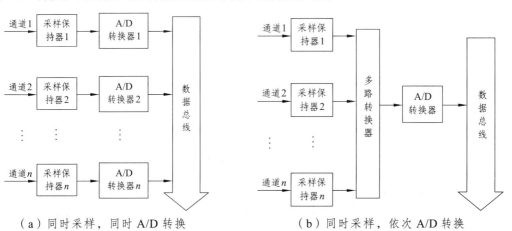

　　（a）同时采样，同时 A/D 转换　　　　　　　　（b）同时采样，依次 A/D 转换

图 4.8　同时采样方式

　　为了保证对各通道的模拟输入信号进行同时采样，可将各通道上采样保持器的口地址设置为同一个口地址。而对于同时采样、分时依次 A/D 转换方式，A/D 转换器的数量可以增设至两个或两个以上，以此来提高 A/D 转换过程的速度，缩短数据采集时间。

　　（2）多路通道顺序采样。在每个采样周期内，对上一个通道完成采样及 A/D 转换后，再开始对下一个通道进行采样，叫作顺序采样，其结构示意图如图 4.9 所示。

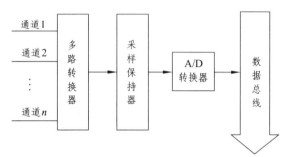

图 4.9　多路通道顺序采样方式

　　顺序采样必然会给各通道采样值带来时间差。由于目前采用的采样器与 A/D 转换器的速度远大于系统基波变化速度（20 ms/周波），所以顺序采样利用这种快速性来近似地满足同时性要求。当然，这只适合采样及 A/D 转换速度快，并且对同时性要求不高的场合。顺序采样的优点是只需一个公用的采样保持器，并且对其技术要求较低。

　　（3）多路通道分组同时采样。将所有输入通道分成若干组，在组内各通道同时采样，各组间人为地增加一个时延，在完成同一组的模拟输入信号采样后，再对其他组的模拟输入信号进行采样，这种方式叫作分组同时采样。

（三）采样保持器

1. 采样保持器的工作原理

　　把在采样时刻上所得到的模拟量的瞬时幅度完整地记录下来，并按需要准确地保持一段时间，叫采样保持。采样保持的功能是由采样保持器实现的，即把采样功能和保持功能综合在一个电路，亦即采样保持电路。

　　采样保持器的基本组成电路如图 4.10 所示。它由保持电容器 C_h 和输入输出缓冲放大器 A_1、A_2 及控制开关 S 组成。它有采样模式和保持模式两种工作模式，可由模式控制信号选择。

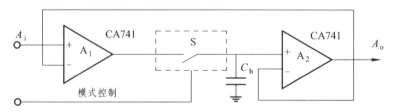

图 4.10　采样保持器结构图

　　采样期间，模式控制开关 S 闭合，A_1 是高增益放大器，它的输出通过开关 S 给保持电容器 C_h 快速充电，使采样保持器的输出随输入变化。S 接通时，要求充电时间越短越好，以使 C_h 迅速达到输入电压值。S 的闭合时间应满足使 C_h 有足够的充电或放电时间。显然，采样时间越短越好，因此应用 A_1，它的输入阻抗很大，而输出阻抗很低，使 C_h 上的电压能迅速跟踪输入端电压的变化。

　　保持期间，模拟控制信号使开关 S 断开。为了提高保持能力，应用 A_2，它的输入阻抗高，输出阻抗很低，理想情况下，电容器将保持充电时的最高值。采样保持过程如图 4.11 所示。

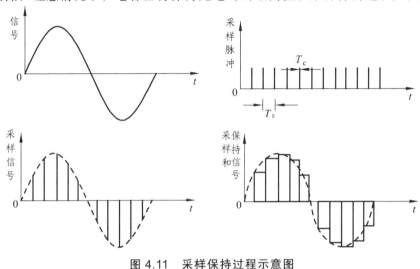

图 4.11　采样保持过程示意图

T_c—采样脉冲宽度；T_s—采样周期

2. 采样保持器的作用

　　A/D 转换器完成一次转换过程是需要时间的，这段时间称为转换时间。不同类型的 A/D 转换芯片，其转换时间不同。因此，对变化较快的模拟信号来说，如不采取措施，将引起转换误差。显然，A/D 转换器的转换时间越慢，对同样频率的模拟信号的转换精度的影响就越大。为了保证转换精度，可采用采样保持器，以便在 A/D 转换期间，保持采样输入信号的大小不变。为了保证转换时的误差在 A/D 转换器的量化误差内，则模拟信号的频率不能过高。由分析可知，若 A/D 转换器的转换时间为 100 μs，则允许输入信号的最高频率只能是 0.4 Hz，A/D 转换时间越长，不影响转换精度所允许的最高频率就越低。但模拟信号的频率是由生产的物理量的性质决定的，例如供电系统中电压和电流的变化频率为 50 Hz。因此，为了在满足转换精度要求的条件下，提高信号允许的工作频率，可以采用采样保持器，在 A/D 转换期间，保持采样输入信号大小不变。

3. 对采样保持电路的要求

　　① 电容器 C_h 上的电压按一定的精度跟踪上 A_1 所需的最小采样宽度称为 T_c（或称截获时间），对快速变化的信号采样时，要求 T_c 尽量短，以便可用很窄的采样脉冲，这样才能得到准确地反映某一时刻的输入值。

　　② 保持时间要长。

　　③ 模拟开关的动作延时、闭合电阻和开断时的漏电流要小。

　　①和②两个指标一方面决定于所用 A_1、A_2 的质量，另一方面也和电容器 C_h 的电容量有关。就截获时间而言，C_h 的电容越小越好；但就保持时间而言，C_h 的电容越大越好。因此，应根据使用场合的特点，在二者之间权衡后选择合适的 C_h 的电容值。

（四）常用采样保持器集成芯片

目前，采样保持电路大多集成在一块芯片中，但其中不包括电容器 C_h（一般由用户根据需要选择并外接）。一方面是因为用集成电路构成电容器困难；另一方面是为了增加设计的灵活性，可根据不同的应用场合选用不同电容量的电容器。保持电容器一般选用聚苯乙烯或聚四氟乙烯电容器。其电容值的选择应综合考虑精度、采样频率、下降误差、采样/保持偏差等参数。

采样保持芯片可分为通用型芯片、高速型芯片和高分辨率芯片三类。常用的通用型芯片有 LF198、LF398、AD582K、AD583K 等。下面介绍远动系统中常用的 LF398 采样保持芯片的原理。其原理图及适用接线图如图 4.12 所示，其中图（a）为原理结构图，图（b）为应用接线图。

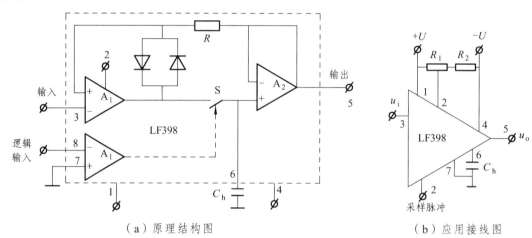

（a）原理结构图　　　　　　　　（b）应用接线图

图 4.12　LF398 结构及应用接线图

LF398 的电路主要由两只高性能的运算放大器 A_1、A_2 构成的跟随器组成。其中 A_2 是典型的跟随器接法，其反相端与输出端相连。由于运算放大器的开环放大倍数极高，两个输入端之间的电位差实际上为零，所以输出端对地电压能跟踪输入端对地电压，也就是保持电容器 C_h 两端的电压。在采样状态时，S 接通，A_1 的反向输入端从输出端经电阻器 R 获得负反馈，使输出跟踪输入电压。在保持阶段，S 断开，A_2 的输出电压不再变化，但模拟量输入却仍在变化，A_1 不再能从 A_2 的输出端获得负反馈，为此在 A_1 的输出端和反相输入端之间跨接了两个反向并联的二极管，配合电阻器 R 起到隔离第二级输出与第一级的联系，而直接从 A_1 的输出端经过二极管获得负反馈，以防止 A_1 进入饱和区。在保持结束后，S 闭合后，重新进入采样状态。

电容器 C_h 上的电容量大小选择取决于维持时间的长短，当选用 $C_h=0.01\ \mu F$ 时，信号 0.01% 精度的获取时间为 25 μs，保持器电压下降率为 3 mV/s。若 A/D 转换时间为 100 μs，则保持器电压下降率为 300 μV/s。

无论采用何种采样方式，一般来说采样保持器是必需的。对于顺序采样方式和同时采样方式中的 A/D 变换器方案，采样保持器的保持时间不需要很长，仅为保证 A/D 对该通道完成交换的时间。但在顺序采样方式中，采样次数频繁，且往往是在 A/D 转换完毕后立刻开始下一通道的采样，所以希望最小采样时间尽量短。对于同时采样方式中单 A/D 变换器方案，要求保持时间较长，尤其对于最末一个通道，它要保持到所有通道 A/D 转换完毕，应特别注意保持精度。

（五）采样频率的选择

在图 4.11 中，采样间隔 T_s 的倒数称为采样频率 f_s。采样频率的选择是微机系统硬件设计中的一个关键问题，应综合考虑，合理选择。采样频率越高，要求 CPU 的速度越高。因牵引供电远动系统是一个实时系统，数据采集系统以采样频率不断地向 CPU 输入数据，CPU 必须要来得及在两个相邻采样间隔时间 T 内处理完每一组采样值所必须做的各种操作和运算，否则 CPU 将跟不上实时节拍而无法工作。相反，采样频率过低将不能真实反映被采样信号的情况。

采样信号 $x_s(t)$ 怎样才能正确反映原始信号 $x(t)$ 呢？或者说，要具备什么样的条件才能利用 $x_s(t)$ 恢复原始信号 $x(t)$，采样定理回答了这个问题。

根据采样定理，如果被采样信号中所含最高频率成分为 f_{max}，则采样频率 f_s 必须大于 2 倍的 f_{max}，否则将造成频率混叠，即由于采样频率不高，当被采样的信号中有较高频率的信号，进行频谱分析时，高频信号的一部分叠回或混淆到分析频率内造成了混叠误差。

设被采样信号 $x(t)$ 中含有的最高频率为 f_{max}，若将 $x(t)$ 中这一频率成分 $X_{fmax}(t)$ 单独画在图 4.13（a）中，从图 4.13（b）可以看出，$f_s = f_{max}$ 时，采样所看到的为一直流成分，而从图 4.13（c）可以看出，当 f_s 略大于 f_{max} 时，采样所看到的是一个低频信号。可见，采样频率过低，采样时所得到的信息不能反映原信号中所包含的所有信息。为了避免混叠误差，波形采样时必须满足采样定理。

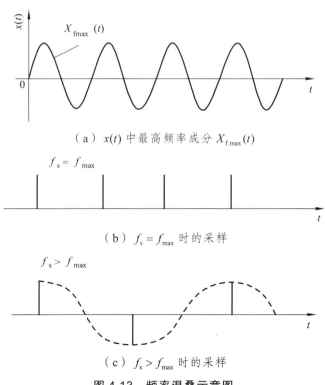

（a）$x(t)$ 中最高频率成分 $X_{fmax}(t)$

（b）$f_s = f_{max}$ 时的采样

（c）$f_s > f_{max}$ 时的采样

图 4.13　频率混叠示意图

假设波形每周期采样 N 点，则采样频率为 N/T_1（T_1 为基波形的周期）。根据采样定理，不出现混叠时，波形中含有的最高频率不应大于 $N/2T_1$，则所含谐波的最高次数不得超过 $N/2$，即每周期采样点为 N 时，如果波形所含谐波的最高次数不超过 $N/2$ 时，则不出现混叠误差。

值得一提的是，波形即使不能满足采样定理，也可用较少的采样点数保证某些次频率的波不受混叠误差的影响。例如，当波形中含 60 次以下的谐波时，若每周采样点为 80 时，就可使 20 次以下的谐波不受混叠误差的影响；当波形采样时，满足了采样定理的最低要求，再增大采样频率，对谐波分析的精度影响很小。

四、模拟低通滤波器

由于牵引负荷的特殊性，牵引网正常运行时负荷中含有大量高次谐波，空载机车的投入，机车变压器将产生励磁涌流，涌流中含有大量二次谐波，整流式的电力机车和电动车运行时都含有大量的三次谐波。除此以外，牵引网的负荷中还含有更高次的谐波。一般来讲，遥测量主要含有正弦基波、二次、三次的谐波，因此，在进行模拟电量信号分析时，可以对信号进行滤波处理，然后再计算其电量值的大小。

模拟电量信号的滤波有模拟滤波和数字滤波两种。一般说来，在信号采样前首先对信号进行模拟滤波，采样变换后的数字量可进行数字滤波。

（一）模拟滤波器

电量的测量主要是测量其基波和低次谐波量，滤去高次谐波分量，因而我们多采用低通滤波器（ALF），模拟滤波器通常可分为无源滤波器和有源滤波器两种类型。这里介绍两种简单的低通滤波器。

1. RC 低通滤波器

最简单易实现的低通滤波器的模拟滤波电路如图 4.14 所示，其原理是二阶 RC 低通滤波器，其构成为电阻 R 和电容 C。其特点是：结构简单、可靠性高、能耐受较大的过载和浪涌冲击。对于测量信号只利用基波测量来说，具有很好的实用价值。

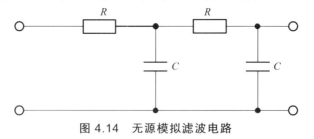

图 4.14　无源模拟滤波电路

2. 有源低通滤波器

如图 4.15 所示，有源滤波器的构成实质上是由 RC 网络与运算放大器构成的滤波电路，这是一种常用的二阶有源低通滤波电路，称为单端正反馈低通滤波器。它的主要优点有：仅用一个运算放大器，结构简单，所用 RC 元件较少，当运算放大器频率特性偏离滤波器频率特性时不易引起振荡。其缺点是元件灵敏度较高，即元件参数变化对滤波器影响较大，但作为前置低通滤波器使用时，这个问题并不严重。

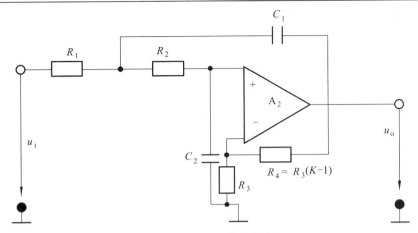

图 4.15　有源滤波电路

（二）数字滤波器

在数字信号领域，数字滤波器的研究已有完整的理论体系和成熟的设计方法。在电气化铁道远动技术中，一般应用较多的是滤波单元及其级联滤波器，设计上具有计算简单的特点，只需对数字信号进行加减运算。这种数字滤波器虽然对某些整数次和非整数次的谐波滤波效果不好，但对于正常运行情况下、多数电量是整次谐波的电量具有较好的滤波能力。

数字滤波器按照滤波器的设计方法不同可以分为差分滤波器、加法滤波器和加减滤波器。与模拟滤波器相比较，数字滤波器具有滤波精度高、灵活性高、可靠性高、调试方便等优点。

五、多路转换开关

（一）多路转换开关的作用

在实际的数据采集模块中，被测量或被控制量往往可能是几路或几十路。多路转换开关（Multiglexer）的作用就是在模拟输入通道中实现"多选一"的功能，即其输入是多路待转换的模拟量，每次只选通一路，输出只有一个公共端接至 A/D 转换器。当然，多路转换开关可移至 A/D 转换器前，此时每个模拟输入信号前面应有一个采样保持器。对于模拟量输出通道，其多路转换开关应是"一到多"，此时每个模拟量输出信号回路都要有一个保持器，如图 4.16 所示。

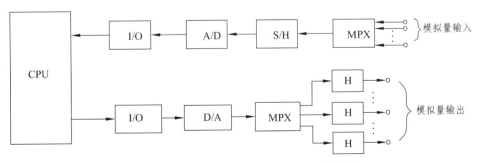

图 4.16　多回路分时共用 A/D、D/A 转换器

（二）多路转换开关的类型和特点

多路转换开关有两种类型：一种是机械式的，如干簧继电器、水银继电器和机械振子式继电器等；另一种是电子式的，如晶体管、场效应管和集成电路开关等。

干簧继电器是较为理想的有触点式开关。其优点是接触电阻小，触点断开时阻抗高，工作寿命长，工作频率可达 400 Hz 左右，适合于小信号中速度（10 ~ 400 点/s）的采样单元使用，其缺点是工作频率相对较低，而且体积比电子开关大，受剩磁的影响，有时继电器触点会发生吸合不放的现象。

电子式开关的优点是速度高（工作频率可达 1 000 点/s 以上）、体积小、寿命长；其缺点是导通电阻较大、驱动部分与开关元件不独立，影响小信号的测量精度。

（三）几种常用的多路转换开关芯片

集成电路的多路转换开关有许多类型，常用的有双四选一多路转换开关，如美国 RCA 公司的 CD4052、AD 公司的 AD7502；有 8 选一多路转换开关，如 CD4051、AD7051、AD7053 等；有 16 路选一多路转换开关，如 CD4067 和 AD7506 等。

多路转换开关包括选择接通路数的二进制译码电路和由它控制的各路电子开关，被集成在一个集成电路芯片中。下面以常用的 16 路多路转换芯片 AD7506 为例，说明多路转换开关的工作过程。AD7506 的内部结构电路组成框图如图 4.17 所示。

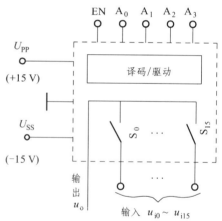

A_0、A_1、A_2、A_3：四个路数选择线，CPU 通过并行接口芯片或其他硬件电路给它们赋以不同的二进制码，选通 S_0 ~ S_{15} 中相应的一路电子开关闭合。将此路接通到输入端。EN 为使能端，只有在 EN 端为高电平时，AD7506 才工作。该端是为了可以用二片（或更多片）AD7506，将其输出端并联以扩充多路转换开关的路数。u_{i0} ~ u_{i15} 共 16 路输入端，可以接入 16 个输入量。u_o 为输出端。表 4.1 为 AD7506 的真值，从表中可以看出，当 CPU 按顺序赋予不同的二进制地址，多路转换开关通过译码电路选通相应的地址时，将相应的路径接通，使输出端电压 u_o 等于相应路径的输入量 u_{in}。

图 4.17　AD7506 的内部结构电路

表 4.1　AD7506 真值表

EN	A_0 A_1 A_2 A_3	选通通道	选通开关	输出 u_o
1	0 0 0 0	0	S_0	$u_o=u_{i0}$
1	0 0 0 1	1	S_1	$u_o=u_{i1}$
…	…	…	…	…
1	1 1 1 1	15	S_{15}	$u_o=u_{i15}$
0	x x x x	禁止	无	无输出

多路转换开关按导通方向分为两种，即单方向和双方向。AD7501、AD7503、AD7506是单方向的，即只能用于"多到一"的选通，常用于多路模拟量的输入通道。而 CD4051B、CD4067B 是双向的模拟多路转换开关，其模拟通道即可作为输入，也可作为输出。图 4.18 为 CD4051B 的功能管脚图，其公共端 COM 只有 1 个，也相应可作为输出/输入（管脚为 3）。当芯片的使能端 INH=0 时，芯片才能进行操作。表 4.2 为其真值表。

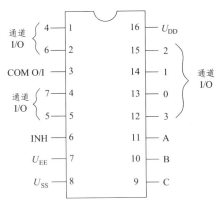

图 4.18　CD4051B 的功能管脚图

表 4.2　CD4051B 真值表

C	B	A	INH	"ON"	C	B	A	INH	"ON"
X	X	X	1		1	0	0	0	4
0	0	0	0	0	1	0	1	0	5
0	0	1	0	1	1	1	0	0	6
0	1	0	0	2	1	1	1	0	7
0	1	1	0	3					

模拟多路转换开关的特性直接影响输入/输出模拟量的精度，实际应用中应合理选择芯片。有关芯片的主要参数可参考相关手册。

六、模/数（A/D）转换器

模/数（A/D）转换器即 A/D 转换器（Analog to Digital Converter），简称 ADC，是一种能把输入模拟电压或电流变成与它成正比的数字量，以便计算机进行处理、存储、控制和显示。A/D 转换器的种类很多，但从原理上可以分为计数器式 A/D 转换器、双积分式 A/D 转换器、逐次逼近式 A/D 转换器、并行 A/D 转换器 4 种。

计数器式 A/D 转换器结构很简单，但转换速度也很慢，所以很少用。双积分式 A/D 转换器抗干扰能力强，转换精度也很高，但速度不够理想，常用于数字式测量仪表中。计算机远动系统遥测功能中广泛采用逐次逼近式 A/D 转换器作为模拟量输入接口电路，它的结构不太复杂，转换速度高。并行 A/D 转换器的转换速度最快，但因结构复杂而造价较高，故只用于那些转换速度要求极高的场合。

实际应用中，应主要根据使用的具体要求，按照转换速度、精度、价格、功能及接口条件等因素来决定选用哪种类型的 A/D 转换器。

（一）A/D 转换器的一般原理

A/D 转换器可以认为是一个编码电路，它将输入的模拟量 U_A 相对于模拟参考量 U_R 经一编码电路转换成数字量 D 输出。一个理想的 A/D 转换器，其输出与输入的关系为

$$D = U_A/U_R \tag{4.3}$$

式中，D 表示小于 1 的二进制数。对单极性的模拟量，小数点在最高位前，即要求输入 U_A 必须小于 U_R，D 可表示为

$$D = B_1 \times 2^{-1} + B_2 \times 2^{-2} + \cdots + B_n \times 2^{-n} \tag{4.4}$$

于是式（4.3）可以写成

$$U_A = U_R(B_1 \times 2^{-1} + B_2 \times 2^{-2} + \cdots + B_n \times 2^{-n}) \tag{4.5}$$

式中　B_1——最高位，英文缩写为 MSB；

　　　B_n——最低位，英文缩写为 LSB；

　　　$B_1 \sim B_n$ 均为二进制码。

由于编码电路的位数总是有限的，例如式（4.3）中有 n 位，而实际的模拟量公式 U_A/U_R 可能为任意值，因而对连续的模拟量用有限长位数的二进制数表示时，不可避免地舍去比最低位（LSB）更小的数，从而模数转换编码的位数越多，即数值越细，所引入的量化误差就越小，或称为分辨率越高。

（二）逐次逼近式 A/D 转换器

1. 逐次逼近式 A/D 转换器的原理

逐次逼近式（也称逐位比较式）A/D 转换器，比积分型应用更为广泛。其原理框图如图 4.19（a）所示。它主要由逐次逼近寄存器 SAR、D/A 转换器、比较器、时序及控制逻辑等部分组成。它的实质是逐次把设定的 SAR 寄存器中的数字量经 D/A 转换后得到的电压 U_c，与待转换的电压 U_x 进行比较。比较时，先从 SAR 的最高位开始，逐次确定各位的数码应是"1"还是"0"。其工作过程如下。

如逼近步骤采用二分搜索法，对于四位转换器来说，最大可能的转换输出为 1111，第一步试探可先试最大值的 1/2，即试送 1000，如果比较器的输出为 1，即偏小，则可以肯定最终结果最高位必定为 1，第二步应当试送 1100。如果第一步试送 1000 后比较器的输出为 0，则可以肯定最终结果最高位必定是 0，则第二步应试送 0100。如此逐位确定，直到最低位，全部比较完成。四位 A/D 转换器的逐次逼近过程如图 4.19（b）所示。转换结果能否准确逼近模拟信号，主要取决于 SAR 的位数和 D/A 的位数。位数越多，越能准确逼近模拟量，但转换时间也越长。

从上述工作原理可以看出，图 4.19（a）中输入模拟量电压的允许最大值等于对 D/A 转换器输入最大数字量（11111111）时 D/A 转换器的输出电压。如果输入电压超过允许最大值，则 A/D 转换结果将保持在最大值（11111111），从而造成平顶波，这种现象叫溢出。此外，这种原理原则上只适用于单极性输入电压。对图 4.19（a）所示的接法，输入电压必须为正，如果为负，则不论负值多大，比较结果必然是 00000000。但交流电流、电压都是双极性的，为

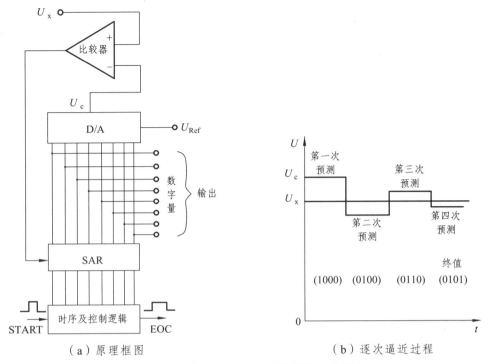

（a）原理框图　　　　　　　　　　（b）逐次逼近过程

图 4.19　逐次逼近式 A/D 转换器的工作原理

了实现对双极性模拟量的模数转换，需要设置一个直流偏移量，其值为最大允许输入量的一半；将此偏移直流量同交变的输入量相加变成单极性模拟量后再接到比较器，接法如图 4.20（a）所示。显然双极性接法时允许的最大输入电压幅值将比单极性时缩小一半。如单极性时允许电压范围为 0 ~ +10 V，接成双极性时偏置电压取+5 V，而输入双极性电压的最大允许范围为±5 V。这可以从图 4.20（b）清楚地看出，加上偏置电压后，A/D 转换器的数字量输出实际反映的是 U_i 和偏置电压 $U_偏$ 之和。只要减去 $U_偏$ 相当的数字量就能还原成用补码形式表示的同双极性输入对应的数字量输出。

从 A/D 转换器的输出减去偏移分量，而还原成不带偏移量的补码形式的操作，可以由 CPU 用软件来实现，也可以由硬件来完成，这只要在 A/D 转换器输出的 MSB 处加接一个反相器。就绝对值而言，8 位的 A/D 转换器其有效位只有 7 位，最高位是符号位。

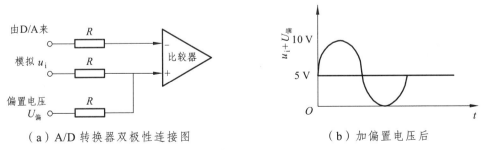

（a）A/D 转换器双极性连接图　　　　　（b）加偏置电压后

图 4.20　A/D 转换器双极性接线及电压波形同

2. 逐次逼近式 A/D 转换器的主要特点

① 转换时间固定，不随输入信号的变化而变化。

② 转换速度较快，一般在 1 100 μs 以内，分辨率可达到 18 位，特别适用于工业系统。

③ 抗干扰能力相对积分式的差。例如，对模拟输入信号采样过程中，若在采样时刻有一个干扰脉冲叠加在模拟信号上，则采样时，包括干扰信号在内，都被采样和转换为数字量，这就会造成较大的误差，所以有必要采取适当的滤波措施。

（三）A/D 转换器的性能指标

1. 分辨率（Resolution）

它是反映 A/D 转换器对输入微小变化响应的能力，通常用数字输出最低位（LSB）所对应的模拟输入的电平值表示。N 位 A/D 能反映 $1/2^N$ 满量程的模拟量输入电压。由于分辨率直接与转换器的位数有关，所以一般也可简单地用数字量的位数来表示分辨率，即 N 位二进制数最低位所具有的权值就是它的分辨率。

2. 转换精度（Conversion Accuracy）

A/D 转换器的转换精度由模拟误差和数字误差组成。模拟误差是比较器、解码网络电阻值及基准电压波动等引起的误差。数字误差主要包括丢失码误差和量化误差，前者属于非固定误差，由器件质量决定，后者和 A/D 转换器输出数字量的位数有关，位数越多误差越小。

在 A/D 转换过程中，模拟量是一个连续变化的量，数字量是断续的量。因此，A/D 转换部位数固定以后，并不是所有的模拟电压都能用数字量精确表示。对于一个数字量的实际模拟输入电压和理想的模拟输入电压之差并非是一个常数，而是一个范围。通常以数字量的最小有效位（LSB）的分数值来表示绝对精度，例如 ±1 LSB、±1/2 LSB、±1/4 LSB 等。绝对误差包括量化误差和其他所有误差。

整个转换范围内，任一数字量所对应的模拟输入量的实际值与理论值之差，用模拟电压满量程的百分比表示，即为相对精度。例如，满量程为 10 V 的 10 位 A/D 芯片，若其绝对精度为 ±1/2 LSB，则其最小有效位的量化单位 ΔE = 9.77 mV，绝对精度为 $1/2 \Delta E$ = 4.88 mV，其相对精度为 $\dfrac{4.88}{10\times10^3}$ = 0.048%。

3. 转换速度（Conversion Rate）

转换速度是指完成一次 A/D 转换所需的时间的倒数，是一个很重要的指标。A/D 转换器型号不同，转换速度差别很大，通常 8 位逐次逼近式 A/D 转换器的转换时间为 100 μs 左右。

4. 电源灵敏度（Power Supply Sensitivity）

电源灵敏度是指 A/D 转换芯片的供电电源的电压发生变化时产生的转换误差，一般用电源电压变化 1%时相当的模拟量变化的百分数来表示。

5. 输出逻辑电平

多数 A/D 转换器的输出逻辑电平与 TTL 电平兼容。在考虑数字量输出与微处理器的数据总线接口时，应注意是否要三态逻辑输出，是否要对数据进行锁存等。

6. 工作温度范围

由于温度会对比较器、运算放大器、电阻网络等产生影响，故只在一定的温度范围内才能保证额定精度指标。一般 A/D 转换器的工作温度范围为 0 ~ 70 ℃，军用品的工作温度范围为 – 55 ~ +125 ℃。

7. 量　程

量程是指所能转换的模拟输入电压的范围，分单极性、双极性两种类型。例如，单极性量程为 0 ~ +5 V、0 ~ +10 V、0 ~ +20 V，双极性量程为 – 2.5 ~ +2.5 V，– 5 ~ +5 V，– 10 ~ +10 V。

（四）常用的 A/D 转换芯片 AD574

1. AD574 的结构特点

AD574A 是美国 Anolog Device 公司的产品，是常用的综合性能较高的 A/D 芯片。它是 12 位逐次逼近式 A/D 转换器，28 脚双列直插式标准封装。

① AD574A 的转换时间为 25 µs，这和 ADC0809 的 100 µs 相比显然要小得多，但和同系列 3µs 的 AD578 相比还是逊色不少。

② AD574A 内部集成有转换时钟、参考电压源和三态输出锁存器，故使用方便，也可和微机直接接口，而且无需外接 CLOCK 时钟。

③ AD574A 的输入模拟电压既可以为单极性也可以为双极性，单极性输入时为 0 ~ +10 V 或 0 ~ +20 V，双极性输入时为 ± 5 ~ ±10 V。

④ AD574A 的数字量位数可以设定为 8 位，也可设定为 12 位。

2. AD574 的引脚功能

AD574 芯片引脚图如图 4.21 所示。各引脚的功能如下。

① 模拟量输入线（3 条）：$10U_i$ 为 10 V 量程的模拟电压输入线，单极性时为 0 ~ +10 V，双极性时为±5 V；$20U_i$ 为 20 V 量程模拟电压输入线，单极性时为 0 ~ +20 V，双极性时为±10 V；AC 为模拟电压公共线。

② 数字输入线（12 条）：D0 ~ D11，为数字量输出线，D11 为最高位；DGND 为数字量公共接地线，常和 AGND 相连后接地。

③ 控制线（6 条）：$\overline{CS}$ 为片选线，低电平有效；CE 为片选使能线，高电平有效。$\overline{CS}$ 和 CE 共同用于片选控制：当 $\overline{CS}$ 为 0 和 CE 为 1 时，选中本片工作；否则，本片处于禁止状态。

$R/\overline{C}$ 为读出/转换控制输入线。若使 $R/\overline{C}$ 为 0，则本片启动工作；若使 $R/\overline{C}$ 为 1，则本片处于允许读出数字量状态。

A0 和 $12/\overline{8}$，这两条控制线能决定进行 12 位还是 8 位 A/D 转换，操作功能如表 4.3 所示。应强调的是：在启动 AD574A 进行 A/D 转换时，应先使 $R/\overline{C}$ 为低电平，然后再使 $\overline{CS}$ 和 CE 分别变为有效值。这样可以避免启动 A/D 转换前出现不必要的读操作。

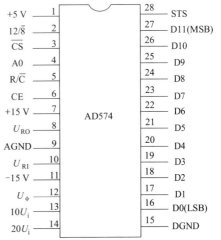

图 4.21　AD574 芯片引脚用

STS 为转换状态输出线：STS 为高电平，表示 AD574A 处于 A/D 转换状态；若 STS 变为低电平，则 A/D 转换已完成。因此，STS 线可供 CPU 查询，也可作为外中断请求输入线。

④ 测试/调零线（3 条）：U_{RI} 凡为内部解码网络所需参考电压输入线；U_{RO} 为内部参考电压输出线。通常，U_{RI} 和 U_{RO} 之间可以跨接一个 100 Ω 的金属陶瓷电位计，用来调整各量程增益。U_ϕ 为补偿调整线，用于在模拟输入为 0 时把 ADC 输出数字量调整为 0。

⑤ 电源线（3 条）：1 引脚为+5 V 电源线；7 引脚为+12 V（或+15 V）电源线；11 引脚为 – 12 V（或 – 15 V）电源线。

表 4.3　AD574 操作功能表

CE	$\overline{CS}$	R/$\overline{C}$	12/$\overline{8}$	A0	完成操作
1	0	0	X	0	启动 12 位 A/D 转换
1	0	0	X	1	启动 8 位 A/D 转换
1	0	1	接 1 脚（+5 V）	X	12 位并行输出有效
1	0	1	接地	0	高 8 位并行输出有效
1	0	1	接地	1	低 4 位并行输出有效
0	X	X	X	X	无操作
X	1	X	X	X	无操作

第二节　VFC 式数字采集系统

一般在 A/D 的变换过程中，CPU 要使采样保持电路、多路转换开关、A/D 转换器之间（特别是采用三块独立芯片连接应用时）控制协调好，就会使接口电路复杂、成本高。在要求转换速度快、精度高，同时采样的模拟量较多的场合，ADC 变换方式就不很适用，这时可采用 VFC（电压频率变换式）数字采集系统。

一、VFC 式数字采集系统概述

电压频率转换式数据采集系统的构成如图 4.22 所示。

电压频率转换中，VFC 芯片是该系统的核心芯片，其作用是把输入的模拟信号 u_i 转换成重复频率正比于输入电压瞬时值的一串等幅脉冲，由计数器记录在一个采样间隔内的脉冲个数，并根据比例关系算出输入电压 u_i 对应的数字量，从而完成模数变换。

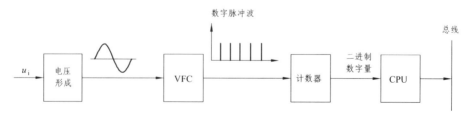

图 4.22　电压频率转换式数据采集系统的构成图

图 4.22 中 VFC 可采用 AD654 芯片，计数器可采用 8031 或内部计数器，也可采用可编程的集成电路计数器 8253。VFC 的 A/D 变换方式及与 CPU 的接口，要比采用 A/D 芯片的

A/D 式变换方式简单得多，CPU 几乎不需对 VFC 芯片进行控制。

其优点可归纳如下：

（1）工作稳定，线性好，电路简单。

（2）抗干扰能力强。VFC 是数字脉冲式电路，因此它不受脉冲和随机高频噪声干扰，可以方便地在 VFC 输出和计数器输入端之间接入光隔器件。

（3）与 CPU 的接口简单，VFC 的工作可以不需要 CPU 控制。

（4）可以方便地实现多 CPU 共享一套 VFC 变换。

二、VFC 芯片 ——AD654 芯片

为了说明电压频率转换式数据采集系统的工作原理，必须了解 VFC 芯片的原理。下面简要介绍 AD654 芯片的原理。

（一）AD654 芯片的管脚及主要特点

图 4.23（a）是 AD654 芯片功能管脚图。AD654 是一种单片 V/F 转换器件。其内部由阻抗变换器 A、压控振荡器和驱动输出级回路构成，最高输出频率为 500 kHz，中心频率为 250 kHz。压控振荡器是一种由外加电压控制振荡频率的电子振荡器件，芯片只需外接一个简单的 RC 网络，外阻抗变换器 A 交换输入阻抗可达到 250 MΩ。振荡脉冲经驱动级输出可带 12 个 TIL 负荷或光电耦合器件，要求光隔器件具有高速光隔性能。

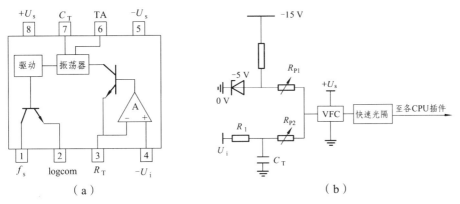

图 4.23　AD654 芯片功能管脚及应用接线图

（二）AD654 芯片的工作原理

AD654 芯片的电压信号输入方式有两种，即正端输入和负端输入，大多采用负端电压输入方式，因此 4 端接地，3 端接输入信号，见图 4.23（b）。U_s 电源为双端 ±15 V。由于 AD654 芯片只能转换单极性信号，当交流电压信号输入时，在输入端叠加一个 – 5 V 偏置电压，该电压由 – 15 V 电源经稳压电路得到。

外接电容 C_T（接入 6、7 引脚之间）的大小决定了 AD654 芯片的最高转换频率，但最高频率不能超过 500 kHz。其输出的最高频率与 C_T 及 R_T 的关系为

$$f_o = \frac{U_i}{10 R_T C_T} \tag{4.6}$$

式中　　U_i——叠加输入后的输入电压；

　　　　R_T——输入回路等值电阻；

　　　　C_T——外接电容。

　　可见，f_o 与输入电压 U_i 呈线性关系，如图 4.24 所示。R_{P1} 用来调整偏置值，当输入电压 $U_i = 0$ 时；由于偏置电压 – 5 V 加在输入端 3 上，输出信号为频率为 250 kHz 的等幅等宽的脉冲波，由于 VFC 的工作频率远高于工频 50 Hz，因此就某一瞬间而言，交流信号几乎不变，变换输出的波形是一串频率不变的数字脉冲。各通道的平衡度及刻度比可用电位器 R_{P2} 来调整。R_1 和 C_1 设计为浪涌吸收回路，滤去随输入电压而来的高频浪涌，不是低通滤波器。通常整套装置的调整只有 R_{P1} 和 R_{P2} 可调，并在出厂时都已调好，一般可以不加调整，需要时也只要稍做一些调整即可。

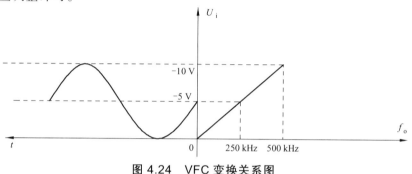

图 4.24　VFC 变换关系图

（三）光隔处理

　　VFC 变换后的数字脉冲信号经 6N137 快速光隔芯片送至计数器计数。6N137 芯片内部具有光隔电路，此电路既把信号隔离了，还将输入电路的电源与输出电路的电源完全隔离，既不共用电源，也不共地，从而将 VFC 的 ±15 V 电源与计数器、CPU 的电源 ±5 V 相隔离，有效地防止了电源引起的共模干扰。光隔电路是由发光二极管和光敏三极管组成。

（四）VFC 式数据采集系统的原理及分析

1. VFC 式数据采集系统的工作过程

　　在运行状态下，模拟量交换器输出的电压与偏置电压叠加后输入 VFC 芯片，其输出为一系列等幅脉冲信号，此脉冲信号经光-电隔离芯片后接至计数器的计数脉冲输入端（CLK 端）。若采用可编程定时器/计数器芯片 8253，其内部有三个 16 位计数器，计散器按递减方式计数，在计数通程中可发一条锁存命令，然后读计数器的值，且并不中断计数过程。

　　设计数器装入的初值为 1 000（为叙述方便且易于理解，以十进制数据表示），则每输入一个脉冲，计数器的值从初值减 1，经过采样间隔 T_s 时间，读下计数器的值，如读得的计数器值为 950，则说明在这个 T_s 期间，有 50 个（1 000 – 950）脉冲输入计数器，再经过一个 T_s 间隔，再读一次计数器的值，如为 850，则说明这个 T_s 期间有 100 个脉冲输入。此过程一直进行下去，这就是采样过程。需要指出的是，存入循环存储区内的数是每隔 T_s 读得的当时计数器的值。这些值与输入的模拟信号无对应关系。在需要进行计算时，取相邻 N 个采样间隔的计数器值相减，其差值为 NT_s 期间的脉冲数，此脉冲数与 NT_s 期间内模拟信号的积分值具有对应关系。

2. 计算间隔 NT_s 的选择

D_K 为在 NT_s 期间内计数器计到的脉冲个数。此脉冲数对应于 NT_s 期间模拟信号的积分为

$$D_K = \text{INT}\left[K_f \int_{\tau_K - NT_a}^{\tau_K} u(t)\text{d}t \right] \qquad (4.7)$$

式中　INT——表示取整；

K_f——VFC 芯片的转换常数，

$u(t)$——输入芯片的模拟电压信号。

当 K_f 变化时，上式是对输入电压的移动积分，每一次相当于一个宽度为 NT_s、高为 1 的矩形函数 $H(t)$ 与输入电压 $u(t)$ 进行卷积分。由数字信号处理的知识可知，时间函数 $H(t)$ 的频谱 $H(f)$ 如图 4.25 所示。

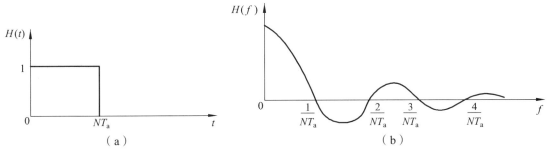

（a）　　　　　　　　　　　　　　　　（b）

图 4.25　$H(t)$ 与 $H(f)$ 的对应函数图像

可见，它具有模拟低通滤波器的特性，其截止频率为 $1/NT_s = f_s/N$。由以上分析可知，尽管 VFC 式数据采集系统中没有像 A/D 式数据采集系统中那样设置模拟低通滤波器，但 VFC 数据采集系统中相当于有一个等效模拟低通滤波器。

根据采样定理，模拟低通滤波器的截止频率应小于等于采样频率的一半，即

$$\frac{1}{N} f_B \leqslant \frac{1}{2} f_B \qquad (4.8)$$

可见，N 应选取大于等于 2 的值。式（4.8）表明，为使 VFC 数据采集系统得到的数字信号不失真地代表模拟信号，至少要用 $2T_s$ 期间的脉冲数计算。

3. VFC 式数据采集系统的分辨率

VFC 式数据采集系统的分辨率决定于两个因素：一是 VFC 芯片输出的最高频率；二是计算间隔 NT_s 的大小。在 NT_s 期间计数值的大小为

$$D_K = F_{\max} NT_s \qquad (4.9)$$

设 $T_s = 5/3 \text{ ms}$，$F_{\max} = 500 \text{ kHz}$，考虑符号后为 $\pm 250 \text{ kHz}$，则 $F_{\max} T_s = \pm 416$，$N = 2$，$D_K = \pm 833$，相当于常规 10.5 位的 A/D 芯片。当 $N = 4$ 时，$D_K = \pm 1666$，相当于常规 A/D 芯片的位数为 11.5 位。

可见，欲提高 VFC 式数据采集系统的分辨率，一是选择转换频率高的芯片，这要增加硬件开销；二是增大计算间隔 NT_s 的值，这只需要在软件中改变即可实现，但代价是增加了计算的延时。实际应用上应合理选择 NT_s 的值。

三、A/D 式数据采集系统与 VFC 式数据采集系统的比较

① 数据采集系统中，经过 A/D 芯片的转换结果可直接用于某些计算机的算法需求（如微机保护装置的有关算法），而 VFC 转换芯片每个 T_s，时间读得的计数值不能直接用于计算机运算，必须取相隔 NT_s 的计数值相减后才能用于计算机的各种算法。

② A/D 芯片选定后，其数字输出位数不可改变，即分辨率不可改变，而在 VFC 式数据采集系统中，可通过增大计算间隔提高分辨率。

③ 对于 A/D 式数据采集系统，A/D 芯片的转换时间必须小于 T_s/n（n 为通道数）。而 VFC 式数据采集系统是对输入脉冲不断计数，不存在转换速度问题，但应注意到 8253 芯片的脉冲频率不能超过 8253 芯片的极限计数频率。

④ A/D 式数据采集系统中需要由定时器按规定的采样间隔给采样/保持芯片发出采样脉冲，而 VFC 式数据采集系统只需要按采样间隔读取计数器的值就可以了。

第三节 模拟量输出电路

在远动系统的遥调功能中，有时还需要输出模拟信号，去驱动模拟调节执行机构的工作，这就需要模拟量输出通道。计算机的输出是以数字形式输出的，而有些被控对象的执行要求提供模拟的电流或电压，这就需通过模拟量输出通道来实现，该通道的作用是把计算机输出的数字量转换成模拟量，主要由数/模（D/A）转换器来完成。

模拟量输出电路一般由接口电路、锁存器、D/A 转换器、放大驱动电路组成。这里主要介绍该电路核心元件 D/A 转换器的工作原理。

一、D/A 转换置的工作原理

D/A 转换器（Digital to Analog Converter），简称 DAC，是一种能把数字量转换成模拟量的电子器件。D/A 转换器输出的模拟量能随输入数字量正比地变化，以便使输出模拟量 u_0 能直接反映数字量 D 的大小，即

$$u_0 = DU_R \tag{4.10}$$

式中 U_R——常量，由参考电压决定；

D——数字量，常为二进制，

数字量 D 的位教由 D/A 转换器芯片的型号决定，通常为 8 位、12 位等。D 为 n 位时的通式为

$$D = B_1 \times 2^{-1} + B_2 \times 2^{-2} + \cdots + B_n \times 2^{-n} \tag{4.11}$$

式中 B_1——D 的最高位；

B_n——D 的最低位。

D/A 转换器的原理很简单，可以总结为"接权展开，拣后相加"几个字。换句话说，D/A 转换器要能把输入数字量中的每位都按权值分别转换成模拟量,并通过运算放大器求和相加。

因此，D/A 转换器内部必须要有一个解码网络，以实现按权分别进行 D/A 转换。解码网络通常有两种：二进制加权电阻网络和 T 型电阻网络。在二进制加权电阻网络中，每位二进制的 D/A 转换是通过相应位加权电阻实现的，这必然造成加权电阻阻值差别极大，尤其在 D/A 转换器位数较大时更不能容忍。例如，若某 D/A 转换器有 12 位，则最高位加权电阻为 10 kΩ 时的最低位加权电阻应当是 10 kΩ × 211 = 20 MΩ。这么大的电阻在 VLSI 技术中是很难制造出来的，即便制造出来，其精度也很难符合要求。因此，现代 D/A 转换器几乎毫无例外地采用 T 型电阻网络进行解码。

　　为了说明 T 型电阻网络的原理，现以 4 位 D/A 转换器为例加以讨论，图 4.26 为原理接线图。

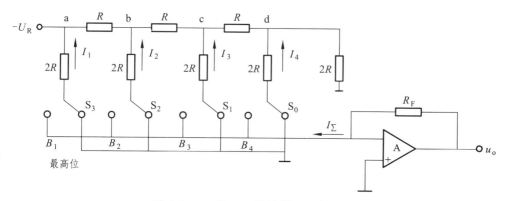

图 4.26　4 位 D/A 转换器原理接线图

　　图 4.26 中电子开关 $S_0 \sim S_3$ 分别受控于输入的 4 位数字量 $B_4 \sim B_1$，在某一位为"0"时其对应开关导向右侧，即接地；而为"1"时，开关导向左侧，即接至运算放大器 A 的反相输入端。流向运算放大器反相输入端的总电流 I_Σ 反映了 4 位数字量的大小。它经过带负反馈电阻 R_F 的运算放大器，变换成电压 u_0 输出。运算放大器 A 的反向输入端的电位实际上也是地电位，因此不论开关导向哪一侧，对图 4.26 中电阻网络的电流分配是没有影响的。另外，这种电阻网络有一个特点，即从图 4.26 中的 a、b、c、d 四点分别向右看，网络的等值电阻都是 R，因而 b 点电位必为 $U_R/2$，C 点电位为 $U_R/4$，d 电点位为 $U_R/8$。

　　图 4.26 中各电流分别为 $I_1 = \dfrac{U_R}{2R}$，$I_2 = \dfrac{1}{2} I_1$，$I_3 = \dfrac{1}{4} I_1$，$I_4 = \dfrac{1}{8} I_1$ 而流入放大器的反向端的电流，I_Σ 为

$$I_\Sigma = B_1 I_1 + B_2 I_2 + B_3 I_3 + B_4 I_4$$
$$= \frac{U_R}{R}(B_1 \times 2^{-1} + B_2 \times 2^{-2} + B_3 \times 2^{-3} + B_4 \times 2^{-4})$$
$$= \frac{U_R}{R} D$$

而输出电压为

$$u_0 = I_\Sigma R_F = D$$

当 $R_F = R$ 时，有

$$u_0 = U_R D$$

由此可见输出模拟电压 u_0 正比于输入的数字量 D，比例常数为 $U_R R_E/R$ 或 U_R，两幅度大小可通过选择基准电压 U_R 和比例来调整。

典型的 D/A 转换器芯片很多，如美国 NS 公司的 DAC0832、DAC1210，美国 AD 公司的 AD588、AD7522 等。

二、D/A 转换器的性能指标

D/A 转换器的性能指标是选用芯片型号的依据，也是衡量芯片质量的重要参数。D/A 转换器的性能指标颇多，主要有以下几个。

（1）分辨率（Resolution）。这是 D/A 转换器对微小输入量变化的敏感程度的描述，通常用数字量的位数来表示，如 8 位、10 位。一个 n 位的转换器，能够分辨满刻度的 2^{-n} 输入信号。

（2）转换精度（Conversion Accuracy）。转换精度和分辨率是两个不同的概念。转换精度是指满量程时 D/A 转换器的实际模拟输出值和理论值的接近程度。对于 T 型电阻网络的 D/A 转换器，其转换精度和参考电压 U_R、电阻值和电子开关的误差有关。例如，满量程时理论输出值为 10 V，实际输出值是 9.99 ~ 10.01 V，其转换精度为 ±10 mV。通常，D/A 转换器的转换精度为分辨率的一半，即为 LSB/2。这里，LSB 是分辨率，指最低一位数字量变化引起幅度的变化量。

（3）偏移量误差（Offset Error）。偏移量误差是指输入数字量为零时，输出模拟量对零的偏移值。这种误差通常可以通过 D/A 转换器的外接 U_R 和电位器加以调整。

（4）线性度（Linearity）。线性度是指 D/A 转换器的实际转换特性曲线和理想直线之间的最大偏差。通常，线性度不应超出 ±LSB。

（5）温度系数。在规定的范围内，相应于每变化 1 ℃，增益、线性度、零点及漂移（对双极性 D/A）等参数的变化量。温度系数直接影响转换精度。

（6）稳定时间。指 D/A 转换器加上满刻度的变化（如全 0 变为全 1）时，其输出达到稳定（一般稳定到与 ±1/2 LSB 相当的模拟量范围内）所需的时间，一般为几十纳秒到几微秒。

三、D/A 转换器的芯片

随着集成电路技术的发展，已可将精密电阻、模拟开关、数据锁存器，甚至包括基准电源和运算放大器集成在同一芯片上，可以和 8 位或 16 位微处理机兼容。这些集成电路芯片是由大规模集成电路技术（LSI）实现的，有 TTL、CMOS 等不同的逻辑和工艺制造的产品。

目前，一般使用两种芯片：一种在电子电路中使用，不带使能端和控制端，只有数字量和模拟量输出线；另一种是专为微型计算机设计的，带有使能端和控制端，可以直接和微型计算机接口。

能和微机接口的 DAC 芯片也有很多种，可参考相关手册。下面介绍 DAC1210 集成电路 D/A 芯片。

1. DAC1210 的内部结构

DAC1210 是一种 12 位的 D/A 转换芯片，内部由三部分电路组成，如图 4.27 所示。

它有两个数据输入寄存器，一个是 8 位输入寄存器，存放 12 位数字量中高 8 位，一个是 4 位输入寄存器，用于存放 12 位数字量中的低 4 位，使输入数字量得到缓冲和锁存；一个 12DAC 寄存器用于存放待转换数字量。12 位 D/A 转换器由 12 个电子开关和 12 位 T 型电阻网络组成，用于完成 12 位 D/A 转换。

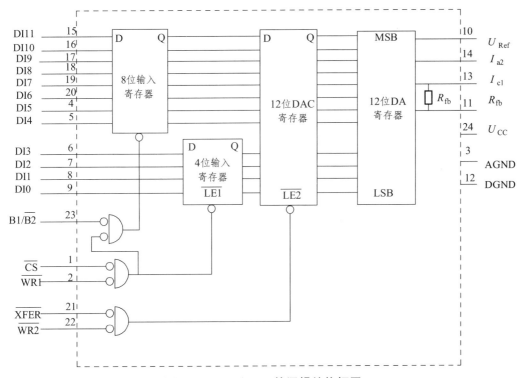

图 4.27　DAC1210 的逻辑结构框图

$\overline{XFER}$ 和 $\overline{WR2}$ 用来控制 "12 位 DAC 寄存器"，$\overline{CS}$ 和 $\overline{WR1}$ 制输入寄存器。两个输入寄存器的输入允许控制都要求 $\overline{CS}$ 和 $\overline{WR1}$ 为低电平，但是为了区分 4 位还是 8 位输入寄存器，用 B1/$\overline{B2}$ 来控制，8 位输入寄存器的数据输入时要求 B1/$\overline{B2}$ 端为高电平。

2. DAC1210 的引脚功能

DAC1210 共有 24 条引脚，双列直插式封装。引脚连接和命名如图 4.27 所示。

（1）数据量输入线 DI0 ~ DI11（12 条）：DI0 ~ DI11 常和 CPU 数据总线相连，用于输入 CPU 送来的待转换数字量，DI11 位最高位。

（2）输出线（3 条）：R_{fb} 为运算放大器反馈电阻接线端，常常接到运算放大器输出端。I_{01} 和 I_{02} 为两条模拟电流输出线。$I_{01}+I_{02}$ 为一常数：若输 A 数字量为全 1，则 I_{01} 为最大。I_{02} 为最小 1。若输入数字量为全 0，则 I_{01} 为最小，I_{02} 为最大。为了保证额定负载下输出电流的线性度，I_{01} 和 I_{02} 引脚线上电位必须尽量接近低电平。为此，I_{01} 和 I_{02} 通常接运算放大器输入端。

（3）控制线（5 条）。

$\overline{CS}$：片选信号，当为低电平时本片被选中工作；当为高电平时，本片不被选中工作。

$\overline{WR1}$：写控制信号 1，低电平有效；此信号为高电平时，两个输入寄存器都不接收新数据；当此信号有效时，与 B1/$\overline{\text{B2}}$ 配合起控制作用。

$\overline{\text{WR2}}$：写控制信号 2，低电平有效；此信号有效时，$\overline{\overline{\text{XFER}}}$ 信号才起作用。

B1/$\overline{\text{B2}}$：字节控制。此端为高电平时，12 位数字同时送入输入锁存器。此端为低电平时，只将 12 位数字量的低 4 位输入寄存器中。

$\overline{\overline{\text{XFER}}}$：数据转换控制信号，低电平有效，与 $\overline{\text{WR2}}$ 配合使用。

（4）电源线（4 条）。

U_{CC}：为电源输入线，可在 +5 ~ +15 V 范围内。

U_{Ref}：为参考电压，一般在 +10 ~ – 10 V 范围内，由稳压电源提供。

DGND：为数字量地线。

AGND：为模拟量地线，通常两条地线接在一起。

第四节　开关量输入/输出电路

牵引变电所中的开关量主要有断路器、隔离开关的状态，继电器和按钮开关触点的通断等。在远动遥控、遥信信息处理过程中，这些开关置信息的采集与处理是非常重要的。这里主要介绍对开关量采集与处理中有关的隔离、抗干扰、变位识别和采集方式等问题。

一、开关量的隔离与抗干扰

变电所中断路器、隔离开关的辅助触点距离主控室一般都比较远（十几米至几十米）。同时，为了克服辅助触点的接触电阻，作为开关信号的电压一般都比较高（110 ~ 220 V）。这种高电压是不能直接进入微机接口电路的，因此必须加以隔离。同时，断路器，隔离开关和继电器等，常处于强电场中，电磁干扰比较严重。若没有采取适当措施，则当断路器或隔离开关动作时，可能会干扰程序的正常执行，产生所谓"飞车"的软故障，甚至损坏接口电路芯片或损坏 CPU。因此，现场开关与逻辑电路之间要采用电隔离技术。

（一）开关量的隔离

1. 隔离的作用

隔离的主要作用是：使低压输入电路与大功率的电源隔离；外部现场器件与传输线同数字电路隔离，以免计算机受损；限制地回路电流与地线的错接而带来的干扰；多个输入电路之间的隔离。

2. 开关量的隔离方法

常用的开关量的隔离方法主要有以下几种。

1）光电隔离

利用光电耦合器可以实现现场开关量与计算机总线之间的完全隔离。光电耦合器由发光二极管和光敏三极管组成,集成在一个芯片内,发光二极管和光敏三极管之间是绝缘的,其间分布电容极少，一般为 0.5 ~ 1 pF，而绝缘电阻又非常大，通常在 10e11 ~ 10e13Ω，使可能带有电磁干扰的外部接线回路和微机的电路部分之间无电联系，可大大削弱干扰。

在光电耦合器里，信息传送介质为光，但输入和输出都是电信号，由于信息传送和转换的过程都是在不透光的密闭环境下进行的，既不会受点磁信号的干扰，也不会受外界光的影响，因此光电耦合器可实现计算机和现场的光电隔离，去掉它们之间公共地线的电气联系，隔离效果比较好，现场测的电磁干扰很难通过它到达计算机的总线上。

当利用光电耦合器作为开关量输入计算机的隔离器件时，其原理接线如图4.28所示。开关S合下时，二极管导通，发出光来，使光敏三极管饱和导通，于是输出 U_{o1} 或 U_{o2} 便有电位的变化。图4.28（a）中，S打开时，U_{o1} 输出电平与 U_c 相同；当S合下时，输出 U_{o1} 为低电平。

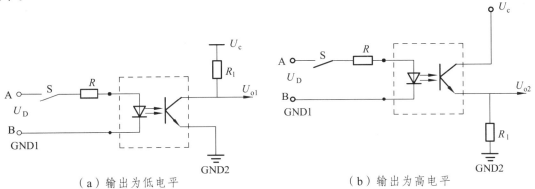

（a）输出为低电平　　　　　　　　　　（b）输出为高电平

图4.28　光电耦合器原理接线图

图4.28（b）的情况则相反，S打开时，输出低电平；S合下时，输出 U 为高电平（即等于 U_c）。两种接线方式，输出电平不同，可以灵活选用。实际设计电路时，A端接电源 U_D 的正极，B端接 U_D 的负极（即GND1），而发光管输出端电源 U_c，其接地端为GND2。必须注意GND1和GND2不能共地。

2）继电器隔离

对于变电所现场的断路器、隔离开关、继电器的辅助触点和主变压器分接开关位置等开关信号，输入计算机时，也可通过继电器隔离。采用中间继电器作隔离器件时，若继电器长期带电会影响继电器的寿命。为了提高继电器的寿命，可以利用继电器的保持电压低于启动电压的特点，在动作线圈上串接一定的电阻。平时，利用继电器本身的动断触点将它短接，当继电器动作后动断触点断开，将电阻串入，这样就实现了降压保持的目的。其原理接线如图4.29所示。

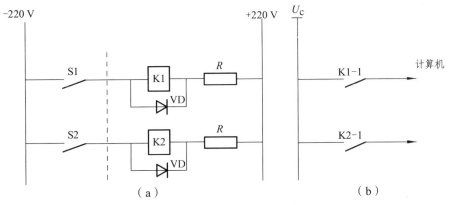

图4.29　采用维电器隔离的开关原理接线图

利用现场断路器、隔离开关的辅助触点 S1、S2 接通，去启动继电器 K1、K2，然后由 K1、K2 的触点 K1-1 和 K2-1 等输入计算机，这样做可起到很好的隔离作用。输入计算机的继电器触点，可采用与计算机输入接口板配合的弱电电源。

3）继电器和光电耦合器双重隔离

为了提高抗干扰的能力，同时又能消除抖动，在线路比较长、干扰比较严重的场合，还可以同时采用继电器和光电耦合器双重隔离，以加强隔离的效果，即将现场的开关辅助触点先经过继电器隔离，继电器的辅助触点再经过光电耦合器隔离，然后再输入计算机。这样的双重隔离对提高抗干扰能力和消除开关动作时的抖动具有很好的效果。

（二）抗干扰

开关量采集的抗干扰有硬件和软件两种措施。硬件措施称为去抖电路，是为了排除开关操作时产生的抖动。去抖电路有多种形式，最常用的是采用双稳态触发电路，利用其正反馈作用使状态迅速翻转达到去抖的目的。

软件抗干扰措施主要是适当增加延时，以躲开触点抖动的影响。

开关信号经隔离去抖以后就可以进入微机接口。如果开关量数目不多，可以采用一对一的方式输入，即一个开关量占一个 I/O 通道。这种方式软件最简单，只要检测到有变位，就可以直接转入相应的服务子程序。当开关量数目较多时，为了节省通道和接口，则以采用矩阵输入方式，这样有 N 个通道就可以输入（$N^2/2$）个开关量。但采用矩阵输入方式时，必须用扫描的方法将矩阵的行与列的键值读入，经过处理和识别才能确定开关的运行状态，这要增加一些软件。

二、开关量的采集、检测与变位识别

1. 开关量的采集方式

在计算机远动中，采集开关量可以采用定时查询方式，也可以采用中断方式。前者电路比较简单，但响应速度比较慢；后者电路比较复杂，但响应比较及时。究竟采用哪一种方式，要根据具体情况来确定。隔离开关的状态变化比较慢，同时其重要程度也不高，因此完全可以采用定时（例如 1 s）查询方式输入。对于断路器和继电器的状态，则既可采用查询方式输入，又可采用中断方式输入，可根据其重要程度来确定。

利用 D 触发器和异或门构成的中断申请电路如图 4.30 所示。正常情况下触发器的 D、Q 端有相同的状态，异或门输出为低电平，此时中断输入端为高电平。

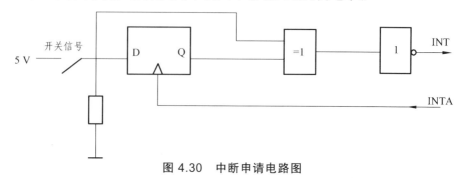

图 4.30　中断申请电路图

当开关状态发生变化时，由于 Q 端仍保持原状态，D、Q 异或的结果使输出由低电平跳变为高电平，通过非门变成低电平向 CPU 申请一次中断。当 CPU 响应中断以后，发出 INTA 信号使触发器触发。D、Q 状态趋于一致，异或门输出又成为低电平。

2. 开关动作的检测

为了提高开关量检测的可靠性，除了在硬件方面采取抗干扰措施外，还可以进一步采用表决的方式来确定开关的状态。具体的做法是对一个开关量连续采集 3 次，然后进行表决处理，就可以排除偶然的干扰。表决方式可以用硬件来实现，也可以用软件来实现。下面介绍一下算法。

把 3 次采样的开关量用 A、B、C 三个布尔数来表示，从中任取出两个进行"与"运算，如果其中有两个或两以上为 1，则运算结果必定有一个为 1；反之，若有两个或两个以上为 0，则运算结果必定全为 0。另外，再根据"或"运算的规则，在 N 个数中只要有一个是 1，则运算结果必定是 1；只有当 N 个数全为 0 时，结果才为 0。可以把三取二表决的算法用以下逻辑算式来处理：

$$(A \cdot B) + (B \cdot C) + (C \cdot A) \tag{4.12}$$

3. 开关变位的识别

开关量的状态通常用 1 位二进制数来表示，例如用 1 代表闭合，用 0 代表断开。变电所的开关量数目很多，为了简化分析，下面只对用 1 个字节的二进制数表示的 8 个开关状态进行分析，但所得到的结论具有普遍的意义。

开关变位的识别是建立在对原来的状态和现在的状态进行某些逻辑运算的基础上取得的。例如，原来的开关状态是 10011010，现在的开关状态是 10001101，则对比如表 4.4 所示。

表 4.4　开关状态对比表

	D7	D6	D5	D4	D3	D2	D1	D0		
原状	1	0	0	1	1	0	1	0	…	A
现状	0	1	1	0	1	1	0	1	…	B

可以看出 D4 和 D1 由 1 变为 0。D2 和 D0 由 0 变为 1，这是一目了然的。但对于微机来说，它必须依靠逻辑运算的结果才能做出判断。

根据逻辑运算的基本知识可知："异或"运算的规律是两数相同结果为"0"，两数相异结果为"1"。分析一下开关变位的状态可以发现：变位状态的运算正好就是"异或"运算。例如，将上例两数进行"异或"运算，见表 4.5。

表 4.5　开关状态值异或表

1	0	0	1	1	0	1	0	…	A
⊕1	0	0	0	1	1	0	1	…	B
0	0	0	1	0	1	1	1		C
			D4		D2	D1	D0		

结果是：D4、D2、D1、D0 变了位，需进一步分析是由 0→1，还是由 1→0。在已经确定变了位的开关量中，若 t 原来的状态是 1，则必定是由 1→0 的开关。这表明，只要把异或的结果（状

态 C）与原状（状态 A）进行一次"与"运算，就可以找到由 1→0 的开关。如表 4.6 所示。

表 4.6　开关状态变位识别表

0	0	0	1	0	1	1	1	…	C
A_1	0	0	1	1	0	1	0	…	A
0	0	0	1	0	0	1	0		D
			D4			D1			

可见 D4 = D1 = 1，这正是由 1→0 的开关。

另外，在已经确定变了位的开关量中若现在的状态为 1，则必定是由 0→1 的开关。这个结论表明只要将异或的结果（状态 C）和现在的状态（状态 B）进行一次"与"运算就可找到由 0→1 的开关。

归纳起来可以得出以下结论：

（1）现状 ⊕ 原状，若有变位则该位为 1；若无变位，则该位为 0。

（2）（现状 ⊕ 原状）∧ 原状，若为 1，则该位由 1→0。

（3）（现状 ⊕ 原状）∧ 现状，若为 1；则该位由 0→1。

以上就是开关变位识别的基本原理，根据上述原理进行程序设计是比较容易的。

三、开关量输入/输出电路

1. 开关量输入电路

开关量输入电路包括断路器、隔离开关的辅助触点、跳合闸位置继电器触点等输入，以及自动装置（如重合闸）触点的输入。这些输入可分成以下两大类。

（1）装在装置面板上的触点。这类触点包括装置调试时用的或运行中定期检查装置用的键盘触点，以及切换装置上工作方式的转换开关等。

（2）从装置外部经过端子排引入装置的触点，例如需要由运行人员不打开装置外盖而在运行中切换的各种压板、连接片、转换开关，以及其他装置和操作继电器等。

对于装在装置面板上的触点，可直接接至微机的并行口，如图 3.31（a）所示。只要在可初始化时规定图中可编程的并行口的 PA0 为输入端，则 CPU 就可以通过软件查询，随时知道图 4.31（a）中外部触点 K1 的状态。

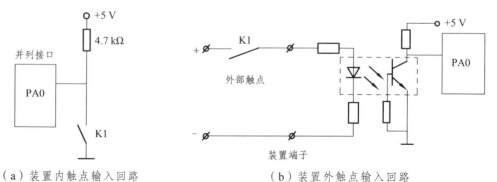

（a）装置内触点输入回路　　　　　　　（b）装置外触点输入回路

图 4.31　开关量输入电路原理图

对于从装置外部引入的触点，如果也按图 4.31（a）接线将给微机引入干扰，故应经光电隔离，如图 4.31（b）所示。图 4.31（b）中虚线框内是一个光电耦合器件，集成在一个芯片内。

2. 开关量输出电路

在远动系统中，对断路器、隔离开关的分、合闸"遥控"控制命令的执行，需要通过开关量输出接口电路去驱动继电器，再由继电器的辅助触点接通跳、合闸回路，对于有载调压的变压器，则可以驱动主变压器分接开关的控制回路实现"遥调"。不同的开关量输出驱动电路可能不同。

图 4.32 所示为开关量输出电路，一般都采用并行接口的输出来控制有触点继电器（干簧或密封小型中间继电器）的方法，但为提高抗干扰能力，最好也经过一级光电隔离。只要通过软件使并行口的 PB0 输出"0"，PB1 输出"1"，便可使与非门 H1 输出低电平，光敏三极管导通，继电器 K 被吸合。在初始化和需要继电器 K 返回时，应使 PB0 输出"1"，PB1 输出"0"。

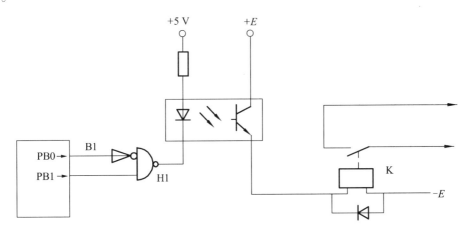

图 4.32　装置开关输出回路接线图

设置反相器 B1 及与非门 H1 而不将发光二极管直接同并行口相连，一方面是因为并行口带负荷能力有限，不足以驱动发光二极管，另一方面是因为采用与非门后要满足两个条件才能使 K 动作，增加了抗干扰能力。为了防止拉合直流电源的过程中继电器 K 的短时误动，将 PB0 经一反相器输出，而 PB1 不经反相器输出。

下面介绍由 8255B 口驱动的六路开关量输出驱动电路，如图 4.33 所示。该开关量输出电路的设计具有如下特点。

（1）采用编码方案，即每一路开关量输出驱动都由两根口线控制。

（2）设有光电隔离芯片，以提高抗干扰能力。

（3）光隔芯片的输出驱动一个 NPN 三极管，以增加电路的负载能力。

（4）设有自检反馈电路，在正常运行时，可以对开关量输出电路的状态进行监视，一旦发现问题立即报警，且由报警继电器动断触点断开开关量驱动电路的正电源，防止出口继电器误动。

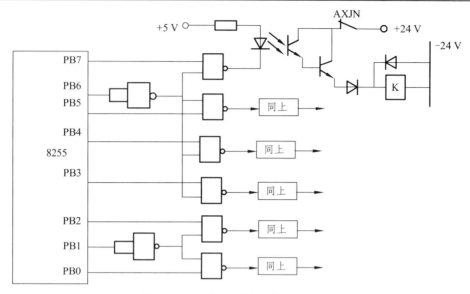

图 4.33 六路开关量输出驱动电路

开关量输出驱动电路的工作原理为：在正常运行时，使 8255B 口内容为 42H（ 01000010 ），此时各个光电隔离器件的二极管均不导通，因此光电隔离器的三极管及驱动三极管均截止，各继电器不动作。当远动系统发出"遥控"分闸命令后，变电所中的 RTU 在接收到命令信息后，通过 CPU 控制 8255B 口的编码，使之驱动继电器，实现断路器分闸。由于 8255 各口都是带锁存的，因此，当判断断路器确实跳闸后应收回跳闸命令。整组复归时应重新闭锁各开关量输出回路。

第五节 脉冲量计数电路

在远动系统中，对电能量的遥测关键在于电能量的计量方法。目前，对电能量的计量，多采用电能脉冲计量法、软件计算法或采用专门的微机电能计量仪表。以下介绍电能脉冲计量法的原理和实例。

一、电能脉冲计量法

电能脉冲计量法有两种常用类型的仪表可供选用：① 脉冲电能表；② 机电一体化电能计量仪表。电能脉冲计量法就是使电能表转盘每转动一圈便输出一个或两个脉冲，用输出的脉冲量代替转盘转动的圈数，并将脉冲量通过计数器计数后输入微机系统，由 RTU 上的 CPU 进行存储、计算。

转盘式脉冲电能表发送的脉冲数与转盘所转的圈数即电能量成正比，将脉冲值累计，再乘以系数就得到相应的电能量。为了对脉冲量进行累计，远动系统中设有计数器，每收到一个脉冲，计数值加 1。在对脉冲进行计数时，要对脉冲质量进行检查。正常情况下的脉冲有一定的宽度，如收到的脉冲过窄，宽度不合要求，一般是干扰脉冲，应予以舍弃，如图 4.34 所示。

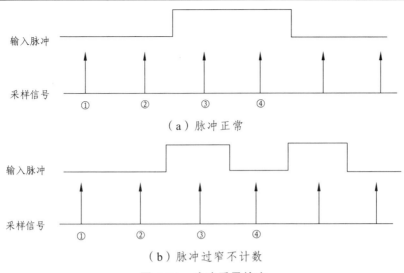

（a）脉冲正常

（b）脉冲过窄不计数

图 4.34　脉冲质量检查

在图 4.34（a）中，由于①、②处采样脉冲连续检测为低电平，而③、④处采样脉冲连续检测为高电平，对于正常脉冲，定时取样连续测得脉冲为高电平的次数≥2，就确定为有效脉冲，计数器加 1。在图 4.34（b）中，①、②处连续采样为低电平，但③、④处的采样值不同，因而认为输入的是尖峰干扰，不是有效的脉冲，计数器不予计数。在远动系统中，电能脉冲的到来是随机的，计数器可能随时要计数。读取计数器的累计值时不应妨碍正常的计数工作，因而一般采用两套计数器。主计数器对输入的脉冲进行计数，副计数器平时随主计数器更新，两者的数据保持一致。在收到统一读数的"电能冻结"命令时，副计数器就停止更新，保持当时的数据不变，而主计数器仍照常计数。因此，数据可从副计数器读取，反映的是"冻结"时的数据。等"解冻"命令到达时，副计数器又重新计数，保持与主计数器的数据一致。脉冲计数器的工作流程图如图 4.35 所示。

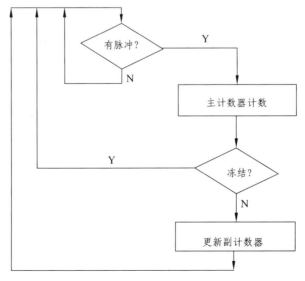

图 4.35　脉冲计数器的工作流程图

二、脉冲量计数电路实例

下面以图 4.36 所示的脉冲量计数电路为例来说明计数电路的工作原理。

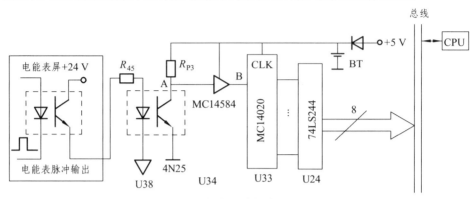

图 4.36　脉冲量计数电路原理图

脉冲电能表所产生的脉冲上升沿，使脉冲电能表内部光电隔离器的二极管发光，三极管导通。此时，电能表 +24 V 电源通过该三极管及微机系统模块中的电阻器 $R45$ 使光电隔离器 U38 的二极管发光，三极管饱和导通，A 点由高电平变为低电平。在脉冲电能表输出过去以后，U38 无电流通过，A 点由低电平变为高电平。在这一过程中 A 点得到一个低电位脉冲，该脉冲通过 U34（MC14584）整形并反相输出，B 点的脉冲波形与脉冲电能表的相一致。此脉冲接入计数器 U33（MC14020），在 MC14020 的输出端得到脉冲累计数。CPU 控制 U24（74LS244）的选通端，将计数值开放到数据总线，CPU 读入计数值后进行记录、计算和存储。

U33、U34 及 U38 三个芯片的电源可由电池 BT 供给，保证在 RTU 失去电源时电能表计数值不丢失，而且还可继续对脉冲电能表的脉冲进行计数。

第六节　输入/输出接口

在牵引供电远动系统中，需采集的变电所信息很多，但从它们的性质来说，可分为模拟量、开关量、脉冲量等。但无论何种类型的信息，在计算机内部都是以二进制的形式（即数字形式）存放在存储器中。由此可见，数字量的输入、输出是计算机的基本操作之一。

计算机的输入（Input）/输出（Output）接口简称 I/O 接口。I/O 接口是 CPU 和外设间信息交换的桥梁，计算机通过接口电路直接与外界设备进行信息交换。外部设备分为输入和输出设备，输入设备用于向计算机输入信息，输出设备用于输出程序和运算结果。例如，A/D 转换器和键盘等属于输入设备，CRT 和 D/A 转换器等属于输出设备。由于 CPU 和外设间所传信息的性质、传输方式、传输速度和电平各不相同，因此 CPU 和外设间不是简单地直接相连，而必须借助 I/O 接口这个过渡电路才能协调起来。

一、I/O 接口的作用

1. 实现和不同外设的速度匹配

不同外设的工作速度差别很大，但大多数外设的速度很慢，无法和微秒级的 CPU 相比，故在数据传送的过程中常常需要等待。这就要求 I/O 接口电路中设置缓冲器，用以暂存数据。

2. 信号变换

计算机使用的是数字信号，而有些外围设备需要提供的是模拟信号，两者必须通过接口进行变换。另外，计算机通信时，信号常以串行方式进行传送，而计算机内部的信息都是以并行方式进行传送的，因此，I/O 接口电路必须具有能把串行数据变换成并行传送（或把并行数据变换成串行传送）的能力。

3. 电平转换

通常，CPU 输入/输出的数据和控制信号是 TTL 电平，而外部设备的信号电平类型较多。为了实现 CPU 和外设间的信号传送，I/O 接口电路也要具备信号电平的这种自动转换。

二、输入/输出信息的传送方式、组成及典型接口

（一）输入/输出信息的传送方式

CPU 的数据总线都是并行的，但由于输入/输出设备有并行和串行之分，或为了远距离传输的需要，输入/输出数据的传送除了有并行传送方式外，还有串行传送方式。这两种传送方式各有各的特点和不同的应用场合。

1. 串行传送方式

串行传送方式是将要传送的数据的字节（或字）拆开，然后以位（bit）为单位，一位一位地进行传送。串行传送方式的接口所需的传输电缆少，硬件投资少，但传输速度相对并行传送慢，适合于远距离传送。

配置串行接口的目的是为了适应远距离传送数据和交换信息的需要。串行接口传送信息是按位传送的，它的速度虽然不如按字节传送的并行接口快，但可节省许多引线，这对远距离通信是十分重要的。

2. 并行传送方式

并行传送方式是以字节（或字）为单位同时进行传送。这种传送方式要求输入/输出接口的数据通道为 8 位（字节传送）或 16 位（字传送），各位数据同步收、发，传送速度快，但需要的传输电缆数量多，硬件投资大，适合较近距离的传送。

并行接口主要传送数字量。例如，微机之间的近距离通信就可以采用并行接口；又如，微机与某些外设（如打印机）也可以用并行接口传送数据和命令。并行接口速度较快，但线路较复杂，因为每一位信息必须用一根导线来传送。

（二）输入/输出信息的组成

计算机直接与外界联系进行信息交换，这些信息可分为以下 3 种。

1. 数据信息

继电器触点、断路器和隔离开关的状态或模拟量/数字量转换的结果，按一定的编码标准（例如二进制数的格式或 ASCII 码标准）输入计算机，每若干位（一般为 8 位、16 位或 32 位）

组合表示为一个数字或符号，这是数字量输入的主要内容。

2. 状态信息

状态信息反映外部设备工作状态，CPU 在传送数据前必须先输入这些外设的状态信息，并逐位进行测试和判断它们的工作状态，以确定能否传送数据。例如，要通过打印机输出数据，必须了解打印机是否"忙"，打印纸是否准备好等，只有在外设各种状态都处于"准备好"的情况下，才能可靠地传送数据信号。对于每一种二值的工作状态，都可用一位二进制表示，如输入字节的 D0 = 1，表示打印机"忙"；D0 = 0，表示"不忙"；D1 = 1，表示纸已用完；D1 = 0 表示有纸，只有在 D1D0 = 00，即打印机不忙且有纸时，才可给打印机传送数据。

3. 控制信息

控制信息用于控制外部设备的工作，如外部设备的"启动"和"停止"。在设备传送过程中，CPU 发出命令给输入/输出设备，一个输出字节的每一位可以定义为一个控制命令，例如当 D7 = 1 时，控制设备启动；当 D7 = 0 时，则表示不启动设备。

（三）输入/输出的典型接口

从接口完成的工作看，CPU 和外设间交换的信息有三类：数据信息、状态信息、控制信息。因此，I/O 接口必须能把外设送来的三种信息加以区分，因此在 I/O 接口内部，必须用不同的寄存器来存放，并赋以不同的地址（端口地址），以便确定当前经数据总线传送的信息是哪一类信息。所以，一个外围设备所对应的接口电路可能需要分配几个端口地址。CPU 寻址的是端口，而不是笼统的外围设备。

图 4.37 是 I/O 接口的基本结构示意图。I/O 接口加上在它的基础上编制的 I/O 程序，就构成了 I/O 技术。

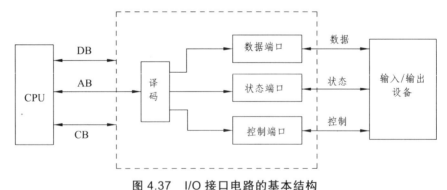

图 4.37 I/O 接口电路的基本结构

三、CPU 对输入/输出数据的控制方式

由于模拟量、开关量、脉冲量等各种输入/输出的参量性质不同，对速度、可靠性要求也不一样，所以输入/输出控制方式也不同。通常 CPU 与外设交换数据有 4 种控制方式，即同步传送，异步传送、中断传送、DMA 传送。I/O 接口必须根据不同外设选择恰当的 I/O 数据传送方式。

1. 同步传递方式

这种传递方式也称为无条件程序控制方式，比较简单，常在以下两种情况下使用。

（1）外设工作速度非常快。

当外设工作速度能和 CPU 速度比拟时，常常采用同步传送方式。例如，CPU 和 A/D 或 D/A 间传送数据时，CPU 可在任何时候从 A/D 芯片采集经模/数变换后的数字量或者把处理后的信息送到 D/A 芯片，以控制被控对象工作。

（2）外设工作速度非常慢。

当外设工作速度非常慢或变化速度是固定的，以致人们任何时候都认为它已处于"准备好"状态时，也可以采用同步传送方式。例如，7 段数码显示器、开关、接地开关、继电器、断路器、隔离开关、发光二极管、机械传感器等，都属于数据状态变化缓慢的外设。这类设备作输入时，其数据保持时间相对于 CPU 的处理速度慢得多，因此可以认为其数据是准备好的，CPU 要读其状态数据时，只要随时对它执行输入指令，就可以把状态数据读入，不必事先查询它的工作状态。

如果 CPU 要输出数据给数据状态变化缓慢的外设时，由于 CPU 的数据总线变化速度快，因此，要求输出的数据应该在接口电路的输出端保持一段时间，外设才能接收到稳定的数据，保持时间的长短应该与外部接受设备的动作时间相适应。因此，在同步传递中，输出的接口电路往往需要通过锁存器。

2. 异步传送方式

异步传送方式又称查询传送或条件传送方式。上述同步传送方式程序简单、硬件接口简单、可节省端口，但必须确保执行输入指令时，外设一定是准备好的；而且执行输出操作时，外设一定是空的，即 CPU 与外设传送数据时必须保证同步。这对于许多外设来说是比较难实现的，尤其是一些数据状态变化不规则的外设。如果传送数据时，CPU 不与外设同步，则传送数据便要出错。为了解决此问题，使 CPU 能与各种速度的外设配合工作，可以采用查询传送入式。

查询传送方式的特点是 CPU 在对输入/输出传送数据前，先输入外设的状态，并测试其是否"准备好"，只有在测试到输入/输出设备已准备就绪后，CPU 才对输入/输出设备传送数据。输入/输出设备所谓"准备好"，对输入设备来说，即输入寄存器已满（已准备好新数据供 CPU 读取）；对输出设备而言，即输出寄存器已空（原有数据已被使用），可以接收 CPU 传送新的数据。

图 4.38 为查询传送方式输入接口电路。接口电路除了要有数据传送的端口（三态缓冲器 1）外，还必须有传送状态信息的端口（三态缓冲器 2）。当输入设备的数据准备好后，一方面把数据送入三态缓冲器 1，另一方面把准备好的"Ready"状态信号送三态缓冲器 2。查询传送方式输入程序的流程图如图 4.39 所示。读入的数据，可以是 8 位或 16 位，而读入的状态往往是 1 位的，因此，不同的外设可使用同一状态端口，只要使用不同位即可。

查询传送方式传送数据的优点是在简化硬件接口情况下，比无条件程序传送更容易实现数据的准确传送，控制程序也比较容易编制；其缺点是 CPU 需要不断查询外设的状态，这就占用了 CPU 的工作时间，尤其是在与中、慢速的外设交换信息耐，CPU 真正用在传送数据的时间相对是很少的，大部分时间消耗在查询上。所以，这种查询传送方式大多数用于 CPU 与单个或较少外设交换信息的情况。

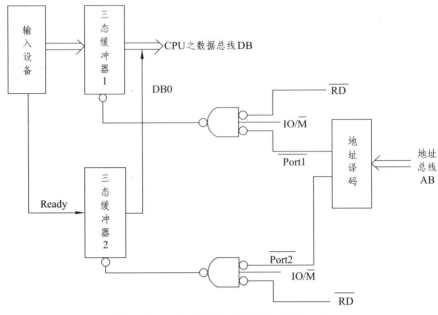

图 4.38　查询传送方式的输入接口电路

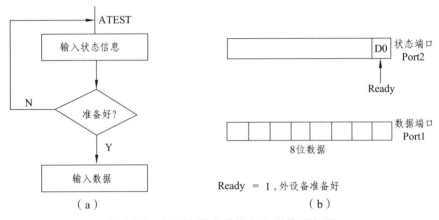

（a）　　　　　　　　　　　　　　　（b）

图 4.39　查询传送方式输入程序的流程图

3. 中断传送方式

中断是通过硬件来改变 CPU 程序运行的方向。微机系统在执行程序的过程中，由于 CPU 以外的某种原因，有必要尽快中断当前程序的执行，而执行相应的处理程序，待处理结束后，再回来继续执行被中断了的原程序。这种程序在执行过程中由于外界的原因而被中间打断的情况称为中断。

为了提高前两种方式 CPU 的工作效率和及时处理外设的请求，可采用中断控制传送方式，即当 CPU 需要与外设交换信息时，若外设要输入 CPU 的数据已准备好，存放于输入寄存器中，或在输出时，若外设已把数据取走，即输出寄存器已空，则由外设向 CPU 发出中断申请，CPU 接到外设的申请后，若没有更重要的处理，CPU 就暂停当前执行的程序（即实现中断），转去执行输入或输出操作（称中断服务），待输入或输出操作完成后即返回，CPU 再继续执行原来的程序。这样就大大提高了 CPU 的效率，同时使外设发生的事件能及时得到处理。因此，有了中断控制方式后，CPU 就可以与多个外设同时工作。

图 4.40 为中断传送方式示意图。由图 4.40 可见，打印机的 BUSY 信号是送到 I/O 接口的 $\overline{STB}$ 控制端，I/O 接口的 $\overline{STB}$ 控制端收到 BUSY 后可向 CPU 的 $\overline{INT1}$ 线发出中断请求。CPU 响应 $\overline{INT1}$ 上中断请求便可进入打印机中断服务程序中完成一个打印数据传送。当然，打印机的第一个打印数据必须在主程序送给打印机以后才能利用中断传送打印数据。

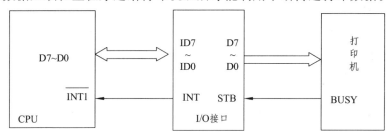

图 4.40 中断传送方式示意网

4. DMA 传送方式

在上述三种数据传送方式中，不论是从外设传送到内存的数据，还是从内存传送到外设的数据，都要转道 CPU 才能实现。因此，尤其在 I/O 数据的批量传送时，数据传送效率较低。为了提高数据传送的效率，I/O 数据能不能不经过 CPU 而直接在外设和内存之间传送呢？回答是肯定的。数据的这种传送方式称为 DMA 传送方式。

DMA（Direct Memory Access）传送的含义是直接由存储器存取，这是一种由硬件来执行数据传送的工作方式。DMA 传送必须依靠带有 DMA 功能的 CPU 和专用的 DMA 控制器实现。

图 4.41 为 DMA 控制器原理框图。现以输入数据的情况为例，简述 DMA 传送 I/O 数据的工作原理。

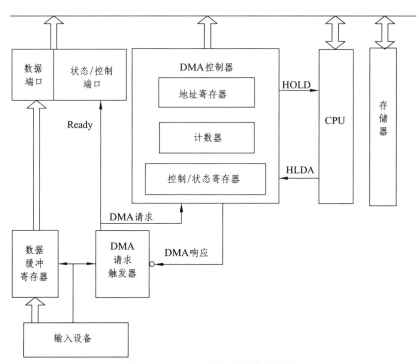

图 4.41 DMA 控制器原理框图

当外设把数据准备好以后，发出一个选通脉冲，使 DMA 请求触发器置1；它一方面向状态/控制端口发出准备好的信号，另一方面向 DMA 控制器发出 DMA 请求；于是 DMA 控制器向 CPU 发出 HOLD 信号。当 CPU 在现行的指令执行结束后，发出请求答应 HLDA 信号，这时 DMA 控制器就接管 3 组总线，向地址总线发出地址信号，在数据总线上给出数据，并给出存储器写的命令，于是外设输入的数据在 DMA 控制器的控制下，就直接写入存储器，然后 DMA 控制器修改地址指针，修改计数器，并检查传送是否结束；若未结束，便循环直至全部数据传送完。在全部数据传送完后，DMA 控制器撤除总线请求信号（HOLD 变低），在下一个 CPU 时钟周期的上升沿，CPU 的 HLDA 认可信号变低，DMA 操作全部结束。

虽然中断控制方式可以在一定程度上实现 CPU 与外设并行工作，但是在外设与内存之间或外设与外设之间进行数据传送时，还是要经过 CPU 中转（即经过 CPU 的累加器读进和送出），这对高速外设（如磁盘）在进行大批量数据传送时，会造成中断次数过于频繁，这样不仅传送速度上不去，而且耗费 CPU 大量的时间。为此，采用直接存储器存取方式，使 CPU 不参加数据的传送工作，由直接存储器存取方式 DMA 控制器来实现内存与外设或外设与外设之间的直接快速传送，从而也减轻了 CPU 的负担。这种方式使微机系统的硬件结构发生了变化，信息传送从以 CPU 为中心变为以内存为中心。若采用高速存储器，则可使外设与 CPU 分时访问内存得以实现。

DMA 传送方式实际上是把输入/输出过程中外设与内存交换信息的那部分操作及控制给了 DMA 控制器，从而简化了 CPU 对输入/输出的控制。这对高速度大批量数据传送特别有用。但这种方式要求设置 DMA 控制器，电路结构复杂，硬件开销大。

四、输入/输出接口常用的芯片

（一）三态缓冲器和锁存器

CPU 本身的驱动能力是有限的，通常只能驱动几个 TTL（或十几个 MOS）门电路。因此，人们常需要根据不同情况在 CPU 的地址总线、数据总线和控制总线上加进不同数量和类型的驱动电路，以增进 CPU 对板内元件或各类总线的驱动能力。

驱动器类型很多，使用场合各异。通常，驱动器可分为板内总线驱动器、线驱动器、外围驱动器、显示驱动器、译码器/驱动器等。

板内总线驱动器通常分为两种：一种是数据总线的双向驱动器；另一种是地址总线及有关控制总线的单向驱动器。单向驱动器常采用 74LS244（或 8228）八同相三态缓冲/线驱动器，双向驱动器采用 74LS245（或 8215）八同相三态收发器。

1. 三态缓冲器的工作原理

为减少信息传输线的数目，大多数微机系统中信息输出均采用总线形式，即凡要传输的同类信息都走同一组传输线，且信息是分时传的。在微机系统中一般有三组总线，即数据总线、地址总线和控制总线。为防止信息相互干扰，要求凡挂在总线上的寄存器或存储器等，它的输出端不仅能呈现 0、1 两个信息状态，而且还应能呈现第三种状态，即高阻抗状态（又称高阻状态），此时好像它们的输出被开关断开，对总线状态不起作用，而且此时总线可由其他器件占用。三态门电路即可实现上述功能，它除具有输入/输出端以外，还有一控制端，如图 4.42（a）所示。

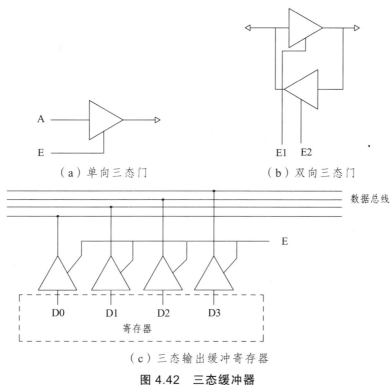

（a）单向三态门   （b）双向三态门

（c）三态输出缓冲寄存器

图 4.42 三态缓冲器

当控制端 E = 1 时，输出 = 输入，此时总线由该器件驱动，总线上的数据由输入数据决定；当 E = 0 时，输出端呈高阻抗状态，该器件对总线不起作用。当寄存器输出端接至三态门，再由三态门输出端与总线连接起来，就构成三态输出的缓冲寄存器。图 4.42（c）所示即为一个 4 位的三态输出缓冲寄存器。由于这里采用的是单向三态门，所以数据只能从寄存器输出至数据总线。如果要实现双向传送则要用双向三态门，如图 4.42（b）所示。

2. 常用的三态缓冲器

在输入接口电路中，应用最多的三态缓冲器是 74LS244（包括 74F244、74HC244、74S244等）。它采用 8 个同相的三态缓冲器/线驱动器，有两个独立的使能端 $1\overline{G}$ 和 $2\overline{G}$，低电平有效。控制 1A1～1A4 的三态门，而 $2\overline{G}$ 控制 2A1～2A4 的三态门，因此 74LS244 也叫作两个独立的四同相三态缓冲器/线驱动器。其输出端 1Y1～1Y4 和 2Y1～2Y4 分别与 1A1～1A4 和 2A1～2A4 相对应。当门控信号 $1\overline{G}$ = 0 时，输出端 1Y1～1Y4 便等于 1A1～1A4，当 $2\overline{G}$ = 0 时，2Y1～2Y4 便等于 2A1～2A4。74LS244 的引脚及常用接法如图 4.43 所示。

一般应用是将 74LS244 作为 8 线并行输入/输出接口器件，因此，将 $1\overline{G}$ 和 $2\overline{G}$ 连在一起，并接地电平，此时 74LS244 始终处于门通状态。

三态缓冲器经常用于输入回路，作为外设与计算机系统总线的接口，一方面起输入缓冲作用；另一方面对计算机的系统总线来说，可起到提高总线驱动能力的作用。

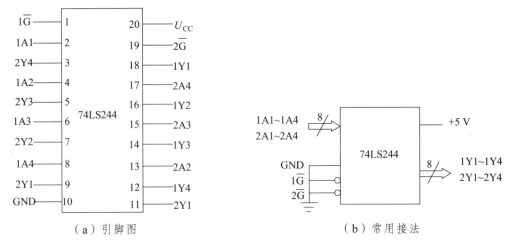

（a）引脚图　　　　　　　　　　　（b）常用接法

图 4.43　74LS244 的引脚图及常用接法

3. 锁存器

微机输出的数据在系统总线上只能存在很短的时间，接口电路必须及时将数据接收并保持，因此常用锁存器。

最简单的锁存器为 D 触发器，一位 D 触发器可以作一位锁存器，D 端为输出端，当来一个时钟脉冲 CLK 时，D 端的信号便锁存到 Q 端上。

常用的锁存器芯片有 74LS273、74LS373、74LS374、74LS377 等，是由 8 个 D 触发器组成的，简称 D 触发器。以 74LS373 为例，74LS373 芯片的引脚图及常用连接方法如图 4.44 所示。

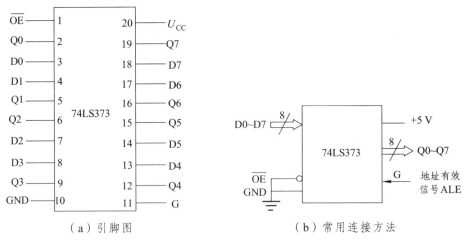

（a）引脚图　　　　　　　　　　　（b）常用连接方法

图 4.44　74LS373 芯片的引脚图及常用连接方法

图 4.44 中 $\overline{\text{OE}}$ 为使能控制端。当 $\overline{\text{OE}}$ 为低电平时，8 路全导通；当 $\overline{\text{OE}}$ 为高电平时，输出为高阻态。G 为锁存控制信号。74LS373 有以下 3 种工作状态。

（1）当 $\overline{\text{OE}}$ 为低电平、G 为高电平时，输出端状态和输入端状态相同，即输出跟随输入。

（2）当 $\overline{\text{OE}}$ 为低电平、G 由高电平降为低电平（下降沿）时，输入端数据锁入内部寄存器中，内部寄存器的数据与输出端相同。当 G 保持为低电平时，即使输入端数据变化，也不会影响输出端状态。

（3）当 $\overline{OE}$ 为高电平时，锁存器缓冲三态门封闭，即三态门输出为高阻态。74LS373 的输入端 D0 ~ D7 与输出端口 Q0 ~ Q7 隔离，则不能输出。

当 74LS373 用单片机低 8 位地址线/数据线地址锁存器时，将 $\overline{OE}$ 置成低电平，锁存允许信号 G 受控于单片机地址有效锁存信号 ALE。这样，当外部地址锁存有效信号 ALE 使 G 变为高电平时，74LS373 内部寄存器便处于直通状态；当 ALE 下降为低电平时，立即将锁存器的输入 D0 ~ D7 即总线上的低 8 位地址锁入内部寄存器中。

（二）地址译码器

1. 地址译码器的作用

多数的 CPU 的 I/O 指令可以用 16 位有效地址 AB0 ~ AB15，可寻址 0 ~ 65 535 个地址单元，简称 64 KB 的地址范围。例如，MCS-51 系列和 MCS-96 系列单片机都采用 16 位多路复用地址总线。

当微处理器内部各功能部件不能满足应用系统的要求时，在片外连接相应的外围芯片，对微处理器的功能加以扩展，以满足应用要求。微机系统扩展主要有程序存储器、数据存储器、并行 I/O 口、串行口及串行总线扩展等。在变电所远动系统中，往往需要扩展多块 I/O 接口电路，因此就存在一个地址译码问题。常用的译码器有 #74LS138、#74S138、#74F138、74HCT138、74HC138、74HC139 等。各芯片的工作性能有差异，例如 74LS138、74S138、74F138、74HCT138 等芯片的管脚和逻辑关系相同，但工作性能有差异。74F138 是高速的 3-8 译码器；74LS138 为低功耗肖特基；74HC138 为 CMOS 工作电平的 3-8 译码器。另外，还有板选地址译码电路。

2. 74LS138 简介

图 4.45 为 74LS138 的管脚图及其逻辑功能图。

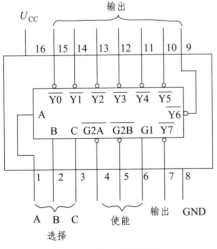

G1	$\overline{G2B}$	$\overline{G2B}$	C	B	A	输出
1	0	0	0	0	0	$\overline{Y0}$
1	0	0	0	0	1	$\overline{Y1}$
1	0	0	0	1	0	$\overline{Y2}$
1	0	0	0	1	1	$\overline{Y3}$
1	0	0	1	0	0	$\overline{Y4}$
1	0	0	1	0	1	$\overline{Y5}$
1	0	0	1	1	0	$\overline{Y6}$
1	0	0	1	1	1	$\overline{Y7}$
0	×	×	×	×	×	×
×	1	1	×	×	×	×

（a）管脚图　　　　　　　　（b）逻辑功能图

图 4.45　74LS138 的管脚图及其逻辑功能图

　　74LS138 是 3-8 译码器，具有 3 个选择输入端，可组合成 8 种输入状态；输出端有 8 个，每个输出端分别对应 8 种输入状态中的 1 种，0 电平有效。换句话讲，对应每种输入状态，仅允许一个输出端为 0 电平，其余全为 1。74LS138 还有三个使能端 G1、$\overline{G2B}$ 和 $\overline{G2A}$，必须同时输入有效电平译码器才能工作，也就是仅当输入电平为 100 时，才选通译码器，否则译码器的输出无效。板选地址译码远动系统在信息数据采集处理过程中，往往数字量和模拟量的输入、输出量比较多，需要由多块功能相同或不同的输入/输出模板组成，这时在每个模板内部需要端口译码，在各模板间也有板选译码问题。因此，有时单靠一片 3-8 译码器还不够，通常采用 74LS139（2-4 译码器）和 74LS688（8 位数值比较器）共同组成板选译码和端口译码。

　　随着集成电路技术的不断发展，出现了集成度较高的可编程逻辑阵列，如 GAL。目前又有多种集成度更高的可编程逻辑系列器件出现，例如美国 ALTERA 公司生产的 MAX7000 系列器件，可替代 GAL、74LS244、74LS273 等，不仅可以缩小印刷电路板的面积，而且可以提高抗干扰能力，使用起来很方便。

五、遥控与遥调输出

1. 遥控输出回路

　　遥控是对变电所的断路器、隔离开关等开关量进行"合"与"断"的两种状态的操作，即开关量的输出。如图 4.46 所示。

图 4.46　开关量输出框图

　　实际对变电所中断路器等控制时，将中间出口继电器的节点接入变电所相应的控制回路中，接通或断开相应的控制电器，以启动控制回路中的中间继电器去完成断路器的合、分动作。所以输出继电器节点应具有相应耐压和切断电流能力。

　　遥控输出通常以继电器触点方式提供。继电器一方面起到隔离作用，另一方面可以直接接入控制回路。若提供的继电器触点容量不够时，还可以再接一中间继电器。图 4.47 为 8 路遥控输出接口电路。

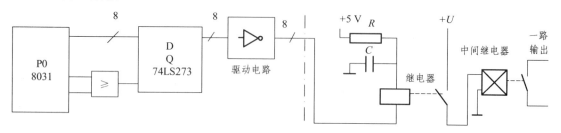

图 4.47　8 路遥控输出接口电路

　　图 4.47 中，74LS273 为 8 位 D 触发器，以锁存遥控输出信号的状态。为使继电器能可靠的动作，在锁存器与继电器之间加入驱动电路。驱动电路在输出低电平时应有较大吸收电流。R 阻值的选取，应能保证继电器动作时线圈中有较大的电流。当然，R 值越小，提供的动作

电流越大，继电器动作越可靠。但驱动电路功耗增加，发热加大，电源提供的动作电流增大。为解决这一问题，可在继电器与地间加一电容 C。当驱动电路输出高点平时，继电器线圈中流过电流很小，不动作；当驱动电路输出为低电平时，继电器线圈中流过的电流，一部分由电源经 R 提供，另一部分经 C 放电提供。当驱动电路再次输出高电平时，C 上电压迅速提高，充电结束可保证继电器线圈中电压很小，继电器恢复常态。从上面得出，C 的加入，一方面减小了驱动电路和电源的功耗，另一方面提高了继电器触点动作的可靠性。

图 4.47 中，遥控输出为一动合触点。遥控状态为 0 时，继电器不动作，触点断开；遥控状态为 1 时，继电器动作，触点闭合。

遥控操作分两步实现，如图 4.48 所示。

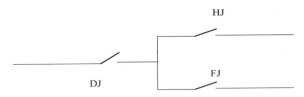

图 4.48　遥控输出控制回路

选择：首先选择对象，使控制对象继电器节点 DJ 闭合，经返校确认，停止或撤销遥控操作。

执行：选择正确，可继续进行合、分操作。

2. 遥调输出回路

遥调与遥控类似，也是一种控制输出。与遥控只输出两种状态不同的是：遥调需要输出连续变化的信号，即输出模拟量信号。遥调输出回路框图如图 4.49 所示。

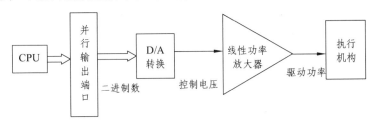

图 4.49　遥调输出回路框图

复习思考题

1. 模拟量输入电路主要由哪几个部分组成？各部分的作用是什么？
2. 简述采样的定义。
3. 采样的方式有哪几种？
4. 什么是采样保持？采样保持电路的作用及要求是什么？
5. 常用的低通滤波电路有哪几类？各有什么特点？
6. 简述多路转换开关的类型和特点。
7. A/D 转换器有哪几种类型？

8. 简述逐次逼近式 A/D 转换器的工作原理。

9. 逐次逼近式 A/D 转换器的主要特点是什么？

10. 什么是 VFC 数字采集系统？它有什么优点？

11. A/D 式数据采集系统与 VFC 式数据采集系统有什么差异？

12. 模拟量输出电路的组成一般包括哪几个部分？

13. D/A 转换器的性能指标有哪些？

14. 开关量的隔离作用是什么？有哪些隔离方法？

15. 开关量的采集方式有哪几种？有什么差异？

16. 举例说明开关量输入电路的工作原理。

17. 变电所中电能量的计量方法有哪几种？电能脉冲计量法可选用的仪表有哪些？

18. 什么是 I/O 接口？它的作用是什么？

19. I/O 接口信息的传送方式有哪几种？

20. I/O 接口信息有哪几类？

21. CPU 对输入/输出数据的控制方式有哪几种？

22. 简述遥控输出的方法。

第五章　牵引供电 SCADA 系统的通信与网络技术

第一节　数据通信概述

一、数据通信系统模型

数据通信技术是建立计算机网络系统的基础之一。无论是计算机与计算机之间，还是计算机与终端之间，它们之间要进行数据交换，都要借助于数据通信技术。模拟通信是在通信技术发展的早期占有很大的比重；现代通信中数字通信占据越来越重要的地位。在电气化铁道微机监控系统中，数据通信是一个极为重要的环节，数据通信既在调度控制中心局域网各工作站及设备间进行，也在调度控制中心与相隔几百千米甚至上千千米的被控站设备之间进行。

凡是信号的某一参量可以取无限多个数值，且直接与消息相对应的，称为模拟信号。凡是信号在时间上离散，且表征信号的某一参量只能取有限个数值的，称为数字信号。模拟通信系统是指信道中传输模拟信号的系统，而利用数字信号传输信息的通信系统称为数字通信系统。

随着科学技术的进步和社会需求的不断变化，各类新型的数字、数据业务正迅速发展，所有通信系统发展的总趋势就是通信方式从模拟通信向数字通信发展。数字通信系统是指在通信系统中所传输的是二进制或多进制数字信号的一种通信方式。它的主要特点就是在调制之前要经过两次编码，相应地，在接收解调后也要经过两次译码。

远动系统中传输的各种远动信息，在进入远动信道之前已经由远动装置将它们全部变成二进制的数字信号，它们是离散的，所以传输远动信息的传输系统属数字通信系统。

图 5.1 为数字通信系统的模型。

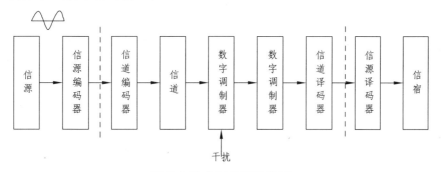

图 5.1 数字通信系统模型

通信的任务是完成消息的传递和交换。以点对点数字通信系统通信模型为例可以看出，要实现消息从一端向另一端的传递，一般包括 5 个部分：信息源、发送设备、信道、接收设备和受信者，如图 5.1 所示。图中，发送设备包括信源编码、信道编码和调制器，其基本功能是将信源和信道匹配起来，即将信息源产生的原始信号变换成适合在信道中传输的信号。

在接收端，信息处理的过程与发送设备相反，即进行解调、译码、解码等。接收设备的任务是从带有干扰的接收信号中恢复出相应的原始信号。

（1）信息源的作用是将电流、电压等被测量的数值，以及开关的分合闸状态、变压器分接头位置等消息，以信号形式输出，即信息源是把待传输的消息转换成原始电信号。信息源的输出或是连续变化的模拟信号，或是离散的数字信号，用 s 表示。

（2）信源编码可以对信息源发出的模拟信号完成模/数转换，得到它所对应的数字信号。然后对这些数字信号以及 s 中原有的数字信号进行编码，在信源编码的输出得到一串离散的数字信息。在远动系统中，它是二进制的数字信息序列，记为 m。信源编码的目的是提高数字通信传输的有效性，通过各种方式的编码尽可能地去除信号中的冗余信息。模拟信号转换为数字信号主要有两种方式：一是脉冲编码调制 PCM（Pulse Code Modulation），另一种是增量调制（ΔM）。

（3）信道编码则不同，它是为了使传送的数码具有检错和纠错能力，按一定的规则在信源编码的基础上增加一些冗余码元（又称监督码），但又不是信息源发出的，使这些冗余码元与被传送信息码元之间建立某种相关性。信道编码使信息序列 m 变成较原来更长的二进制数字序列，用 c 表示，以提高信息传输的抗干扰能力。信道编码也称差错控制编码。

信道编码是对信源的二次编码，其目的是在于提高数字传输系统的可靠性。实现方法是将信源编码器输出的数字序列人为地按照某种规则加入一些多余码元作为差错控制用的监督码，使得收端能发现错误或自动纠正差错。

（4）调制（Modulation）是为了使信号便于传输、减少干扰和易于放大，使一种波形（载波）参数按另一种信号波形（调制波）变化的过程。调制的作用是将数字序列变换成适合于在信道中传输的信号形式，送入信道。电力系统远动中常采用数字调频或数字调相的方法，将数字信号变成两种不同频率或两种不同相位的正弦交流信号。

数字调制就是把数字基带信号进行调制形成适合在信道中传输的数字调制信号。基本的数字调制方式有幅移键控 ASK（Amplitude Shift-Keying）、频移键控 FSK（Frequency Shift-Keying）、绝对相控键控 PSK（Phase Shift-Keying）、相对（差分）相移键控 DPSK（Difference Phase Shift-Keying）。

（5）信道是信号传输的通道。远动信道可以有光纤信道、微波信道、复用电力线载波信道等。信道中存在着各种类型的干扰——噪声源。图 5.1 中的噪声源是叠加在信道中的所有噪声以及分散在通信系统中其他各处噪声的集合。图中这样标注是为了便于分析问题。

（6）解调（Demodulation）是从调制的载波信号中将原调制信号复原的过程。对于二元制键控移频和键控移相而言，解调的作用是把从信道接收到的两种不同频率或两种不同相位的正弦交流信号还原成数字序列。如果发送的信号在信道中受到干扰，接收端的 r 和发送端的 c 将不相同。在一个系统中，如果发送端有编码/调制装置，则在接收端必须有译码/解调装置。

（7）信道译码是根据信道编码规则，对接收数字序列进行译码校验，实现检查或纠正信息序列在传输过程中所产生的差错，输出与信息序列 m 对应的 $m*$。信道译码器则主要进行检错与纠错。

（8）信源译码是根据信源编码规则，变接收信息序列 $m*$ 为信息源输出 s 的对应值 $s*$，并送给受信者予以显示或打印等。

如果信道无干扰，或干扰引起的错误在信道译码中是可纠正的，则 c^*、m^*、s^* 分别为 c、m，s 的重现。

（9）受信者是将复原的原始信号转换成相应的消息。

数字式远动的数据序列在信道中以串行方式一个码元一个码元地传送。在一帧里，位是最小的信息单元，位也称为码元，即码元是信息传输的最小单元。若干码元组成一个远动字，若干字组成一帧。以一帧或若干帧组成一个传输单元的信息，称为报文或消息（Message）。

在图 5.1 中，信源发出的是模拟信号，信源编码的主要任务就是将模拟信号转换为数字信号，以适宜在数字系统中的传输。信道译码器则主要进行检错与纠错。

图 5.1 是数字通信系统的通用模型，实际的数字通信系统依据不同的应用情况不一定包括图示的所有环节。如在某些有线信道中，若传输距离不远且通信容量不大时，数字基带信号就无须调制而可以直接传送，这就是数字信号的基带传输，其系统模型中就不含调制与解调环节。另外，需要指出的是，模拟信号经过数字编码后可以在数字通信系统中传输，数字电话系统就是以数字方式传输模拟语音信号的例子。而数字信号也可以在模拟通信系统中传输，如计算机数据可以通过模拟电话线路传输，但此时必须使用调制解调器（MODEM）将数字基带信号进行正弦调制，以适应模拟信道的传输特性。

与模拟通信相比，数字通信具有抗干扰能力强、差错可控、易于保密、灵活性高、易于与各种终端设备接口等特点，已成为当代通信技术的主流。

随着计算机技术的发展和计算机技术与通信技术结合的日益紧密，在通信又产生了一个分支，即数据通信。所谓数据通信是指信源本身发出的就是数字形式的消息，如电报、计算机数据及指令等。数据通信系统框图与数字通信系统类似，仍可以图 5.1 来描述。但它与数字通信系统之间最大的不同在于，其信源发出的信号为数字信号，无须经过模/数转换，而只需考虑对信源进行压缩编码措施以降低信源的冗余度，提高有效性。

实现数据通信的信道可以是模拟的也可以是数字的，但随着数据通信业务的增长，以及对通信速率要求的不断提高，数据通信的信道越来越倾向于宽带化、高速率化。因此，数据通信和数字通信是密不可分的。也可以说，数字通信是数据通信的技术基础，数据通信是数字通信技术与计算机技术结合的产物。

数据通信是计算机和通信相结合而产生的一种新的通信方式，它是各类计算机网络赖以建立的基础。通信的基本目的是在信息源和受信者之间交换信息，信息源、受信者及传输通道是通信的三要素。信息源是产生和发送信息的地方，如保护、测控单元，受信者是接收和使用信息的地方，传输通道是信息源和受信者的桥梁。对于计算机网络系统，信息源和受信者的角色并不是固定不变的，它们有时互换角色，但在交换信息的某一瞬间，总是有一个是信息源而另一个是受信者。

二、数据通信系统的主要质量指标及分类

（一）主要质量指标

从信号传输的角度分析，通信系统的质量指标主要是信号传输的有效性和信号传输的可靠性。信号传输的有效性是指在给定的信道内能够传输信息内容的多少；可靠性是指在给定的信道内接收到信息的准确程度。对于数字通信系统，传输有效性用传输速率来衡量，传输

可靠性用差错率来衡量。

系统的传输速率可以用码元传输速率来衡量，也可以用信息传输速率来表征。码元传输速率被定义为每秒钟传送码元的数目，单位为波特（Baud，Bd）。波特是定宽度离散时间信号码元或数字信号的调制率单位或传输率单位。信息传输速率被定义为每秒钟传送的信息量，单位为比特/秒（bit/s），是比特传送的速率，也称比特率。

比特是计算信息量的单位，一个消息出现的概率越小，它的信息量就越大。消息的信息量可以按下式计算

$$I = \log_2 \frac{1}{P} \qquad (5.1)$$

式中　P——消息出现的概率；

　　　I——该消息发生时所得的信息量，bit。

如果有 N 个等概率的消息，便可以用一位 N 进制码元来表示，这时每个消息出现的概率 $P = \dfrac{1}{N}$，由式（5.1）可以得到，一个用 N 进制码元表示的消息，它的信息量是

$$I = \log_2 N \qquad (5.2)$$

远动系统中每个码元都取二进制符号，所以每个码元的信息量为 1 bit，即

$$I = \log_2 2 = 1 \text{ (bit)} \qquad (5.3)$$

因此，远动系统中每秒钟传送的码元数和每秒钟传送的信息量在数值上相等。换句话说，码元传输速率与信息传输速率在数值上相等。

数字通信系统内的传输可靠性用差错率来衡量。差错率有误码率及误信率（又称误比特率）两种表述方法。误码率等于错误接收的码元数与传送的总码元数之比，用 P 表示。误比特率等于错误接收的信息量与传送信息总量之比，用 Peb 表示。

SCADA 系统中，信号的传输速率用码元传输速率来表示，可以取 300 Bd、600 Bd 或 1 200 Bd。差错率用误码率表示，要求在信噪比为 17 dB 时，满足误码率不大于 10^{-5}。

（二）通信系统分类

各种通信系统由于使用的波段、传输的信号、调制的方式等不同，所以种类繁多。为进一步了解各类通信系统的特点，可按以下不同角度将通信系统进行分类：

（1）按消息的传输媒质划分，即按传输信道的不同，可分为两大类：一类是信号沿导线传输的通信系统，称为有线通信系统；另一类是信号通过空间自由传播的通信系统，称为无线通信系统。无线通信系统根据使用的波段不同又分长波通信、中波通信、短波通信和微波通信系统等。

（2）按消息和信号的特点，即按传送消息的物理特征分类，可分为电话通信、电报通信、图像通信和数据通信等。

（3）按传输信号的特征分类，可分为模拟通信和数字通信。

（4）按调制方式，即按载波参数的变化不同，可分为调幅、调频和调相。对数字通信系统来说，又称为幅度键控（ASK）、移频键控（FSK）、移相键控（PSK）。有时，信源输出的

信号不需要调制，而直接进行传输，这类系统称为基带传输系统。相应地，把包含有调制和解调过程的通信系统称为载波传输系统。

（5）从消息传输的方式来划分，可分为单工通信、半双工通信和全双工通信系统。

（6）按信道复用方式划分，可分为频分复用、时分复用、码分复用和波分复用通信系统。数字通信系统中采用时分复用，而光纤通信系统中常用波分复用方式。

三、通信规约

（一）通信规约的基本概念

在电力网通信系统中，调度中心与厂站之间有大量的遥测、遥信、遥控和遥调信息进行交换。为了保证通信双方能正确、有效、可靠地进行数据传输，在通信的发送和接收的过程中有一系列的规定，以约束双方进行正确、协调的工作，这些规定称为数据传输控制规程，或通信控制规程，简称为通信规约。

通信规约或协议（Protocol）是指通信双方必须共同遵守的一种约定，约定包括对数据格式、同步方式、传送速度、传送步骤、检验纠错方式以及控制字符定义等问题作出统一规定。

电力自动化系统大多采用数字式通信技术，远动装置将信息转换成二进制码，进行运算处理并按照某种通信规则（规约）进行包装后，通过模拟信道或数字信道进行传输；遵循同一种规则（规约）对收到的数据进行检验和解包，然后进行处理。这里的规则就是通信规约（Protocol）。通信规约的基本单位是数据帧，不同的通信规约数据帧也各不相同，但一般包括起始标志、地址字、控制字、信息体（远动数据）、监督字以及结束标志组成。

通信规约不但帮助通信的双方理解数据的含义，还帮助检查数据在传输过程中是否出错，即通信校验，如果检验正确由应用程序进行处理，如果校验错误，则丢弃或要求重传。

远动规约应有以下两方面内容：

（1）规定信息传送的格式，这样才能使发送出去的信息到对方后，能够被识别、接收和处理。这些规定包括传送韵方式是同步传送还是异步传送、收发双方的传送速率、帧同步字、抗干扰的措施、位同步方式、帧结构等。

（2）规定信息传输的具体步骤，以实现数据的收集、监视和控制。例如，将信息按其重要性程度和更新周期，分成不同类别或不同循环周期传送，实现系统对时，实现全部数据或某个数据的收集，以及远方站远动设备本身的状态监视的方式等。

（二）通信规约的特点

对照网络通信协议（ISO/OSI），通信规约有如下特点：

（1）用 ISO/OSI 网络七层模型的标准来衡量，远动通信规约主要是面向电力自动化应用，属于应用层的内容，很少涉及其他层次，如 CDT、1801 等规约。但是，最近几年新出台的远动规约如 101 规约、DNP3.0 规约等，也包含低层协议的内容。而网络协议则涉及的层次比较多，包含的内容也比较复杂。

（2）远动通信规约为了简单起见，一般采用面向字符的编码方式；而网络通信协议一般采用面向位的编码方式，因此，更灵活、方便，功能更强大。

（3）网络通信协议一般采用竞争或令牌方式进行介质访问，而远动规约一般采用查询或循环方式，效率较低。

（4）校验方式：远动规约一般采用较简单的校验方式，若传输帧出错后，一般要求重发。

（5）通信协议每一帧中网络开销丰富（即管理功能强），而远动通信规约则比较简单而且易于实现。

（6）网络协议可以作为远动通信规约的"载体"，从而使得远动数据能够在复杂的通信网络中传输，例如，利用 TCP/IP 协议将远动数据"打包"，远动数据就可以在 Internet 或 Intranet 上传输。

经过多年的发展，电力系统已经制定和颁布了一系列远动通信规约标准，如 CDT、Polling、IEC60870-5-101（102、103、104）系列等，这些规约在自动化系统应用中对装置和装置之间、装置和主站之间以及主站和主站之间互通互联，以及对保证自动化装置和主站系统具有良好的开放性和兼容性起到了关键性的作用。

（三）常用通信规约

按通信传输模式的不同，远动信息传输规约分为以下两种。

（一）循环式传输规约（CDT）

电力工业部 1991 年颁布的 DL 451—1991《循环式远动规约》（Cyclic Digital Transmit，CDT）是典型的循环式传送的远动规约。它是总结我国电网数据采集和监控系统在规约方面的多年经验，为满足我国电网调度安全监控系统对远动信息实时性、可靠性的要求而制订的，是在国产电网调度自动化系统中应用最广泛的一种规约。

循环式传输规约以厂站端 RTU 为主动方，以固定的传送速率循环不断地向调度端发送遥测、遥信、数字量、事件顺序记录等数据。数据格式在发送端和接收端事先约定好，以帧的形式传送，连续循环发送，周而复始。主站端在接收到数据后，首先检出同步码，然后根据帧代码，判断是哪一个遥测量、遥信量或其他信息等。

这种传输规约不需主站干预，其传送延时与一个循环中传送的信息字数有关。传送的字数越多，传送延时就越长。传送信息的内容在受到干扰而拒收以后，在下一帧还可以传送，丢失的信息还可以得到补救，保护性措施可以降低要求，对信道的要求不高，适用于单、双工通道。

CDT 规约采用可变帧长度、多种帧类别循环传送，变位遥信优先传送，重要遥测量平均循环时间较短，区分循环量、随机量和插入量采用不同形式传送信息。

CDT 规约在 CDT 方式中，发端将要发送的信息分组后，按双方约定的规则编成帧，从一帧的开头至结尾依次向收端发送。全帧信息传送完毕后，又从头至尾传送。这种传送方式实际上是发端周期性的传送信息帧给收端，不要求收端给予回答，收端只是被动地接收。CDT 规定电网数据采集与监控系统中循环式远动规约的功能、帧结构、信息字结构相传输规则等。CDT 适用于点对点的远动通道结构及以循环字节同步方式传送远动信息的远动设备与系统，也适用于调度所间以循环式远动规约转发实时远动信息的系统。

CDT 规约的优点是：

（1）对通道要求不高，响应速度快，允许存在多个主站。

（2）由于不断上报现场数据，即使发生暂时通信失败，丢失一些数据，当通信恢复正常后，被丢失的信息仍有机会上报，而不致造成显著危害，因此这种规约对通道的要求不高，适合于在我国质量比较差的通道环境下使用。

（3）采用信息字校验的方式，将整帧信息化整为零，当某个字符出错时，只需丢弃相应的信息字即可，而其他校验正确的信息字就可以接收处理，大大提高了传输数据的利用率，从而更加适合于在我国质量比较差的通道环境下使用。

（4）采用遥信变位优先插入传送的方式，大大提高了事故传送的相应速度，可以传送更大容量遥信和遥测信息。

CDT 规约的缺点是：必须采用双工通道，只能采用点对点方式连接。由于采用现场数据不断循环上报的策略，主机工作负荷大，对一般遥测量变化的响应速度慢。CDT 方式不了解调度端的接收情况和要求，只适用于点对点通道结构，对总线形或环形通道不适用循环传输。

（二）Polling 规约

Polling 规约规定了电网数据采集和监视控制系统（SCADA）中主站和子站（远动终端）之间以问答方式进行数据传输的帧的格式、链路层的传输规则、服务用语、应用数据结构、应用数据编码、应用功能和报文格式。适用于网络拓扑结构为点对点、多个点对点、多点共线、多点环形和多点星形网络配置的远动系统中，可以是双工或半双工的通信。

Polling 规约的特点是：

（1）RTU 有问必答，当 RTU 收到主机查询命令后，必须在规定的时间内应答，否则视为本次通信失败。

（2）RTU 无问不答，当 RTU 未收到主机查询命令时，绝对不允许主动上报信息。

Polling 方式的主要特征是主控端发"查询"命令，受控端响应后传输数，因此传输信息的主动权在主控端。采用单工通道就可实现两端间问答式传递信息的功能。

Polling 规约的优点有：

（1）应答式规约允许多台 RTU 以共线的方式共用一个通道，这样有助于节省通道，提高通道占用率。对于区域工作站和为数众多的 RTU 通信的情形，这种方式是很合适的。

（2）应答式规约采用变化信息传送策略，从而大大压缩了数据块的长度，提高了数据传送速度。

（3）应答式规约既可以采用全双工通道，也可以采用半双工的通道；既可以采用点对点方式，又可以采用一点多址或环形结构，因此通道适应性强。

Polling 的主要缺点表现为：

（1）由于不允许主动上报，应答式规约对事故的响应速度慢，尤其是当通道的传输速率较低的情形（如采用配电线载波通信时），这个问题会更突出。

（2）由于采用变化信息传送策略，应答式规约对通道的要求较高，因为一次通信失败会带来比较大的损失。

（3）应答式规约往往来用整帧校验的方式。

（4）SCl801 规约的容量较小，Modbus 规约的对时间隔太短，这些不足均给使用带来较大困难。

（5）应答式规约一般仅允许多个从站和一个主站间进行数据传输。

受控端的紧急信息不能及时传给主控端，因此在实际应用中，要做一些灵活处理，例如对于遥信变位，子站 RTU 要主动上送。

四、通信网

通信网就是在一定范围内以通信设备和交换设备为点，以传输设备为线，按一定顺序点线相连形成的有机组合的系统，它可以完成多个对多个用户的通信。构成通信网的基本要素有终端设备、传输链路和交换设备。其中，可以将终端设备和交换设备看作点，将传输链路看作线。通信网就可以点线连接的系统来表示。终端设备示通信网中的源点和终点，其主要功能是在于将输入的信息变换成易于在信道中传输的信号，并参与控制由通信工作。

传输链路是网络节点的连接媒介，也是信息传输的通道。它由传送信号的通信介质和各种通信装置组成。传输链路中的通信装置具有波形变换、调制解调、多路复用、发信与收信功能，以便更有效地利用传输线路。

交换设备的实质就是交换机，它是通信网络的核心。其基本功能有交换、控制、管理及执行等。所谓交换功能是根据终端要求与传输链路的转接能力，完成信源与信宿间的接续转换。

控制与管理功能体现在交换机能依据通信流量的状态，有效地选择中继路由，进行通信流量控制和差错恢复等。执行功能是指进行各种业务的通信与交换等。

依据不同的划分标准，通信网有不同的分类方法，最常见的有如下几种：

按照运营方式分，有公用网和专用网；按业务范围分，可分为电话网、电报网、数据网、有线电视网、无线网和 ISDN 网等。

五、数据通信网

数据通信网是计算机技术和通信技术相结合的产物，亦称计算机通信网，主要是实现计算机与计算机或数据终端与计算机间的通信而建立的网络。计算机网络的演变与发展经历了四个阶段，第一阶段是面向终端的计算机网络；第二阶段是计算机——计算机的简单网络；第三阶段是开放式标准化的网络；第四阶段是计算机网络的高速化发展阶段。由于计算机网络在资源共享和信息交换等方面所具有的功能是其他系统无法比拟的，因此广泛应用于各种应用中，如交通运输指挥控制系统、电网控制系统、城市交通管制系统、气象预报及灾情控制系统等。计算机网络按照网络覆盖的范围可分为有局域网（Local Area Network，LAN），广域网（Wide Area Network，WAN）和城域网（Metropolitan Area Network，MAN）。

局域网（LAN）是一种在较小的范围内实现的计算机网络系统，它在较小的区域内将若干独立的数据通信设备连接起来，是用户共享计算机资源。局域网的设备主要包括服务器、客户机、网络设备和通信介质。其中，服务器、客户机为独立的计算机设备，网络设备是指网络接口卡、集线器、交换机、网桥、路由器等。通信介质分为双绞线、同轴电缆和光纤。局域网从 20 世纪 60 年代末 70 年代初开始起步，经过几十年的发展，已越来越趋于成熟，其主要特点是形成了开放系统互联网络，网络走向了产品化、标准化；许多新型传输介质投入实际使用；局域网的互联性越来越强，各种不同介质、不同协议、不同接口的互联产品已纷纷投入市场；微计算机的处理能力增强很快，局域网不仅能传输文本数据，而且可以传输和处理话音、图形、图像、视频等媒体数据。

广域网（WAN）的覆盖范围从几千米到几千千米，是由终端设备、节点交换设备和传送设备组成。终端设备是指计算机或各种数据终端，节点交换设备即节点交换机，其主要功能是进行组/拆信息传送单元，进行路由选择和流量控制，以实现不同速率终端间的通信，同时还能进行网络的维护和管理等等。传送设备主要包括集中器、复用器、调制解调器和线路。

城域网（MAN）无论在覆盖范围还是数据传输方面与 LAN 相比都有着很大的提高，其地域覆盖范围从几千米至几百千米，数据传输率可以从几 kb/s 到 Gb/s。为使用户能够有效地利用网上资源，MAN 能够向各分散的 LAN 提供服务。对于 MAN，最好的传输媒介是光纤，因为光纤能够满足 MAN 在支持数据、声音、图形和图像业务的带宽容量和性能需求。

六、计算机网络互联

随着科学技术的发展，通信的范围越来越大，导致更多的通信网络和通信设备间都需要互联互通。由于计算机网络所涉及的硬件、软件种类繁多，而计算机设备又出自不同的厂商，用于不同的目的，因此计算机网络的互联需要具备灵活、标准化的通信接口及协议，以适应不同应用环境、不同用户的需要。计算机网络如果没有标准，就很难将它们组织在一起协调一致地工作。

为了保证各网络与设备有良好的互通性，国际化标准组织 ISO（International Standards Organization）制定了开放系统互联 OSI（Open system Interconnect）的七层参考模型，ISO/OSI 的七层模型如图 5.2 所示。

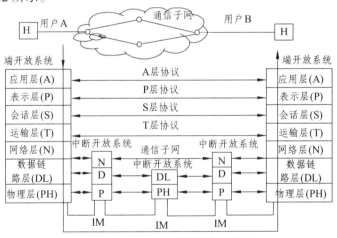

图 5.2　ISO/OST 七层参考模型

7 层协议分为低层协议及高层协议，低层协议是面向通信功能的协议，物理层、链路层及网络层为低层协议，其余为高层协议。

1. 物理层

物理层与通信媒介直接连接，其功能是提供为建立维护和拆除物理链路所需的机械的、电气的、功能的和规程的特性，以保证比特流的透明传输。物理层传送信息的基本单位是比特，又称为位。

2. 数据链路层

数据链路层主要负责链路的建立、维持和拆除，并在两个相邻节点的线路上，将网络层送来的信息组成帧传送，每一帧包括一定数量的数据和必要的控制信息。为了保证数据帧的可靠传输，数据链路层还具有差错控制功能；同时，数据链路层还具备简单的流量控制功能，以防止接收缓存容量不够而产生溢出。这样，数据链路层就把一条有可能出错的实际链路，转变成让网络层向下看起来好像是一条不出差错的链路，实现了在不可靠的实际链路上进行可靠的数据传输的功能。数据链路层传送信息的基本单位是帧。

3. 网络层

网络层将高层传送下来的数据打包，再进行必要的路由选择、差错控制、流量控制一级顺序检测等处理,是发送方传输层所传下来的数据能够准确无误地按照地址传送到目的地址，并交付给目的站的传输层。

网络层的关键设备是路由选择，在 OSI 术语中被称为中继，每个通信子网中的节点又叫中继节点，整个通信子网被称为中继开放系统。

物理层传送信息的基本单位叫作包。

4. 传输层

传输层位于 OSI 中的第四层，它是衔接通信子网（由物理层、数据链路层和网络层构成）和资源子网（包含会话层、表示层及应用层）的桥梁。其主要任务就是根据子网的特性最佳地利用网络资源，并根据会话实体的要求，以最低费用、最高可靠性为两个端系统（即发送站和目的站）的会话层之间建立一条传输连接，以透明方式传送报文。有了传输层后，高层用户就可以利用传输层的服务直接进行端对端的数据传输，从而不必知道通信子网的存在，以及通信子网的更替和技术变化。

5. 会话层

会话层允许不同主机上的各种进程之间进行会话。传输层是主机到主机的层次，而会话层是进程到进程之间的层次。

6. 表示层

表示层主要解决用户信息的语法表示问题，它向应用层提供服务，主要完成数据格式转换、格式化和压缩、加密解密等操作。

7. 应用层

应用层是开放系统互联环境的最高层，它是直接面向用户以满足用户不同需求的，是唯一面向应用程序提供服务的层。

七、Internet 及 TCP/IP 协议

Internet 是世界是最大的计算机互联网，Internet 上开发了许多应用系统，供接入网上的用户使用，网上的用户可以方便地交换信息，共享资源，它是使用 TCP/IP 协议（传输控制协议/网间协议）互相通信的数据网络集体。随着 Internet 的普及，TCP/IP 协议也成了计算机网络互联的标准协议。与 OSI/ISO 的七层参考模型相比，TCP/IP 参考模型仅包括四层，如表5.1 所示。

表 5.1 TCP/IP 四层参考模型

层次	主要协议
应用层	SMTP、DNS、DSP、FTP、TELNET、GOPHER、WAIS、HTTP…
传输层	TCP、UDP、DVP…
网络层	IP、ICMP、AKP、PARP、UUCP…
接口层	ETHERNET、ARPANET、PDN…

基于 TCP/IP 协议的数据在实际传输时，每通过一层要在数据上加上一个报头，其中的数据供接收端的同一层协议使用。到达接收端时，每经过一层要把用过的一个报头去掉。这种方式可以保证接收的数据和传输的数据完全一致，以及发送端和接收端相同层上的数据都有相同的格式。

TCP/IP 协议在数据传输过程中主要完成以下功能：

（1）TCP 协议先把数据分成若干数据报，并给每个数据报加上一个 TCP 信封（即报头），上面写上数据报的编号，以便在接收端把数据还原成原来的格式。

（2）IP 协议把每个 TCP 信封再套上一个 IP 信封，在上面写上接收主机的地址。有了 IP，信封就可以在物理网络上传送数据了。IP 协议还具有利用路由算法进行路由选择的功能。

（3）上述信封可以通过不同的传输途径（路由）进行传输，由于路径不同以及其他原因，可能出现顺序颠倒，数据丢失，数据重复等问题。这些问题由 TCP 协议来处理，它具有检查和处理错误的功能，必要时还可以请求发送端重发。因此，可以说，IP 协议负责数据的传输，而 TCP 协议负责数据的可靠传输。

第二节 牵引供电 SCADA 系统通信网络基本概念

一、牵引供电 SCADA 系统通信网络

牵引供电 SCADA 系统通信网络要实现在调度端计算机与被控站系统间的数据传输，因此它属于数据通信系统的范畴，其任务是将调度端的计算机监控数据可靠、安全、实时地传送到被控站，同时，还能将被控站采集的各种现场数据传送至调度端，因此要求它具有较高的可靠性、开放性和实时性。牵引供电 SCADA 系统通信网络的基本模型可用图 5.3 描述。

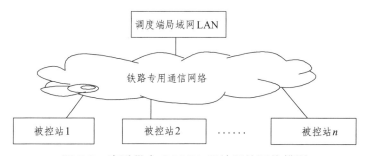

图 5.3 牵引供电 SCADA 系统通信网络模型

图 5.3 中，无论是调度端的计算机设备，还是被控站的电子智能设备，为了实现相互的通信，必须使用铁路专用通信网络作为传输线路，并在相应的通信站或通信机械室汇接入铁路专用通信网络。

早期牵引供电 SCADA 系统的通信系统在基于模拟通信技术的铁路通信网络的基础上，采用的是低速、模拟通道。牵引供电 SCADA 系统需要采用调制解调器接入远程通信系统中。自 20 世纪 80 年代以来，随着现代通信技术的飞速发展，铁路通信领域也发生了深刻的质的变化，时至今日，铁路通信网络已初步完成由模拟通信向数字通信的转变。

对于牵引供电 SCADA 系统而言，铁路通信网络仅仅提供远动信息的物理传输线路，可视为一个透明的传输系统而无需考虑它的具体技术细节和实现方式。但考虑到当前新建铁路，尤其是客运专线。高速铁路的通信骨干网络均采用 SDH（Synchronous Digital Hierarchy）网络，为了更好地理解 SCADA 系统与铁路骨干网络的接入问题，现对 SDH 技术简单介绍如下。

SDH 体系是在 PDH（准同步数字体系）发展出现许多无法克服的缺陷的情况下出现的，如：

（1）在 PDH 体系中，仅有标准化的电接口而没有标准化的光接口，导致各厂家自行生产不能直接从光到光实现直通和调配。对 PDH 光线路系统的要求也仅限于光电转换作用，而不能充分发挥光纤巨大带宽的传输能力，经济合理性差。

（2）两大不同数字系列的兼容性问题，以北美、日本为代表的国家或地区数字通信体系采用的是 CCITT 建议的 1 544 Kbit/s 系，又称 TI 系列；以欧洲、中国为代表的则采用的是 CCITT 建议的 2 048 Kbit/s 系列，又称 EI 系列。这两个系列无论是从编码规律、帧结构，还是从复用体系等方面都有着相当大的区别。当采用不同体系的国家或地区之间互通时，会造成接口转换与信号适配上的麻烦。

（3）对数字通信网的管理能力严重不足。

（4）交叉、复接异常复杂。

SDH 体系的特点正是在解决了上述 PDH 体系所存在的缺陷的基础上表现出来的，它促使数字通信向着智能化、灵活性、业务复杂性、故障"自愈"性以及可靠性等多方面的要求发展。

SDH 体系的主要特点可概括为以下几点：

（1）具有世界范围内统一的网络节点接口，易于不同厂家设备的互联、互通。

（2）有一套标准化的信息结构等级，称为同步传送模块 STM-1，STM-4，STM-16，STM-64。

其中，STM-1 一次群的传输速率为 155 Mbit/s，高次群的传输速率依次为 STM-1 的 4、16、64 倍，所对应的传输速率为 622 Mbit/s、2 488 Mbit/s 和 9 920 Mbit/s。

（3）网管功能可以十分强大，具有有效的 SDH 网管和网路动态配置功能。

（4）具有非常容易实现自愈的功能，使故障发生时能迅速恢复。

（5）一次到位的同步复用方式使传输系统的硬件品种、数量减少。

（6）既能够兼容现存的各种 PDH 系列，又充分考虑到未来发展需要。

二、网络拓扑结构

牵引供电 SCADA 通信网络的拓扑结构主要有如下五种结构：星形、总线形、环形、树形，网状等，如图 5.4 所示。

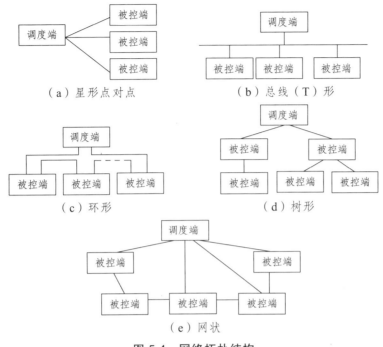

图 5.4　网络拓扑结构

1. 星形点对点结构

它以调度端为中心，分别向各个被控站节点发送数据，一旦在调度端与被控站节点间建立连接后，这两个节点之间就是一条专用连接线路。这种结构要求调度端通信节点的可靠性很高，否则出现故障就会危及整个网络。星形结构的优点是结构简单、网络控制容易、便于扩充；缺点是资源共享不便、工程造价高。

2. 总线（T）形结构

调度端经过共线信道与被控站相连，任何一个节点发出的信息都可沿着总线传输，并被总线上其他任何一个节点接收，它的传输方向是从发送点向两端扩散传送，是一种广播式结构，总线结构的优点是易于扩充，可靠性高，一个节点损坏，不会影响整个网络工作，但由于共用一条总线，所以要解决两个节点同时向一个节点发送信息的碰撞问题。

3. 环形结构

调度端通过两个通信口与远近两个被控站相连。系统中每个被控站两两相连依次构成一个环，每个被控站向相邻站发送数据。该结构的优点在于：网络通信在某一点故障时，不会影响到整个系统的通信。除非有两个或两个以上的线路故障点出现时，才可能影响到系统的通信。

为了提高环形通道的可靠性，还可采用双环或多环等冗余措施来解决。此外，环形通道中当某个节点发生故障时，可以自动旁路，隔离故障点，也使可靠性得到提高。

4. 树形结构

树形结构是一个分层分支的结构，调度站一个分支和节点故障不影响其他分支和节点的工作。

5. 网状结构

调度端和被控站可以组成分散主动的网状拓扑结构，无论是来自调度端还是被控站的报文由一个站传往另一个站，站传递的次序根据目的地址来进行选择。当线路繁忙或出现故障时，传输可以选择其他的路径进行。网状拓扑结构的优点是一个节点有多条路径可以到达，可靠性高，但缺点是信道及设备投资较高。在设计通道的拓扑结构时，为了保证通信信道的高可靠性，一般还要考虑通道的备用问题，因此，牵引远动 SCADA 系统的通道常采用主、备点对点方式，主备环形通道，或主备总线形结构。但具体采用何种通道结构形式，还要依据铁路通信部门提供的接入设备的具体情况而定。

三、通信信道的常用实现方式

牵引供电 SCADA 系统的通信信道主要有三种实现方式：音频通道、光纤通道和无线通道。

1. 音频线路

在目前的电气化铁道监控系统中，音频线路广泛地被用于远动通道。由于音频线路的频带宽度较窄（300～3 400 Hz），因此只能用作中、低速的模拟信道。

音频线路主要有架空明线和对称电缆。由音频线路提供的话路通道；有专用线、租用线和交换网话路之分。专用线是指专门为远动通道提供的音频线路，而租用线表示从交换网专门租用的一个话路作为远动通道，该话路在租用期内不会被其他电话所占用。交换网话路即是一般的由交换网提供的电话话路，它是不固定的，每次数据传输之前，必须通过拨号来沟通收、发之间的通道。

在早期的牵引供电 SCADA 系统中，采用的是频率范围为 300～3 400 Hz，线路特性阻抗为 6 000 Ω 的音频电缆作为通信信道的传输介质，来连接被控站与通信站或通信机械室并最后接入铁路通信系统中。此类音频远动通道的基本技术参数为：

传输方式：二线或四线全双工；

传输距离：二线音频通信的最大距离不超过 2～3 km；

通道杂音电平：≤ － 55 dB；

信号线间串扰电平：≤ － 65 dB；

信噪比：≥17 dB（含瞬时）；

比特差错率：≤10^{-5}（在信噪比为 17 dB 时）。

由于音频通道的传输速率较低，且容易受到来自电气化铁道的强电磁干扰，而且因为电缆本身可能存在接地不良、绝缘不佳等问题的困扰，音频通道的通信质量普遍不高，现已逐步被高带宽、低干扰的光纤通道所取代。

2. 光纤线路

光纤通信是 20 世纪 70 年代新兴起的一门技术，由于具有宽频带、大容量、中继距离长、抗电磁干扰能力强等一系列优点，因而获得了越来越广泛的应用和飞速的发展。尤其在牵引供电 SCADA 系统中，它能彻底克服来自电气化铁道的强大电磁干扰，避除了通信设备遭受地电位升高的危险影响等。因此，光纤线路已逐渐取代音频远动通道，正成为牵引 SCADA

统的主流通信信道。

光纤通信系统由光发射机、光缆、光中继器及光接收机组成，其组成原理如图 5.5 所示。

图 5.5　光纤通信系统模型

光端机是将电信号变成光信号的变换装置。它采用将电信号变换成光的强弱的光强度调制 IM（Intensity Modulation）有式。光中继装置，是将因传输而使光强度衰减的光，再一次转换成电信号，放大后，再转换成光信号，以便于长距离传输。

光纤是透明度极高的纤维，是将光传送到远方的媒介。由手材料与构造各不同，种类也各异。电力公司及电信公司用的光纤，多为石英系列梯度指数型 GI（Graded Index）。所谓梯度指数型是指光纤维的结构而言的。光导线是由一个直径为 $50 \sim 200 \ \mu m$ 的内心和包围它的外套构成，外套的折射系数比芯线的小，光在纤芯中心的折射率最大，沿径向按一定规律渐渐变小，最后等于包层折射率。光学中有一个规律，折射系数越小，光的速度越高。

光纤通信系统的基本工作可以概括为：发信端把电端机输出的电脉冲信号用于直接调制光发射机内的半导体光源（激光器或发光二极管），使发出的光强信号随输入电脉冲的 0、1 而变化，即当电脉冲信号为 0 时，光源不发光；当电脉冲为 1 信号时，光源发光。该光信号以一定角度射入光纤的横截面，在光纤内以全反射方式传输到收信端。光接收机内的光检测器件（光电二极管）检测到该光信号后通过定时再生将之还原为电脉冲信号。

由于光波在光纤中传输时有衰减，所以每隔一定距离要对光信号进行再生放大。光中继器的作用就是完成光波信号的放大、再生。

牵引供电 SCADA 系统的光纤通信系统包括两部分，一部分是铁路通信网络的光纤骨干网络，当前主要采用 SDH 同步数字体系；另一部分是由被控站至通信机械室、通信站间的光通信系统。因为该光纤信道专供牵引供电 SCADA 系统的数据通信用，因此常采用准数字同步体系 PDH 光传输系统，有关 PDH 光端机的介绍见下节。

3. 无线信道

上面介绍的音频线路以及光纤信道，均属于有线信道。有线信道是远动系统的主要信道。在一些不便使用有线信道的情况下，如电铁站场接触网开关的监控系统，也采用无线信道。无线信道也可用于监控系统的主信道或备用信道。如枢纽站场的接触网监控系统中，这种无线信道适宜于短距离、直接传输。

无线信道的数据传输系统如图 5.6 所示。

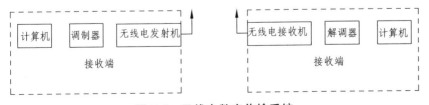

图 5.6　无线电数字传输系统

由计算机或其他数据终端设备产生的数字信号，经调制解调器调制成音频信号，送给无线电发射机（无线电台）调制，再经过发射天线传送出去。无线电接收机（无线电台）将天线接收到的信号解调成音频信号，再送给解调器解调以还原成数字信号。

目前牵引供电 SCADA 系统中所使用的无线电频率一般为几十兆～几百兆赫兹，其无线信道传输的主要技术指标为：

信息传输速率（半双工）：1 200 bps；

调制方式：FSK；

频带范围：403 ~ 470 MHz；

信道间隔：25 kHz；

发射功率：≤15 W；

接收灵敏度：0.2 μV（$S/N = 12$ dB）；

天线阻抗：50 Ω。

无线信道包括短距离直接传输的无线电信道、通过微波中继的微波信道以及通过卫星中继的卫星信道等。

1）无线电信道

一般称波长为 0.001 ~ 1.0 μm、频率为 300 MHz ~ 300 GHz 的无线电波为微波。这里所称的无线电信道是指微波以下频段的无线电信道。这种无线电信道适宜于短距离、直接传输。

常用的无线电信道频率一般为几十兆至几百兆赫兹。

利用无线电信道的数据传输系统传输过程如下：

由计算机产生的数字信号，经调制器调制成音频信号，送给无线电发射机（无线电台）调制，再经发射天线传送出去。无线电接收机（电台）将天线接收到的信号解调成音频信号，再送给解调器解调以还原成数字信号。

2）微波中继信道

我们把微波波段的无线电信道称为微波中继信道。由于地球表面是球面，所以微波传送时，必须每 40 ~ 50 km 设置一个中继站，按接力的方式，一站站地传送下去。这种传送方式称为微波中继通信。

微波中继通信的优点是：微波频段的频带很宽，可以容纳许多无线电频道且不互相干扰。

所以微波收发信机的通频带可以做得很宽：一套设备作多路通信，通信稳定，方向性强，保密性好，不易受干扰，成本较有线通信低。所以在电力系统中获得广泛地应用，尤其是主干通信。

微波中继站分为有源和无源两种，无源中继站实际上是一种改变微波方向的装置，像有高山阻隔时，微波不能通过，放常采用无源中继方式，在高山处加装反射板改变微波行进方向来解决。有源中继站实际是微波放大站，将因传送衰减的微波，再增加功率使其传送的更远。

微波中继通信系统传输过程如下：电话、数据信号首先进入终端机，在终端机中，按时分方式或频分方式形成多路复用信号，再把这个复用信号送到信道机调制成微波，经过波导管馈线，由抛物面天线向空间辐射电波。在中继站中，用中继机将传播中的微波加以放大，再向下一站转发。最后在收信侧，利用信道机解调成多路信号，再用终端机对每一话路进行解调，分出电话、数据来。

目前我国采用 20 GHz 频段作为电力系统通信的主干线，8 GHz 用于分支频段。

卫星通信也属于微波通信，中继站设在与地球同步的人造卫星上。由于卫星通信不受地形和距离的限制，所以通信容量大，不受大气层骚动的影响，通信可靠性高。卫星通信的频段上行为 5 925 ~ 6 425 MHz，下行为 3 700 ~ 4 200 MHz。

随着卫星通信技术的发展，卫星通信在微机监控系统中，将得到越来越多的应用。

四、主要通信设备及通信介质技术

（一）调制解调器

数字信号在电路上的表达为一系列高低电平脉冲序列（方波），称为基带数字信号。这种波所包含的谐波成分很多，占用的频带很宽。而电话线等传输线路是为传送语言等模拟信号而设计的，频带较窄，直接在这种线路上传输基带数字信号，距离很短尚可，距离长了波形就会发生很大畸变，使接收端不能正确判读，从而造成通信失败。为此，引入了调制解调器（Modem）设备。

先把基带数字信号用调制器（Modulator）转换成携带其信息的模拟信号（某种正弦波），在长途传输线上传输的是这种模拟信号。到了接收端，再用解调器（Demodulator）特其携带的数字信息解调出来，恢复成原来的基带数字信号。

SCADA 系统为了利用模拟通信网络进行数据通信，就必须在数据终端与信道之间插入数字调制解调器（Modem），利用调制解调器在数据发送端将数字信号转换成便于通道传送的模拟信号，而在接收端再将模拟信号转换为数字信号。

调制解调器有许多种类。按工作速率调制解调器可分为低速 Modem（1 200 bit/s），中速 Modem（1 200 ~ 9 600 bit/s），高速 Modem（9 600 bit/s）。按调制方式调制解调器可分为频移键控 FSK、相移键控 PSK、振幅键控 ASK 几类。按其应用场合分为有适合四线电路或二线电路的 Modem；有使用在全双工或半双工方式的 Modem；有适应专线的 Modem，也有适应适合交换机的 Modem。按信号传输方式调制解调器又分为同步传输方式和异步传输方式两种。

牵引供电 SCADA 系统数据通信常采用四线频移键控 FSK 专线调制解调器，传输速率为 1 200 bps、2 400 bps。

（二）路由器

路由器英文名称为 Router，是一种用于连接多个网络或网段的网络设备。这些网络可以是几个使用不同协议和体系结构的网络（比如互联网与局域网），可以是几个不同网段的网络（比如大型互联网中不同部门的网络）。路由器工作在网络层，如图 5.7 所示。

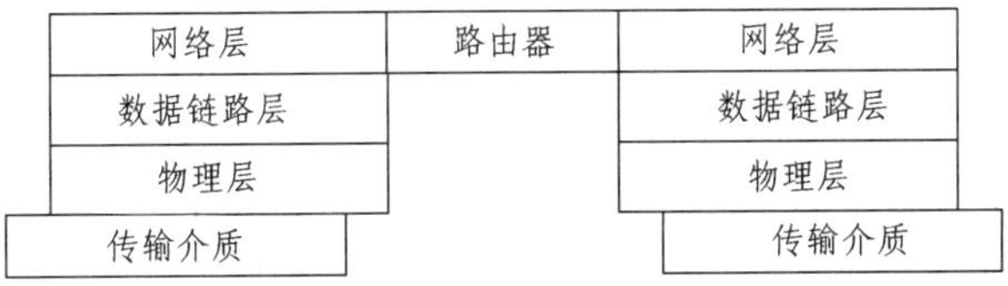

图 5.7　路由器原理

路由器可以用于连接多个网络和多种传输介质，适用于复杂和大型的网络互联，除了用于局部网之间的互联外，路由器也用于实现局部网和广域网的互联。如图 5.8 所示。

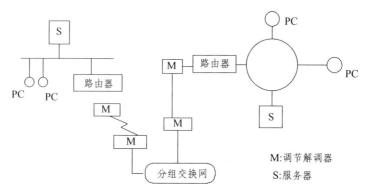

图 5.8 路由器实现网间互联

路由器的主要工作就是为经过路由器的每个数据帧寻找一条最佳传输路径，并将该数据有效地传送到目的站点。由此可见，选择最佳路径的策略即路由算法是路由器的关键任务所在。为了完成这项工作，在路由器中保存着各种传输路径的相关数据 —— 路径表（Routing Table），供路由选择时使用。路径表中保存着子网的标志信息、网上路由器的个数和下一个路由器的名字等内容。路径表可以是由系统管理员固定设置好的，也可以由系统动态修改，可以由路由器自动调整，也可以由主机控制。

1）静态路径表

由系统管理员事先设置好固定的路径表称之为静态（Static）路径表，一般是在系统安装时就根据网络的配置情况预先设定，它不会随未来网络结构的改变而改变。

2）动态路径表

动态（Dynamic）路径表是路由器根据网络系统的运行情况而自动调整的路径表。路由器根据路由选择协议（Routing Protocol）提供的功能，自动学习和记忆网络运行情况，在需要时自动计算数据传输的最佳路径。

在牵引供电 SCADA 系统中，当采用光纤数字通信系统时，通常利用路由器实现调度端、被控站与通信网络的互联。

（三）光端机

在牵引供电 SCADA 系统中，通常采用 PDH 光端机直接通过 2 M 光纤传输链路接入铁路主干通信网。PDH 光端机是将多个速率为 2.048 Mbps 的 E1 信号变成光信号并传输的设备，PDH 光端是小容量的光端机，一般是成对应用，也叫点到点应用，容量一般为 4 路 E1、8 路 E1、16 路 E1。PDH 光端机的工作电源常采用直流供电，电压等级常采用 24 V、48 V，但目前也有支持交流电源的光端机出现。

（四）通信介质

1. 双绞线

双绞线是两根绝缘导线互相绞结在一起的一种通用的传输介质，它可减少线间电磁干扰，适用于模拟、数字通信。双绞线分非屏蔽双绞线 UTP（Unshielded Twisted Pair）和屏蔽双绞线 STP（Shielded Twisted Pair）两种。非屏蔽双绞线外面没有金属屏蔽；屏蔽双绞线由于对外部噪声、串音有较好的抵抗力。双绞线通常用于站内设备间的连线以及设备与调制解调器间的连线。

2. 同轴电缆

同轴电缆由一空心金属圆管（外导体）和一根硬铜导线（内导体）组成，内导体位于金属圆管中心，内外导体间用聚乙烯塑料垫片绝缘。同轴电缆按其特性阻抗来分有 2 大类，一类是 50 Ω 的同轴电缆，适于传输基带数字信号，常用于局域网或电话系统的远程传输；另一类是 75 Ω 的同轴电缆，又称宽带同轴电缆，主要用于模拟传输系统。

3. 光　缆

光缆是光纤电缆的简称，是传送光信号的介质，它由纤芯、包层和外部一层的增强强度的保护层构成。纤芯是由高纯度石英玻璃拉制而成的纤维状细丝，呈圆柱形。外面包层用纯二氧化硅制成，它将光信号折射到纤芯中。加强元件使光缆能够承受外界张力，通常在成缆时缆芯由一根或多根用钢丝或非金属合成纤维材料制造的加强芯组成。护层起到保护光纤芯线，承受外部压力和恶劣自然条件的影响，如潮湿、腐蚀、高温等。护层一般采用聚氯乙烯，特殊情况下也可用钢带或钢丝铠装等作进一步保护。

目前光缆已广泛被用作牵引供电 SCADA 系统的通信介质。

第三节　现场总线技术

现代化工业的不断进步，使得许多传感器、执行机构、驱动装置等现场设备，通过内置 CPU 控制器实现智能化控制。对于这些智能现场设备增加一个串行数据接口（如 RS-232/485）是非常方便的。有了这样的接口，控制器就可以按其规定协议，通过串行通信方式完成对现场设备的监控。如果设想全部或大部分现场设备都具有串行通信接口并具有统一的通信协议，控制器只需一根通信电缆就可将分散的现场设备连接，完成对所有现场设备的监控，这就是现场总线技术的初始想法。

现场总线技术近几年在变电所综合自动化中的间隔层得到广泛应用。通过总线通信，从现场采集的大量信息和数据被快速、准确、实时地上传到监控中心，同时由监控中心下达的控制命令也被准确无误地发送到控制单元，及时采取措施避免事故发生。传输高效、通信可靠、接口灵活的现场总线为信息繁杂、组态灵活、运行高速的分散式变电所自动化系统提供了通信上的保证，同时选择不同的通信方式、选择不同的现场总线也相应决定了整个变电所自动化系统的不同特点。现场总线控制系统既是一个开放通信网络，又是一种全分布控制系统。它作为智能设备的联系纽带，把挂接在总线上、作为网络节点的智能设备连接成网络系统，并进一步构成自动化系统，实现基本控制、补偿计算、参数修改、报警、显示、监控、优化及控管一体化的综合自动化功能。这是一项以智能传感器、控制、计算机、数字通信、网络为主要内容的综合技术。

现场总线具有集成性、开放性、重用性、智能性、分散性和适应性等优点，能有效地节省投资，减少安装设备费用和维护费用，提高系统可靠性和可操作性。

一、现场总线的种类

国际上现有 100 多种现场总线，对现场总线和网络拓扑结构的选择，不同的厂家有不同的方案，只要能够满足变电所综合自动化系统对通信速度和可靠性的要求，选择都是可行的。在电力系统影响较大的主要有 PROFIBUS、CAN、LonWorks 等。以下是主要的几种现场总线的应用情况。

1. PROFIBUS 现场总线

PROFIBUS 是由西门子、ABB 等十几家公司和德国技术部共同推出的，已经先后成为德国国家标准（DIN 19245）和欧洲标准（EU 50170），是一种开放而独立的现场总线标准，PR0-FIBUS 主要应用领域有：制造业自动化；汽车制造（机器人、装配线、冲压线等）、造纸、纺织；过程控制自动化（石化、制药、水泥、食品、啤酒）；电力（发电、输配电）；楼宇（空调、风机、照明）、铁路交通（信号系统）。

2. CAN 现场总线

CAN（Controller Area Network）总线是一种有效支持分布控制和实时控制的串行通信网络，是一种通信速率可达 1 Mbit/s 的多主总线，具有优先抢占方式进行总线仲裁的作用机理。错误帧可自动重发，永久故障可自动隔离，不影响整个网络正常工作，可靠性高，而且协议简单，开放性强，组网灵活，成本较低，能为电力自动化提供开放性、全分布及可互操作性的通信平台。CAN 现场总线网络具有多主、实时、高可靠性、低成本等优点，特别适用于在条件十分恶劣的工业现场进行实时数据传输。CAN 现场总线主要产品应用于汽车制造、公共交通车辆、机器人、液压系统、分散型 I/O。另外在电梯、医疗器械、工具机床、楼宇自动化等场合均有所应用。

3. LonWorks 总线

LonWorks 现场总线全称为 LonWorks NetWorks，即分布式智能控制网络技术。LonWorks 技术的基本部件是同时具有通信与控制功能的 Neuron 芯片。LonWorks 控制网络技术不受通信介质的限制，可使用通信介质类型较多：双绞线、光纤、同轴电缆、无线、红外等，各种通信介质能够在同一网络中混合使用。目前 LonWorks 应用范围广泛，主要包括工业控制、楼宇自动化、数据采集、SCADA 系统等，国内主要应用于楼宇自动化、变电所综合自动化系统中。

二、现场总线与其他通信方式的比较

间隔层通信方式的比较如表 5.2 所示。

从表 5.1 间隔层通信方式比较中可以看到，现场总线和以太网技术是较理想的通信方式。根据实践应用经验，目前现场总线技术仍是间隔层通信方式的首选，理由如下：

（1）变电站间隔层通信信息量有限，以太网的优势在这一层次表现不充分。按照 LonWorks 网络的指标，采用双绞线介质或光纤介质，通信速率可以达到 1.25 Mbit/s。这一速率可保证 30 个保护同时动作时，所有的数据不丢失，并在 2 s 之内全部传送到目的地址并在后台画面上有相应的反应。而根据理论分析，以太网在这种情况下，对指标并不会有太大的改善，因为以太网擅长的是大容量数据和长数据帧的传输。

表 5.2　间隔层通信方式比较

通信方式	特　点
基于 RS-232 标准的简单传输	传输信息较模拟传输大，地点的连接，主从方式传输，传输速率较快，灵活性差
基于 RS-485 标准的简单传输	传输信息量大，可以连成网络，但网络的节点数较少，非平等节点结构，传输速率较快，轮信周期存在，实时性差
基于现场总线技术的传输	传输信息量大，网络连接，节点数较多，平等节点结构，传输速率较快，且实时性好
基于以太网技术的传输	传输信息量大，网络连接，节点数多，平等节点结构，传输速率极快，实时性好

（2）以太网连接目前需要的接 E1 设备较复杂，采用电连接传输的距离相对现场总线也小得多。现场总线在网络器件方面的要求相对于以太网络也简单，一般在本设备上就可以实现接口技术。

综合上述两点，现场总线应用于间隔设备的连接，效益上要优于以太网，可采用现场总线作为间隔连接的主要方式。

现场总线与计算机以太网有相似之处，但也有差别。以太网适于一般作数据处理的计算机网络，而现场总线是作为现场测控网络，要求方便地适应多输入、多输出及各种类型的数据传输，要求满足通信的周期性、实时性和确定性，并适用于工业现场的恶劣环境。

现场总线除了具有以太网的一些优点外，最主要的是满足了工业过程控制所要求的现场设备通信的要求，且提供互换操作，使不同厂家的设备可互联也可互换，并可通过组态软件统一组态，使所组成的系统适应性更为广泛。现场总线的开放性，使用户可方便地实现数据共享。

在以太网中，网卡和局域网之间的通信通过双绞线以串行传输方式进行，而网卡和计算机之间的通信则是通过计算机主板的 I/O 总线以并行方式进行传输。网络通信采用 TCP/IP 协议，每一个通信单元均要有唯一的 IP 地址。以太网是局域网中采用总线结构、以同轴电缆为传输介质的典型网络，随着光纤技术的发展，也可以用光纤为传输介质组建以太网，具有可靠性高、灵活、高速、兼容性好等优点，在变电所综合自动化系统的变电所层得到广泛使用。

第四节　典型应用案例

一、变电所综合自动化系统通信的内容

变电所综合自动化系统通信包括两个方面的内容：一是变电所内部各部分之间的信息传递，如保护动作信号传递给中央信号系统报警；二是变电所与操作控制中心的信息传递，即远动通信。向控制中心传送变电所的实时信息，如：电压、电流、功率的数值大小、断路器位置状态、事件记录等；接收控制中心的断路器操作控制命令以及查询和其他操作控制命令。

变电所综合自动化系统是由三个层次组成的，即设备层、间隔层和变电所层，如果将变电所与上级调度归纳在内的话，还有一个调度层，各层次之间、各层次的内部及变电所与上级调度之间均需进行数据通信。在综合自动化系统中，其通信功能包括变电所内部的通信和自动化系统与上级调度的通信两部分。

（一）综合自动化系统与上级调度的通信

变电所综合自动化将站内继电保护、监控系统、信号采集、远动系统等结合为一个整体，将变电所的二次设备经过功能组合和优化设计，利用现代电子技术、通信技术和信号处理技术，实现对全变电所的主要设备和输、配电的自动监视、测量、自动控制和微机保护以及与调度通信等综合性的自动化功能。

（二）综合自动化系统的现场级通信

综合自动化系统的现场级通信，主要解决综合自动化系统内部各子系统与上位机（监控主机）之间的数据通信和信息交换问题，其通信范围是在变电所内部。对于集中组屏的综合自动化系统来说，实际是在主控室内部；对于分散安装的综合自动化系统来说，其通信范围扩大至主控室与子系统的安装地（如断路器屏柜间），通信距离加长了。综合自动化系统现场级的通信方式有并行数据通信、串行数据通信、局域网络和现场总线等。

分层分布式自动化系统中需要传输的信息有如下几种。

1. 设备层与间隔层（单元层）间的信息交换

间隔层中的信息交换主要来源于间隔层中的控制、测量、保护等单元，大多数需要从设备层通过电压和电流互感器，采集正常和发生事故情况下的电压值和电流值，采集设备的状态信息和故障诊断信息，这些信息包括：断路器和隔离开关位置、主变压器分接头位置，变压器、互感器、避雷器的诊断信息以及断路器操作信息等。

2. 间隔层内部的信息交换

同一个间隔层内部的信息交换主要有保护、控制、监视、测量数据，如测量数据、断路器状态、变压器的运行状态、电源同步采样信息等。

3. 间隔层之间的通信

不同间隔层之间的数据交换有主、后备继电保护工作状态、互锁，相关保护动作闭锁、电压无功综合控制装置工作状态等信息。

4. 间隔层和变电所层的通信

间隔层和变电所层的通信内容很丰富，概括起来有以下三类。

（1）测量及状态信息。正常和发生事故情况下的测量值，断路器、隔离开关、主变压器分接开关位置、各间隔层运行状态、保护动作信息等。

（2）操作信息。断路器和隔离开关的分、合命令，主变压器分接头位置的调节，自动装置的投入与退出等。

（3）参数信息。微机保护和自动装置的整定值等。

5. 变电所层的内部通信

综合自动化系统应具有与电力系统调度中心通信的功能，不另设独立的 RTU 装置，综合自动化系统的上位机（集中管理机）必须兼有 RTU 的全部功能。把变电所需要测量的模拟量、电能量、状态信息和 SoE（事故顺序记录）等类信息传送至调度中心，这些信息是变电所和调度中心共用的。

远距离数据通信主要用于调度中心和变电所之间数据通信，如果分布式的设备离变电所或调度中心较远（如电力线路上的电动隔离开关和负荷开关），也需采用远距离数据通信方式对设备进行控制。

（三）信息传输响应速度的要求

不同类型和特性的信息要求传送的时间差异很大，其具体内容如下：

1. 经常传输的监视信息

（1）对变电所运行状态的监视，需要采集母线电压、电流、有功功率、无功功率、功率因数、零序电压、频率等参数，这类信息需要经常传送，响应时间需满足 SCADA 系统的要求，一般不宜大于 2 s。

（2）对有功电能量和无功电能量的计量用信息，传送的时间间隔可以较长，传送的优先级可以较低。

（3）对于变电所层数据库的刷新，可以采用定时召唤方式，定时采集断路器的状态信息、继电保护装置和自动装置投入和退出的工作状态信息。

2. 突发事件产生的信息

（1）系统发生事故的情况下，需要快速响应的信息，例如：发生事故时断路器的位置信号，这种信号要求传输时延最小，优先级最高。

（2）正常操作时的状态变化信息（如断路器状态变化）要求立即传送，传输响应时间要小，自动装置和保护装置的投入和退出信息，要及时传送。

（3）故障情况下，继电保护动作的状态信息和事件顺序记录，这些信息作为事故后分析事故之用，不需要立即传送，待事故处理完再送即可。

（4）故障时的故障录波，带时标的扰动记录的数据，这些数据量大，传输时占用时间长，也不必立即传送。

（5）控制命令、升降命令、继电保护和自动设备的投入和退出命令，修改定值命令的传输不是固定的，传输的时间间隔比较长。

（6）在高压电气设备内装设的智能传感器和智能执行器，可以高速地和自动化系统间隔层的设备交换数据，这些信息的传输速率取决于正常状态时对模拟量的采样速率以及故障情况下快速传输的状态量。

二、变电所综合自动化系统通信的特点与要求

变电所的特殊环境和综合自动化系统的要求使变电所综合自动化系统内的数据网络具有以下特点和要求。

1. 快速的实时响应能力

变电所综合自动化系统的数据网络要及时地传输现场的实时运行信息和操作控制信息，网络必须很好地保证数据通信的实时性。

2. 很高的可靠性

电力系统是连续运行的，数据通信网络也必须连续运行，通信网络的故障和非正常运行会影响整个变电所综合自动化系统的协调工作，严重时甚至会造成设备和人身事故、造成很大的损失，因此变电所综合自动化系统的通信系统必须保证很高的可靠性。

3. 优良的电磁兼容性能

变电所是个具有强电磁干扰的环境，存在电源、雷击、跳闸等强电磁干扰和地电位差干扰，通信环境恶劣，数据通信网络须采取相应的措施消除这些干扰的影响。

4. 分层式结构

通信系统的分层造就了分层分布式结构的变电所综合自动化系统，系统的各层次又各自具有特殊的应用条件和性能要求，因此每一层都要有合适的网络系统。设备层和间隔层多采用现场总线，变电所层多采用局域网。

系统通信网络应采用符合国际标准的通信协议和通信规约，应建立符合变电所综合自动化系统结构的计算机间的网络通信，根据变电所自动化系统的实际要求，在保证可靠性及功能要求的基础上，尽量注意开放性及可扩充性，并且所选择的网络应具有一定的技术先进性和通用性，尽量采用规范化、符合国际标准的通信协议和规约。系统可选用应用于 RS-485网络的 IEC61870-5-103 规约、应用于 PROFIBUS 的 MMS 行规以及应用于 TCP/IP 上的 MMS行规，它们都具有可靠性、可互操作性、安全性、灵活性等特点。

复习思考题

1. 什么是数据通信？其三要素是什么？
2. 什么是通信规约？变电自动化常用规约有哪些？
3. CDT 和 Polling 各有什么特点？
4. TGP/IP 协议的功能是什么？
5. 网络拓扑结构有哪几种？其中环形网的特点是什么？
6. 主要通信设备及介质有哪些？
7. 什么是现场总线技术？

第六章 远程终端单元（柱上 RTU）

第一节 柱上 RTU232

一、RTU 简介

RTU 是一个远程终端控制系统，它的监控范围为所辖的接触网上柱上隔离开关。它的设置有以下几种：

（1）牵引变电所上网点 RTU 设于牵引变点所内，由 10 个开关组成。

（2）分相点及所在车站组成的 RTU，设于所在车站内，由 11 个开关组成（虎石台车站为 9 个开关）。标准车站 RTU，设于所在车站，由 5 个开关组成。

（3）编组场 RTU，设于编组场内，它的数量视场而定。

RTU232 遥控站是远动控制网络系统内的一个标准遥控系统。

（4）RTU 机柜，可分为以下类型：

8-MTS 类型（最多可能控制 8 个柱上隔离开关并有 3 个短路报警）

12-MTS 类型（最多可能控制 12 个柱上隔离开关并有 8 个短路报警）

16-MTS 类型（最多可能控制 16 个柱上隔离开关并有 10 个短路报警）

这些类型进一步区别如下：

① 柱上隔离开关模板的配置；

② RTU 站的地址；

③ 用于短路报警的备用线路连接到 X30 端子板，并且放置在电缆管道内。

（5）壁装式机柜 —— 隔离变压器。

除了 RTU 外，还有一个带有内置隔离变压器的壁装式机柜。它包含一个 1 : 1 的 1 kV·A 的隔离变压器和用于切换输入端子电压的一个继电器。对于柱上隔离开关，需要一个与 RTU 隔离的电源供电。RTU 由 2 路电源供电，由继电器提供输入端子电压切换。如果发生电源失效，继电器（包含两个分触点和两个合触点）释放并且通过两个合触点自动切换到备份供电电路。

二、RTU 部件的运作原理

所有的 RTU232 安装在带有铰接架的壁装式的机柜内。

该机柜面板上设有一组 MCB 微型断路器、中心处理单元、I/O 模板、柱上隔离开关控制输出和 VFT 接线端子。

1. 23ET22 机笼

基本 23ET22 机笼容纳一个 RTU232 站的中心单元（中心控制器，音频（信号）报文设备和电源部件）。该基本机笼安装在一个铰接架机柜内。

2. 23ZG21 中心控制器（见图 6.1）

中心控制器 23ZG21 模板符号及表示灯说明：

正常状态为：RUN ——绿灯常亮；

A 和 B 对应的 RX、TX 交替闪烁（绿灯闪）其余等均不亮；

板面指示：-ST 指示灯亮：表示系统出现错误或模板正在初始化；

RUN 表示灯亮：表示系统正在正常运行；

KON 表示灯亮：表示内部系统组态检测运行；

SIM 表示灯亮：表示系统内部模拟检测正在运行；

LE、LA、F1、F2、指示灯：哈大电气化铁路不用；

TX：表示系统正在传输数据；

RX：表示系统正在接收数据；

ERR：表示接收或传输故障；

NFK：当地信息交换；

A：串行接口 A；

B：串行接口 B；

MMK：PC 与模板的接口；

PRT：打印接口。

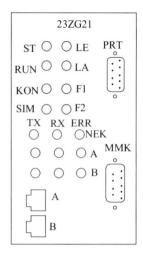

图 6.1

3. 23WT21

23WT21 是 RTU232 控制系统的音频报文设备，每个 RTU 内均设置两个调制解调器，用于远方控制的主、辅作用，如图 6.2 所示。在安装了微 SCADA 的站内，由第三条线路提供 RTU 与微 SCADA 的连接，这个连接是通过一个不带有调制解调器设备的 V24 接口来实现的模板符号及指示灯说明：正常状态为 TxD、RxD、RTS、DCD 交替闪烁，且两个 23WT21 对应的指示灯频率应基本相同。

ST：表示系统接收或传输信号发生错误；

TxD：传输数据；

RxD：接收数据；

RTS：请求发送；

DCD：数据载波检测；

GND：接地；

NF：低频传输。

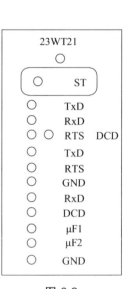

图 6.2

4. 23BA20 二进制输出板

23BA20 模板有 16 个二进制输出继电器，分为两个组，每组包含 8 个触点，使用相同的返回线路。所以输出信道只能分配 2 个不同的过程电压源。

模板符号及表示灯说明：

ST：显示模板故障或外设总线故障；

PST：显示命令输出错误；

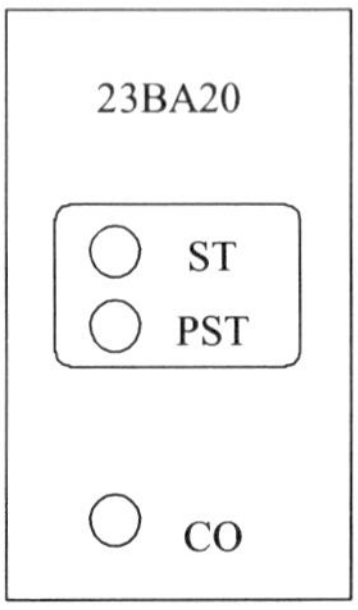

图 6.3

CO：至少一个输出继电器切换为合。

CO LED 直接连接到 24 V 输出继电器切换电压上，当一个输出激活时 CO 点亮。

5. 命令输出 23BA22 监视（见图 6.4）

命令输出监视模板用来检查监视输出命令，其目的是验证只有 1 个隔离继电器连接到过程电压。对于命令输出，被启动对象是通过 23BA20 模板的输出继电器来选择的。23BA20 和 23BA22 模板的相互作用通过中心控制器的通用处理器来协调。

模板符号及表示灯说明：

LOC：本地/远程按钮。使用前断面板上的 LOC 按钮，可以禁止任何激活的输出。当选定"Local"（本地）位置时，中心控制器的通用处理器（GP）接收一个状态信息。从通用处理器发出的一个输出请求只激活 n 中 1 个检查命令。从"REMOTE"切换到"LOCAL"，并且反之亦然，需在 3 s 内按"LOC"按钮 2 次，如果在这个限制时间内，该按钮没有被按两次，模板保持以前选定的运行模式。当运行模式选择本地时"LOC"灯点亮。

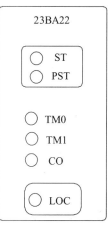

图 6.4

模板符号及表示灯说明：

ST：显示模板故障或模板在初始化；

PST：

在命令输出期间外设总线处理器时间监视触发；

过程电压失压或短路继电器粘连；

TM0/TM1：

测试电路检查功能激活；

激活期间连续闪烁指导下一个命令激活；

CO：

输出激活；

在命令输出期间激活；

在命令输出期间过程电压失压；

命令输出后短路继电器粘连。

6. 22MA01 柱上隔离开关控制模板（见图 6.5）

该模板既可实现对隔离开关的远程控制，也可实现当地的操作。

模板符号及表示灯说明：

ON："合"位表示灯及"合"位按钮；

OFF："分"位表示灯及"分"位按钮；

F1：模板电源开关。

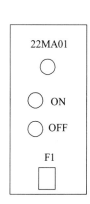

图 6.5

7. 22MU01 隔离开关控制模板（见图 6.6）

22MU01 隔离开关是 RTU232 内的控制监视单元，该模板可实现对 22MA01 隔离开关状态表示灯的检测以及 RTU232 内 MCB 状态的监视功能。

模板的符号及表示灯说明：

– ON：用于显示 22MA01 的表示灯的状态；

– LT/OP：用于检测 22MA01 表示灯的状态；

– CBT：用于显示 RTU232 内的 MCB 状态。

8. 隔离开关状态表示模板 23BE21（每个 RTU 内设置 1~2 块）（见图 6.7）

23BE21 用于显示隔离开关的当前分、合状态。

模板符号及表示灯说明：

ST：显示模板故障或模板在初始化；

LED：

16 个隔离开关状态表示灯；

单数表示隔离开关处于"合"位；

双数表示隔离开关处于"分"位。

（1、2 表示一个隔离开关的当前状态，3、4 表示一个隔离开关的当前状态⋯⋯15、16 表示一个隔离开关的当前状态。）

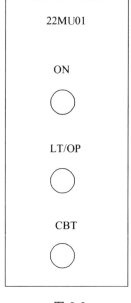

图 6.6

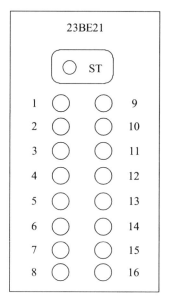

图 6.7

9. 电源电压变送模板 23NG23（见图 6.8）

23NG23 模板用于为 RTU 系统的 E21 机笼提供 24 V 和 5 V 工作电源。

模板符号及状态表示灯说明：

ST：5 V 电源工作；

PST：24 V 电源工作；

UP：模板电源保险；

EIN：模板处于电源输出状态；

AUS：模板处于电源输出关闭状态。

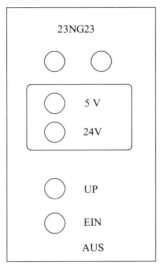

图 6.8

10. H2 模板

H2 模板用于监视系统及外接线的对地绝缘等级，当系统或外接线的对地绝缘等级低于 60 kΩ 时（H2 内部设置，可调），H2 模板实施报警功能（ON 表示灯亮）。通过 PT 按钮可实现对绝缘的检测，通过 LT 按钮则可实现对绝缘报警的复位。

11. H1 模板

H1 模板用于监视系统输出电流，当系统所接负载的使用电流超出预先设定值时，H1 激活报警功能。

12. MCB 模板的具体控制说明（见图 6.9）

S0：总电源控制开关；

F1：220 V 电源控制开关（不包含加热器电源）；

F2：柱上开关控制电源 220 V；

F3：柱上开关模板 24 V 工作电源控制开关；

F4：RTU24 V 为 E21 机笼上的模板提供电源控制；

F5：为 BE21 模板提供电源控制；

F6：加热器控制电源。

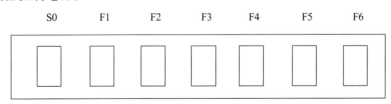

图 6.9

13. RTU 电源

站、场及区间的 RTU 电源是由两路独立的 220 V DC 提供的（由水电段提供）。牵引变电所内上网点的 RTU 电源是由所内的 10 kV 自用变压器（供电段供电）和 27.5 kV 自用变压器提供的，当 RTU 的一路电源出现故障时，电源切换器可自动切换到另一路电源。如图 6.10 所示。

14. 加热器

加热器可以冬天加热，夏季通风，使箱内的温度和湿度达到模板的工作要求。如图 6.11 所示。

图 6.10　RTU 电源

图 6.11　加热器

三、RTU 当地操作简要说明

在 RTU 箱内进行当地远动操作时要根据电调操作命令进行，具体操作步骤及注意事项如下：

（1）3 s 内按动两下 23BA22 模板上的 LOCAL 键，"LOC"灯点亮，则该 RTU 处于当地控制。

（2）确认操作隔离开关的编号，并确认开关所对应的 22MA01 模板（如进行 01 开关操作时，需找到 01 开关所对应的 22MA01 模板）。

（3）按下 22MU01 模板上的 ON 键，则 22MA01 模板上的开关位置指示灯会被点亮（开关处于分位时 OFF 灯亮，处于合位时 ON 灯亮，如有 ON 和 OFF 灯都亮或都不亮，则开关处于错误状态，此时将无法对此开关进行控制）。

（4）假设对开关进行合闸操作，则应按下该开关所对应的 22MA01 模板上的 ON 位按钮，几秒后 OFF 灯熄灭，ON 灯点亮，证明隔离开关合闸操作成功。

（5）完毕后再按下 22MU01 上的 ON 位按钮，此时 22MA01、22MU01 模板上的指示灯全部熄灭。

（6）操作完毕后，3 s 内按动两下 23BA22 模板上的 LOCAL 键，则该 RTU 恢复远动控制。

第二节　RTU 常见故障处理

一、RTU 通信故障分析

沈阳供电段管内有 72 个 RTU 设备，控制着 485 台接触网柱上隔离开关。自投入运行来，设备相对稳定，状态良好。几年来的运行经验表明，影响远动系统正常工作的主要原因有多种，但多为通道故障。

当远动控制失效后，如何判断是通信故障，还是 RTU 自身设备原因？现将其判断方法说明如下：

（一）通道故障的判别和处理方法

1. 铁通设备问题

（1）在 RTU 面板上，有主备两块 23WT21（调制解调器）模板（左侧为主用，右侧备用）。首先需确认 23WT21 模板的工作状态，发现两块 23WT21 模板上 ST 灯（显红色）均亮，需检查雷击保护器（又称半双工部件）Z1、Z2、Z3、Z4（Z1、Z2 为主通道，Z3、Z4 为备用通道）上的保险丝，如保险丝正常可用经改装的高内阻耳机在通讯分线盒处收听两路"收"信号是否正常，若无输入信号，则判断为通讯通道问题（铁通设备问题）。

（2）若一块 23WT21 模板 ST 灯亮（如主用）。首先检查半双工部件 Z1、Z2 上的保险丝，如保险丝正常，则可能原因是通讯通道问题。最简单的判断方法是将接线方式由正常接线[见图 6.12（a）]改为主备用通道交换连接[见图 6.12（b）]，观察 23WT21 模板上的状态，此时发现备用 23WT21 模板上的 ST 灯亮，则说明是主用通道故障，但不影响远动控制。

处理方法：通知铁通设备所属单位。

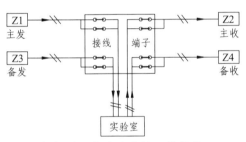

（a）通讯接线盒内的正常接线

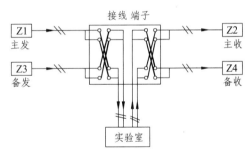

（b）通讯接线盒内的主备交换接线

图 6.12 通讯盒内接线图

2. RTU 自身模板故障

一块 23WT21 模板 ST 灯亮（如主用）。首先检查半双工部件 Z1、Z2 上的保险丝，如保险丝正常，可能的原因是通讯通道断线或混线。判断方法同上，观察 23WT21 模板状态，如发现主用 23WT21 模板上的 ST 灯亮，则可能原因为 23WT21 模板自身故障，不影响远动控制。

处理方法：更换 23WT21 模板，RTU 将恢复正常工作。

3. RTU 电源板故障导致的通道问题

（1）在 RTU 面板上，只有 H1、H2 模板指示灯亮。

处理方法：原因可能是 RTU 箱内 G1 电源板中的保险丝熔断，更换 G1 电源板的保险后 RTU 恢复正常工作。此时，在 RTU 箱内无法实行当地控制。

（2）在 RTU 面板上，只有 H1、H2 模板指示灯亮。可能是 G1 电源板因自身原因（在更换保险后）仍无法输出 5 V 和 24 V 直流电压，只有更换 G1 电源板 RTU 才能恢复正常工作。此时在 RTU 箱内无法实行当地控制。

（3）RTU 面板上，只有 H1、H2 模板指示灯亮。G1 电源板有 5 V 和 24 V 直流电压输出，可能的故障原因是 23NG23 模板中保险丝熔断，更换后 RTU 将恢复正常工作。

（二）模板故障

（1）RTU 箱内，如有 23BA22、23BA20、23WT21 其中的某块模板故障，远动控制均失效，但不影响 RTU 当地控制。

处理方法：更换故障模板。

（2）RTU 箱内，23ZG21 模板故障，导致远动控制失效。

处理方法：更换故障模板后，对新装设的 23ZG21 模板重新配置并输入数据。

（三）主板故障

（1）远动操作开关时，开关不动作，且显示"中断否定执行，遥控对象闭锁"。

处理方法：多为 RTU 主板（机笼）故障，应更换主板。

（2）RTU 箱内，若 23BA22、23BA20 等模板更换后，其面板上 ST 或 PST 红灯仍亮。

处理方法：此为主板部分功能失效，应更换主板（或部分更换）。

（四）开关故障

（1）当远动操作时，开关出现错误状态。

原因可能为：

① 行程开关故障，导致开关错误状态。处理方法：更换行程开关，并拔下销子，远动操作开关进行分、合试验。

② 电缆绝缘不良，导致开关错误状态。处理方法：用电缆备用芯线代替故障芯线，并拔下销子，远动操作开关进行分、合试验。

③ 机构内凸轮扭矩小，导致开关刀闸不能正常分合、行程开关不到位而出现错误状态。处理方法：调整扭矩，结合接触网天窗时间，并对开关整体进行分、合试验。

④ 机构内当地/远动或端子排接线松动，导致开关显示错误状态。处理方法：紧固接线，并拔下销子，远动操作开关进行分、合试验。

⑤ RTU 箱内开关控制模板 22MA01 或 22MU01 故障。处理方法：更换故障模板，并拔下销子，远动操作开关进行分、合试验。

（2）当远动操作时，开关只有分或合一种状态正常，而另一种操作不能进行（或开关触头分或合闸不到位）。

处理方法：原因为 22MU01 模板故障，应更换故障模板并检查凸轮扭矩是否正常。

隔离开关机构箱：

① 隔离开关操作机构良好无损，密封良好，盖帽齐全。

② 操作机构内接线良好无松动。

③ 对操作机构箱内的齿轮涂美孚牌润滑油。

④ 操作机构应安装于便于操作的位置，一般距地面 1 300 mm，允许误差±100 mm。

⑤ 检查操作机构内的行程开关在分合闸位置时接点接触是否正确。

出现错误状态时将行程开关固定螺丝松开，调整行程开关角度，行程开关辅助接点接触良好后紧固行程开关固定螺栓。

⑥ 检查机构箱内齿轮在转动过程中能否与行程开关固定底座刮碰,如果刮碰对行程开关固定底进行调整, 行程开关底座调整后对固定在其上的行程开关进行调整。

⑦ 摩擦连接轴节的扭矩为 125 N·m。

对摩擦连接轴节上 3 个螺栓进行循环紧固, 紧固时每个螺栓均要使用扭矩扳手达到并达到 55 N·m,并且三个螺栓力距一致。

图 6.13 为隔离开关机构箱结构图。

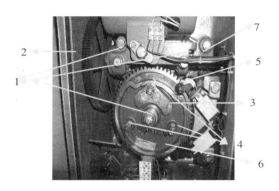

（a）各部分名称

（b）调整的位置

1—注油孔;2—大齿轮;3—摩擦连接轴节;4—固定螺栓; 5—行程开关;6—凸轮;7—蜗杆

1—调整行程开关底座位置;2—调整行程开关底座与凸轮间距;3—摇把

图 6.13 隔离开关机构箱结构图

二、如何调整开关行程

当开关在操作过程中出现错误状态（11 位）时,需要确认开关行程的实际状态是否到位,如果不到位需要在开关机构箱内调节。

（1）正常合位为:凸轮右侧上面的行程开关在凸轮的凹槽内, 下面的行程开关在凸轮的轮缘上, 如图 6.14 所示。

（2）错误状态（合位时）:凸轮右侧上面的行程开关在凸轮的轮缘上, 如图 6.15 所示。

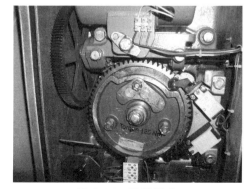

图 6.14 正常状态

图 6.15 错误状态

（3）正常分位:凸轮右侧上面的行程开关在凸轮的轮缘上, 下面的行程开关在凸轮的凹槽内，如图 6.16 所示。

（4）错误状态（分位时）：凸轮右侧下面的行程开关在凸轮的轮缘上，如图 6.17 所示。

图 6.16 正常分位　　　　　　　　　图 6.17 错误状态（分位时）

调整方法为：打开开关机构箱，将控制模式达到当地位（0 位），把摇把插入右侧的操作孔内，顺时针调整为合位，逆时针调整为分位，转动摇把，直到凸轮转动，合位（或分位）行程开关在凸轮的凹槽中，此时，RTU 和电调开关位置显示应恢复正常。最后，将控制模式打到远方位（1 位），锁上开关箱。

三、如何更换 RTU 内雷击保护器的保险

雷击保护器（又名半双工部件）Z1 ~ Z4（见图 6.18）位于 RTU 箱后部加热器的旁边，是 RTU 通道上的重要设备，其上各有两个 800 mA 保险，保险熔断时，RTU 无法与电调控制系统进行信息交换，则所辖柱上开关无法实现远动控制。当电调处显示"主或备用通道断"时且对应调制解调器 22MA01 的 ST 或 PST 红灯亮，首先要检查 8 个保险是否正常，若保险熔断，可用 1 A 代替，更换保险后，报警应飞逝，22MA01 的 ST 或 PST 红灯灭，面板上 TX、RX 灯闪烁正常。

图 6.18 雷击保护器

四、如何重启 RTU

当 RTU 出现死机时，需重新启动 RTU 设备，将电源总开关 S0 分开，迅速合上，RTU 重新运行，模板显示正常，如图 6.9 所示。

S0：总电源控制开关；

F1：220 V 电源控制开关（不包含加热器电源）；

F2：柱上开关控制电源 220 V；

F3：柱上开关模板 24 V 工作电源控制开关；

F4：RTU24 V（为 E21 机笼上的模板提供电源控制）；

F5：为 BE21 模板提供电源控制；

F6：加热器控制电源。

五、RTU 设备巡检步骤

巡检前，巡检人员要与电调取得联系，经电调同意后方准进行。巡检后，将结果填入相应记录簿中，若有异常情况应立即反馈到段调度。

（1）检查 S0 ~ F6 空气开关应处于合位，所有 22MA01 的电源开关 F1 均应处于合位。

（2）按下 22MU01 模板上的 ON 键，则 22MA01 模板上的开关位置指示灯会被点亮（开关处于分位时 OFF 灯亮，处于合位时 ON 灯亮，如有 ON 和 OFF 灯都亮或都不亮，则开关处于错误状态，应上报段调度），如图 6.19、6.20 所示。

（3）检查绝缘监视继电器 H2 的状态显示，若绝缘电阻指示低于 60 kΩ，巡检人员应立即报段调度。

（4）户外温度低于 5 ℃时，重点检查温度传感器和加热器的功能。

（5）万用表调至交流电压挡，用两表笔接入电源端子排 X12，测量两路电源电压应在 215 ~ 242 V AC，在巡检记录簿中记录电压数值；电源不正常时上报段调度，并会同供电部门解决，如图 6.20 所示。

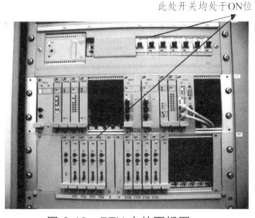

图 6.19　RTU 内的面板图　　　　图 6.20　RTU 电源

（6）当两路电源正常的情况下，分开交流接触器 K1，测试电源自动切换功能（即检查交流接触器的功能是否正常），并作相应记录。

（7）检查各端子排、模板布线等连接是否紧固，跳线有无松动现象。

巡检时，用万用表交流电压挡测量 X12 端子排的 1 ~ 2 和 4 ~ 5 电压值，1 ~ 2 测量主电源电压，4 ~ 5 测量副电源电压。

巡检时，应确认所有模板均为绿灯或黄灯亮，若显示红灯 ST 或 PST 亮，为故障状态，应立即上报调度联系相关部门处理。图 6.21 为 RTU 内面板图。

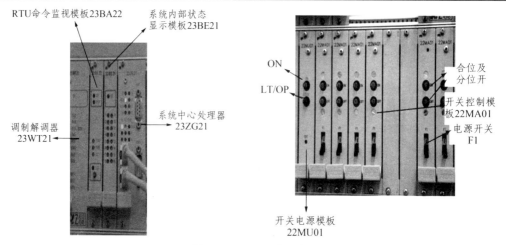

图 6.21　RTU 内面板

第三节　接触网隔离开关监控系统

一、接触网开关监控 RTU 的硬件结构

接触网开关监控站 RTU，为了有效地、最大限度地降低与户外开关之间长距离的控制出口的连接电缆可能造成的干扰信号，避免开关的误动，增强系统的可靠性，将接触网开关监控站 RTU 的硬件结构分为两部分。

1. 接触网隔离开关监控系统 —— 应用方案

监控原理如图 6.22 所示。

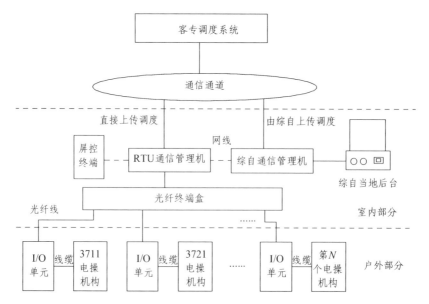

图 6.22　监控原理图

2．接触网隔离开关监控系统——组成的两部分

　　户外光纤监控装置及接触网开关监控屏，接触网开关监控屏设置在牵引变电所内，可以接收户外光纤监控装置传递的信息，并在屏上及当地端显示，并可将远方调度端和当地端的操作命令传递到户外光纤监控装置。光纤监控装置设置在户外，可对接触网开关进行监控并将信息传递到设置在牵引变电所内的控制屏及远方调度端，也可接收远动命令控制电动机构对接触网开关进行操作，如图 6.23 所示。

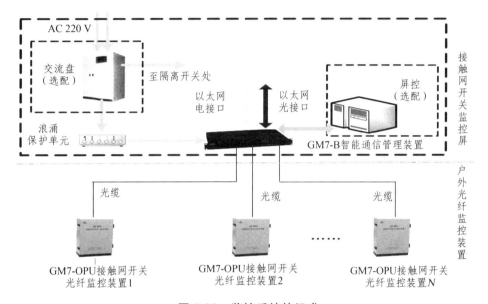

图 6.23　监控系统的组成

3．触网隔离开关监控系统——锁停控制屏

　　控制屏分两部分：上部为通信交换机，与户外光纤监控装置交换信息。下部为屏管内接触网隔离开关状态，红的为闭合，绿的为断开。如图 6.24 所示。

图 6.24　控制屏

4. 接触网隔离开关监控系统 —— 户外控制站

户外接触网开关监控屏设置在隧道口、隧道内或其他不能提供室内安装的场所。由于安装在户外，它的设备组成将增加户外屏体，户外屏体防护等级要求极高，选用高强度钢组合结构，屏体采用全封闭结构，表面采用喷塑处理、双层隔热、防水、防雨、防潮等措施。如图 6.25 所示。

图 6.25 户外控制台

5. 接触网隔离开关监控系统 —— 接触网开关光纤监控装置

（1）考虑现场环境与气候，装置采用双层机箱防护和自动温度控制装置；

（2）考虑现场强电磁干扰环境，装置采用高速工业现场总线光纤接口方式；

（3）考虑现场网开关供电稳定性和防雷问题，电源输入采用高性能防浪涌装置。

接触网开关光纤监控装置如图 6.26 所示。

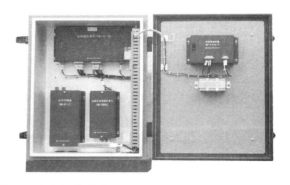

图 6.26 接触网开关光纤监控装置

6. 接触网隔离开关监控系统 —— 应用实例

柱下设有接触网监控装置箱和操作机构箱，如图 6.27 所示，右为监控箱，左为操作箱，若监控出问题，操作箱可进行手动操作。

图 6.27 开关监控系统实例图

复习思考题

1. 简述柱上 RTU 的主要作用。
2. 简述机柜内隔离变压器和继电器的作用。
3. RTU232 有哪些模板和设备？
4. 在 RTU 箱内进行当地远动操作时的注意事项有哪些？
5. 当远动控制失效后，如何判断是通信故障，还是 RTU 自身设备原因？
6. 如何调整开关行程？
7. 如何更换 RTU 内雷击保护器的保险？
8. 如何重启 RTU？
9. RTU 设备巡检步骤有哪些？

下篇

铁路电力线路自动化

第七章　铁路电力线路自动化

第一节　概　述

　　铁路电力线路沿铁路线狭长分布，供电距离长，环境恶劣，事故多发。在铁路系统实现线路自动化功能时，除完成正常的 SCADA 监控功能外，还可以自动判定线路故障位置、快速隔离故障线段和恢复正常供电，大大缩短了线路故障查找、维修和恢复供电的时间。提高了供电可靠性，减轻了变电所、电力工区员工的劳动强度，提高了自动化管理水平。

　　广义地说，铁路电力线路自动化包括两部分内容：

　　（1）信号电源监控，包括车站信号和区间信号。

　　（2）车站分段开关监控，即线路自动化监控和线路故障自动化处理。

　　信号电源监控前面已经介绍过了，本章主要讨论以车站开关为基础的线路自动化技术。

一、车站开关的日常运行监控

　　车站开关的日常运行监控，即通常所说的用过遥信、遥测、遥控"三遥"等远动功能。通过远方遥控，可以做到线路的分段停送电，当进行线路维护和开关检修时，可以缩小正常检修造成的停电范围，提高供电可靠性。

二、故障管理功能

　　故障管理功能主要指线路故障监测、故障自动定位、快速隔离和恢复非故障区段的供电，以及输出故障处理报告、故障分析报告等。

　　实现线路故障的自动化处理，可以大大缩小故障停电范围，缩短线路故障查找、维修和恢复供电的时间，提高供电可靠性，这是实现线路自动化的主要意义所在。

　　实施线路自动化技术是铁路系统向着高速化、安全化和自动化发展的必然趋势。线路自动化是一个系统化的工程，投资比较大，涉及面广，一些技术问题还需要进一步地研究、探讨。在具体实施时，可以按照不同的区域及功能，分批上马，但一定要把所有线路自动化功能作为一个整体对待，从长远出发，做好规划工作。切不可就事论事，仅考虑当前需要上马的功能，确定技术方案，这样往往会导致许多套系统独立运行，出现所谓的"自动化孤岛"现象，造成不必要的浪费。

第二节　线路开关设备

　　线路自动化涉及的一次设备比较多，本节仅就与线路自动化关系较密切的开关设备作一简单介绍。

一、断路器（Breaker）

高压断路器是开关电器中较为复杂的一种电气设备。断路器的基本功能是：能可靠地熄灭电弧且有足够的开断能力；迅速开断电路且动作时间尽可能短。

常见的断路器有少油断路器、SF_6断路器、真空断路器等类型。断路器一般安装在变配电所的进出线上，与微机保护装置配合，完成各种线路保护功能。

二、重合器（Recloser）

重合器是一种自身具有控制和保护功能的开关设备。它能进行故障电流检测和按预先整定的分合操作次数自动完成分合操作，并在动作后能自动复位或闭锁。例如安装在线路上的重合器，当线路发生故障后它通过检测确认为故障电流时即自动跳闸，一定时间后自动重合。如果故障是瞬时性的，重合成功，线路恢复供电；如果故障是永久性的，则自动进行闭锁，不再合闸，保持在分闸状态。待故障解除后，人为解除闭锁，将重合器合闸，重新恢复运行。

三、负荷开关

负荷开关是铁路电力系统应用最广泛的一种设备。负荷开关能分合正常的负荷电流，能耐受短路电流的短时热效应和机械力，但负荷开关不能开断短路故障电流，所以必须和具有开断短路故障电流能力的配电设备（断路器、重合器、熔断器等）配合使用。

负荷开关按灭弧方式来分，有 SF_6 负荷开关、真空负荷开关和油负荷开关等；按分装地点来分，有户内和户外式。需要说明的是目前新建铁路的电力线路中经常使用环网柜来取代负荷开关，环网柜内部就是采用负荷开关和熔断器作为操作和开断短路电流的电气设备。

四、分段器（Sectionlizers）

分段器是一种智能化的负荷开关，它能和断路器或重合器配合使用。在线路发生永久性故障时，它能记忆断路器或重合器的分合次数，当达到预先整定的分合次数后，分段器能在无故障电流的情况下自动分闸（滞后 0.1 ~ 0.5 s），并闭锁保持在分闸状态，起到隔离线路故障区段的作用。

如果是瞬时故障，因断路器或重合器未达到整定的分合次数，分段器能保持合闸状态不变，以保证断路器或重合器重合成功后，非故障线路恢复正常供电，并自动将计数清除。

五、重合分段器（自动配电开关）

重合分段器是一种带有自动重合功能和智能判据的负荷开关，又称为配电负荷开关，在日本配电网中应用较为广泛。

重合分段器由开关本体、电源变压器、故障检测器 FDR 和控制器构成。它在判别线路一侧有电压另一侧没有电压时合闸，两侧都没有电压时自动分闸。它能分合负荷电流，关合短路电流，但不能开断短路电流。利用分段重合器"一侧有电压另一侧没有电压时合闸，两侧都没有电压时自动分闸"的特性，与出线开关保护配合，可以实现电压-时间方式的线路自动化功能。

六、隔离开关

隔离开关又名隔离刀闸，是高压开关的一种，其主要作用是使停电设备与带电部分之间形成一个明确可靠（可视）的电气隔离。因为它没有专门的灭弧结构，所以不能用来切断负荷电流和短路电流。使用时应与断路器、重合器等配合，只有在断路器、重合器开断后才能进行操作。

七、熔断器

熔断器也是一种电路开关设备，俗称保险，是人为设置于电路中的一个最薄弱导电环节。它依靠熔体或熔丝的特性，在电路出现短路电流或不被允许的大电流时，由电流流过熔体或熔丝产生的热量将熔丝熔断，使电路开断，达到保护电气设备的目的。

熔断器相当于一种过流继电器保护装置与开断装置合为一体的开关设备，与重合器及分段器配合使用可以使其功能得到增加，加之熔断器在结构特性上的不断完善及价格上的优势，使它越来越受到人们的重视和欢迎。

第三节　线路自动化模式

首先说明铁路电力系统的运行方式，如图 7.1 所示。

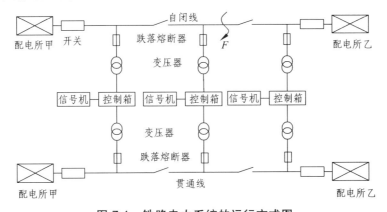

图 7.1　铁路电力系统的运行方式图

铁路部门为保证列车的行车安全，要求铁路信号机必须安全、可靠地工作。为了保证铁路沿线信号灯不掉电，铁路电力系统的变电所一般采用双电源供电方式，沿线每一个供电区间双端供电，供电区间之间一般采用专门为自动闭塞信号机供电的 10 kV 自闭电力线路（简称自闭线）和 10 kV 贯通电力线路（简称贯通线），双路供电至低压双电源切换装置，两路电源互为备用，失压自动切换。

甲、乙两个配电所分别供电，两所之间由若干车站开关作为线路分段开关，正常情况下，甲所作为主供电源，乙所为备用电源；自闭线作为主供电源，贯通线为备用电源。

当线路 F 点发生短路故障时，甲所自闭线出线开关 0 s 速断，线路失电；乙所在检测到线路失电后自动投切，如果故障消失，则线路恢复正常供电，如果故障没有消失，乙所迅速跳闸，备投不成功；甲所在经过重合闸时间后，再次合闸，如果故障消失，则线路恢复正常供电，如果故障没有消失，甲所再次跳闸，重合闸不成功，线路失电退出运行。这个过程称为"备投—重合过程"。

此时，信号设备由贯通线供电。这时应及时排除故障，恢复自闭线正常供电，否则如果贯通线路再次发生永久故障，将导致信号设备供电中断事故。有些情况下，铁路沿线没有自闭线，只有贯通线，当贯通线发生永久故障后，会立即导致供电中断。另外，铁路电力系统还经常使用"重合—备投"方式，工作过程与"备投—重合"类似。

由于区间内线路一般达几十千米，而且多在荒郊野外，所以人工查找故障点非常困难。实现线路自动化后，就可以迅速确定故障类型（相间短路故障还是单相接地故障）和故障位置（精度为两个分段开关的距离），立即安排技术人员进行抢修；而且可以实施远程控制，隔离故障线段；恢复非故障线段供电，缩小停电范围。

目前，线路自动化主要有两种实现方式：当地控制方式和远方控制方式，其中当地控制方式又分为电压-时间（V-T）方式和电流控制（I-T）方式。还有一种故障指示器法可以作为线路自动化补充模式。

一、当地控制方式

（一）电压-时间方式

电压-时间方式也称 V-T 方式，是利用配电所出线开关和线路重合器的时间配合，实现故障自动定位和隔离。

如图 7.2 所示，线路上安装自动重合器或带有重合器控制器的开关作为线路分段开关，一般以车站为分段点。重合器检测线路两端的电压，以确定线路是否带电。

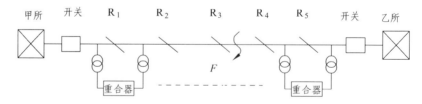

图 7.2 电压-时间方式图

在线路上 F 点发生永久故障后，经过"备投—重合过程"，甲所出线开关断开，分段开关 $R_1 \sim R_5$ 失压跳开。甲所出线开关二次重合，R_1 检测到一侧有电压一侧无电压，延时一段时间后合闸，$R_1 \sim R_2$ 段恢复供电，然后是 R_2 经过一段时间的延时后合闸，$R_2 \sim R_3$ 段恢复供电，以此类推。当 R_3 合闸时，重合到故障上，甲所出线开关跳开，分段开关失压 R_3 跳闸。由于是在合闸后立即造成故障，出现失压跳闸，R_3 将自动闭锁于分闸位置，不再重合。当出线开关再次重合时，$R_1 \sim R_2$ 依次重合成功，故障点左侧线段恢复正常供电。

乙所在备投失败后经过一定时间延时，重复类似过程从另一个方向将故障隔离。这样仅故障线段失电其他线段可以继续工作，缩小了故障停电范围。

电压-时间法有以下特点：

（1）能够自动隔离故障点，缩小故障范围，并能够根据开关动作时间估计故障位置，为快速检修提供依据。

（2）无需信道通信即可实现自动化的主要功能，投资小，见效快。

（3）重合器重合时间整定困难，特别是线路较长时，故障隔离过程更复杂，很难做到精确配合，可能会故障定位带来误差。

（4）故障隔离、定位过程需要多次重合，对变配电设备、线路有冲击，容易造成设备损害。

（5）本身不具有远动和实时监控功能，故障分析和管理功能有限。

（二）电流控制方式

电流控制方式也称 *I-T* 方式，是由重合器或断路器与分段器或带有自动控制器的负荷开关配合，实现线路自动化功能。分段器控制器能够自动检测故障电流，并根据通过故障电流的次数进行计数，在达到整定次数后自动分闸并闭锁于分闸状态，如图 7.3 所示。

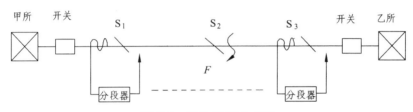

图 7.3　电流控制方式图

当线路上 *F* 点发生故障后，甲所出线开关零时限跳闸，分段开关 S_1 感受到故障电流并计过电流一次，由于未达到整定次数（如 2 次），因此不动作而保持在合闸状态。出线开关经重合闸时间闭合，如果是暂时性故障，则线路恢复正常供电，S_1 过流计数值延时自动清除；如果是永久性故障，则线路出线端再次跳闸，此时 S_1 过流脉冲计数值达到 2 次，因此分段器 S_1 在出线开关再次跳闸后的无电流时期分闸并闭锁。甲所出线开关二次重合，S_1 保持分闸状态，从而隔离了故障区段，恢复了健全区段的正常供电。

乙所在备投失败后经过一定时间延时，重复类似过程从另一主方向将故障隔离。这样仅仅故障线段失电，其他线段可以继续正常工作，缩小了故障停电范围。

电流控制方式系统构成比 *V-T* 方式要简单一些，分段器动作次数少，但出线开关仍要进行三次重合操作。如果线路上有两个以上分段器，它们之间的动作电流整定配合比较复杂。

二、远方控制方式

远动控制方式，即远动方式，就是利用线路自动化远方终端（FTU）对分段开关进行实时监控，并将故障检测结果送至控制中心或主站，由控制中心判断故障位置（故障定位），人工遥控或自动隔离故障线段，恢复非故障线段供电。

如图 7.4 所示，线路分段开关均安装 FTU 进行实时监控，与控制中心或主站通信完成 SCADA 监控和故障管理功能，一般以车站分段开关为监控点。

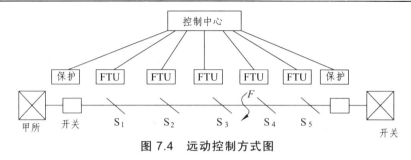

图 7.4 远动控制方式图

在线路上 *F* 点发生永久故障后，经过"备投—重合过程"，甲所出线开关跳闸，该过程由 FTU 监视，并将故障检测结果送往主站。在此例中，S_1、S_2、S_3 处 FTU 检测到故障电流。主站根据 FTU 上报的故障检测结果，确定出故障点 *F*，人工或自动下发遥控命令将故障点两侧开关跳开，隔离故障区间，然后下发遥控命令依次将配电所出线开关、分段开关闭合，恢复非故障线段供电。

远动法有以下特点：

（1）能够迅速查找故障点并进行定位，自动隔离故障点，迅速恢复供电，故障管理功能强大。该过程与线路长短无关，整个过程一般只需几分钟时间，极大地提高了供电可靠性，缩短了故障位置查找和修复的时间，提高了管理水平。

（2）能够进行实时监控，具有日常 SCADA 功能。

（3）能够处理的故障类型多、功能强。由于 FTU 与主站配合自动化功能要强得多，FTU 负责故障检测，主站负责计算判断，不仅能处理相间断路故障，还能处理单相接地故障、断相故障等；故障时的变位信息和测量值可以全过程记录，为故障分析和管理功能提供了极大的方便。

（4）可以监视开关工作状态，进一步增加管理功能，为设备的周期性检修向状态检修过渡提供了依据。

（5）线路开关要具备电动执行机构，满足遥控条件。

（6）需要通信信道支持。

随着电子控制装置及通信成本的不断降低，这种利用信道、具有远动功能的线路自动化模式具有较强的生命力和推广价值。

三、故障指示器

电力线路发生相间短路故障或单相接地故障后，在不具备线路自动化条件的区段，巡线人员往往只能徒步沿线路全程逐段巡查。由于铁路电力线路沿铁路线分布，环境恶劣，交通不便，再加上分支线较多，因而巡线人员的劳动强度较大，有时因地形条件复杂或气候恶劣，为寻找一个故障点需要花费数 10 h。为使巡线人员准确、迅速地判断故障区段，以便快速找到故障点，采用电磁原理和电子技术的线路故障指示器，能够以较低成本解决这一问题。

故障指示器是一种安装在配电线路、电缆等导体上，指示短路故障电流通路（也有指示单相接地故障的）的电磁感应装置。故障指示器体积较小，一般安装在线路的"T"接处，当线路发生故障后，根据指示器的颜色变化可快速确定故障范围，找到故障点，安排维护维修清除故障，缩短停电时间，如图 7.5 所示。

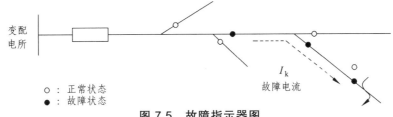

○：正常状态
●：故障状态

图 7.5　故障指示器图

故障指示器体积小，造价低，无需信道，可长期户外运行，安装、使用、维护、维修都十分方便，具有自动复位功能。目前这一检测手段在地方电力系统中应用较多。铁路电力系统可以使用故障指示器作为线路自动化的补充手段。使用时，要注意故障指示器对线路负荷电流、故障电流的要求。

第四节　线路自动化监控终端 FTU

一、构　成

FTU 作为线路开关智能监控装置，主要由终端控制器、智能充电器、蓄电池、箱体以及各种附件组成。

（一）终端控制器

终端控制器是 FTU 的核心模块，完成 FTU 的主要功能，如数据采集、故障检测及判断、逻辑运算、控制输出和通信处理等功能。

终端控制器一般由可靠性和抗干扰能力较高的工业级甚至军用级芯片组成，包括嵌入式CPU、Gate、DSP（ Digital Signal Processing，数字信号处理 ）、Flash、RAM 、FPGA（ Field Programable Gate Array， 现场可编程门阵列 ），及 I/O 通道和通信控制器等。其中 DSP 主要完成高性能的数字滤波和数字信号处理功能；FPGA 的应用不仅可以减少普通逻辑芯片的用量，而且使得 FTU 具有可编程的逻辑功能，灵活性和适应性更强。

一个典型终端控制器至少拥有 9 路交流量输入。这 9 路交流量可配置成 6 路电压、3 路电流，可以监视线路开关两侧的交流量。图 7.6 是 FTU 的核心模块系统图。

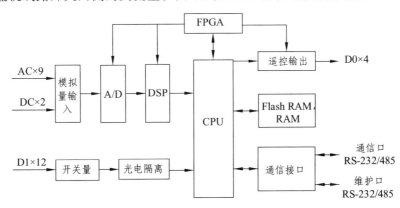

图 7.6　FTU 的核心模块系统图

（二）智能充电器

智能充电器主要完成 FTU 蓄电池充放电、多电源自动切换以及蓄电池状态监视、电池活化控制等功能，一般采用单片机来实现，并与 FTU 核心模块通信。

（三）蓄电池

蓄电池用作为 FTU 的后备电源，正常情况下，处于浮充状态，由线路 PT 进行充电；当线路失电时，为 FTU 提供正常工作电源，也为开关设备动作提供操作电源。蓄电池的电压可选 DC 24 V 或 DC 48 V，从安装维护和人身安全方面考虑，DC 24 V 更合适些。电池容量要保证线路失电后 FTU 正常工作 8 h 以上、开关分合 3 次以上。

（四）箱　体

FTU 大多数在户外，运行环境恶劣，因而 FTU 箱体应具有较强的耐腐蚀能力，最好用不锈钢材料或涂刷防锈漆。另外、箱体应具有较好的通风能力和防潮能力，安装、拆卸方便，满足防盗要求。

（五）附　件

FTU 附件包括就地操作面板、分合闸按钮、跳合闸指示灯、接线端子排、航空插头、空气开关等。

二、功能特点

FTU 具有常规 RTU 相同的功能，包括遥信、遥测、遥控、对实时事件顺序启示记录等，以及线路自动化特有功能。具体包括：

（一）"四遥"功能

"四遥"功能，即常规的调度自动化 RTU 的遥测、遥信、遥控、遥调功能。除正常负荷状态下的电压、电流、有功、无功、视在功率、功率因数、有功电度、无功电度、频率外，FTU 还要能够测量零序、负序电压及电流等能反映线路不平衡程度的电气量。

（二）故障信息采集处理功能

采集和处理相间短路、单相接地和断相等线路故障信息，并具有简单的故障录波功能。

（三）开关状态在线监视

通过测量记录断路器或负荷开关累计切断电流和负荷电流的水平、动作时间、动作次数，可以监视触头受电腐蚀的程度以及开关机械性能，为开关检修提供依据。

由于配电网开关多装设在户外，检修和维护工作量大而且极为不便。通过 FTU 的开关状态在线监视，能够及时检测开关状态和预测开关寿命，将电力部门传统的设备定期检修改为更为经济合理的状态检修。

（四）PLC 功能

随着电力自动化技术的发展，在 FTU、RTU 里集成 PLC 功能是一重要的发展趋势。应用 FTU 的 PLC 功能，可以自动实现线路故障分段等当地自动控制功能，如低周减载、备用电源自动投切、保护等。

（五）抗恶劣环境

FTU 能适应较恶劣的运行环境，能在 – 40 ℃ ~ +80 ℃ 温度变化范围内正常工作；具有良好的防潮、防雨、防腐蚀、防震动措施。FTU 装在电力柱上或组合式配电柜内，要承受高电压、大电流、雷电等干扰，具有很高的抗干扰能力。

（六）功耗小

线路设备的控制装置一般由电压互感器及蓄电池供电，容量有限，因此 FTU 的功耗尽量小。

（七）体积小、便于安装

FTU 一般安装在自闭或贯通线路分段开关处；当采用单杆时，可以何用悬挂式安装方式。FTU 也可以根据需要安装在环网柜或组合配电柜内。总的来说，因为安装空间有限，因此体积尽量小。

三、关键技术

（一）故障检测

线路自动化系统为了达到故障定位、隔离的目的，要求开关监控终端 FTU 要具备故障检测功能，这是 FTU 区别于一般的用于电力调度自动化系统 RTU 的重要特点。FTU 一般检测、采集如下故障信息：

（1）故障电流、电压值。实际应用中，FTU 可像录波器一样，记录下故障电压、电流的波形。为简化装置的构成及减少数据传输量，亦可以只记录几个关键的故障电流、电压幅值，如故障发生及故障切除前、后的值。

（2）故障发生时间及故障历时。

（3）故障方向。有些情况下，为了更准确地确定故障位置，FTU 需要测量故障电流方向。

（4）小电流接地故障，零序电流零序电压的检测。

单从故障区段定位的角度讲，主站只需知道 FTU 所监视的设备有无故障电流流过即可，因此，有些情况下，不要求 FTU 精确地测量故障电流等数据，只需要产生一个标志有故障电流流过的"软开关量"即可。

（二）可靠性设计

FTU 一般安装在户外。由于其安装环境特殊，对 FTU 的可靠性提出了更高的要求。

1. 适应恶劣工作环境

采取必要的防雷措施和良好的接地措施，能够适应 – 40 ℃ ~ +80 ℃ 的环境温度变化，具有防雷、防雨、防潮、防尘、抗振动等措施，具有较强的抗电磁干扰能力。

2. 具有自检和自恢复功能

FTU 应具有自检测功能，并在设备故障时及时告警；具有可靠的自恢复功能，装置死机时，通过自身的 Watch Dog 重新复位系统，恢复正常运行。

（三）具有不停电检修功能

由于 FTU 通常安装在分段开关处，因此当 FTU 故障时必须能够不停电维修，否则会造成较大面积停电。为此，FTU 应能很方便地和分段开关隔离开，因此有必要在 TA 进线处采用试验端子，与开关之间采用航空插头连接，加装电源熔断器，以及采用机壳等措施。

（四）电源系统

电源系统也是 FTU 的一个重要组成部分，它提供了类似 UPS 的功能，在故障隔离和事故恢复过程中起着至关重要的作用。FTU 电源一般由智能充电器和蓄电池组成。正常情况下，由电压互感器 TV 为蓄电池充电，并为 FTU 供电，故障时由蓄电池为 FTU 和开关操作供电，并保证开关在失电情况下具有一定的分合闸能力。

FTU 电源一般使用性价比较好的免维护酸铅蓄电池，该类型蓄电池具有一定的"记忆效应"，对充电、放电有严格的要求，使用时只有遵循其充、放电曲线使用，才能达到或接近其设计使用寿命（理想情况下，铅酸蓄电池一般使用寿命为 5 年）。

FTU 要能及时检测电源储能状态和电池工作状态，并上报调度主站，当电源故障或电池容量低于 10% 且电池电压接近死电压时报警，以便及时维护和更换蓄电池。

FTU 最好还能具有远程活化功能，调度中心值班人员在了解了电池状态后，远程即可完成电池活化工作，延长电池使用寿命。

四、环网柜 FTU 和开闭所 FTU

铁路电力系统有时需要在无法架设线杆或使用电缆的线路上安装环网柜，或在负荷较密集的区域建设开闭所，这些设备要实现线路自动化，也需要安装 FTU。环网柜或开闭所 FTU 的功能要求与普通的杆上 FTU 基本相同。只是安装方式、监控容量等方面有所区别，下面予以介绍。

（一）杆上 FTU

柱上 FTU 安装在户外线杆上，一般监控单一柱上开关。此时，FTU 的输入量为：9 路交流量（3 路电压，6 路电流），12 路开关量，4 路控制量/数字量输出。对于同杆架设两条线路的情况，理论上可以采用两台 FTU，但这会造成安装、维护、通信等方面的困难，成本也会增加一倍，因此，实际应用中通常只采用一台 FTU，此时 FTU 的容量应为 18 路交流量、24 路开关量、8 路控制量或数字量输出。

（二）环网柜 FTU

环网柜一般都为 2 路进线、2 路或多路出线。进线采用断路器或负荷开关，出线采用负荷开关或熔断器。

1. 监控容量

环网柜 FTU 至少需要监控 4 条线路，要求 FTU 有更大容量：15 路交流量（3 个压，12 个电流），48 路开关量，16 路输出量。

2. 安装环境

环网柜内部空间较小，如果为了满足监控容量的要求而采用多台 FTU 的话，安装空间可能受到限制。解决的办法有两个：一是采用大容量的单一 FTU，节约安装空间；二是将 FTU 安装在环网柜箱体外边。

如果 FTU 安装在环网柜内部，为了节约安装空间，再加上柜内安装环境比柜外环境好许多，只需安装 FTU 主单元即可，不再需要外层防护箱体。还可以考虑实际情况降低 FTU 的环境要求，如环境温度、抗风雨、防灰尘指标等，以降低设备造价。

3. 零序 TA

柱上 FTU 检测电流采用 3 个单相 AT，一般无法另外安装零序 AT，当判断单相接地故障时，所需要的零序电流值只能通过 3 个 TA 采样得到的电流值求矢量和获得。但是由于 TA 的误差再加上计算的误差导致精度不高，给故障判断带来影响。

环网柜内部均采用电缆线路，可以另外安装零序 TA，专门负责检测零序电流，从而提高小电流接地故障的检测精度。

（三）开闭所 FTU

开闭所 FTU 也称 DTU（Distribution Terminal Unit），安装在开闭所或小型变电站，所要监控的开关和线路的数量更多，因此监控容量要求就更大，但相对于环网柜 FTU，开闭所 FTU 对体积的大小要求不是很严格。

开闭所 FTU 的实现，一般是利用多台 FTU 组合并相互协调来实现，每台 FTU 分别监视一条或几条线路，同时各 FTU 之间通过通信网络互联实现数据转发和共享。这种方案的好处在于系统可以分散安装，各 FTU 功能独立，接线相对简单，便于系统扩充和运行维护。

第五节　线路故障检测技术和定位技术

线路故障检测，包括相间短路故障、小电流接地系统单相接地故障和断相故障的检测。这是实现线路自动化功能的基础。

一、相间短路故障

（一）监测原理

相间短路故障发生时，短路电流非常大，特别明显，容易检测。相间短路故障一般采用过电流检测原理，即判断线路电流是否超过整定值来检测故障。

实际应用中，故障电流可以用一周波傅里叶积分的方法计算，而电流整定值的选择原则是躲过最大负荷电流值。线路上有些负荷投入运行时"冷启动"电流可能很大，要注意用一些延时躲开。

（二）定位原理

定位原理：在同一次故障中，相间短路故障点位于 FTU 感受到的故障次数不同的两个相邻车站之间。

相间短路故障自动定位时，还要考虑如下因素：

（1）供电区间的运行状态，包括运行方式和供电方向。

（2）短路故障的类型：瞬时性故障还是永久性故障；瞬时性故障又分为备投成功的瞬时性故障、重合成功的瞬时性故障。

（3）因为配电所出线开关保护装置一般不具有 FTU 的故障检测和上报功能，当故障发生在供电区间两端配电所出线开关侧时与发生在中间位置的故障处理方法不尽相同，因此处理时应加以区分。

（三）FTU 的对时精度

当发生相间短路故障时，两侧出线开关的过流保护、备自投保护、重合闸保护等根据运行方式的不同（备投—重合、单备投、单重合等）以及故障性质的不同（瞬时性故障和永久性故障）先后输出相应动作，导致故障点两侧的 FTU 监测到时间和故障次数各不相同。

为了进行故障定位，需严格区分同一次故障、不同保护动作下的 FTU 检测到的故障时间，这就要求主站系统对同一个供电区间所有 FTU 的对时必须满足必要的精度条件。

二、单相接地故障

铁路电力线路一般采用中性点不接地方式。当发生单相接地故障时，由于接地电流小等原因，单相接地故障检测一直是一个难点。比较常见的单相接地故障选线原理，按照采用的信号可分为利用接地故障电流的稳态分量、谐波分量、暂态分量和注入信号寻迹等方法。稳态分量法又分为零序电流幅值、零序电流方向、零序电流有功分量等方法；谐波分量法又分为五次谐波大小和方向、各次谐波平方和等方法；暂态分量法分为暂态分量幅值、暂态分量方向等方法。

下面介绍国内常见的各种检测方法。

（一）零序电流幅值法

利用不接地电网中故障线路零序电流比非故障线路零序电流大的特点。缺点是当某一线路远远长于其他线路，即其分布电容与系统总的分布电容相差不大时，或接地点过渡电阻较大时，装置可能拒动；不适用于谐振接地电网。

（二）零序电流方向法

利用故障线路零序电流与非故障线路零序电流方向相反的特点。缺点是不能适应谐振接地时完全补偿、过补偿运行方式，不能检测瞬时性或间歇性接地故障。

（三）零序电流有功分量法

利用线路、消弧线圈对地导电的存在，故障电流中含有有功分量的特点。非故障线路和消弧线圈产生的有功分量方向相同且都经过故障点返回，因此，利用故障线路有功分量比非故障线路有功分量大且方向相反的特点，可区分故障线、故障相。缺点是故障电流中有功分量非常小，易受零序电流过滤器中不平衡电流因素的影响；而且必须取得零序电压信号。该方法还不能检测瞬时性或间歇性接地故障。

（四）五次谐波法

检测五次谐波大小和方向的方法基于以下理论：单相接地故障时，由于故障点、线路设备的非线性影响，故障电流中存在着谐波信号，其中以 5 次谐波为主。由于消弧线圈对 5 次谐波的补偿作用仅相当于工频时的 1/25，可以忽略消弧线圈的作用，因此，故障线路的 5 次谐波比非故障线路的都大且方向相反。缺点是 5 次谐波含量较小且在有电弧现象时不稳定。

各次谐波平方和方法主要是将 3、5、7 等谐波分量求和后再根据 5 次谐波理论进行选线、选相。虽然能在一定程度上克服单次谐波信号小的缺点，却不能根本解决问题。

（五）注入信号寻迹法

利用单相接地时原边被短接、暂时处于不工作状态的故障相 PT 向接地线注入一个特定的电流信号（不同于故障时线路中已有的信号特征），由于注入的信号会沿着接地线路经接地点注入大地，用信号寻迹原理即可实现选线并确定故障点。使用本方法存在的困难是，注入信号的强弱受 PT 容量限制；接地电阻较大时线路上分布电容会对注入的信号分流，给选线和定点带来干扰；如果接地点存在电弧现象，注入的信号在线路中将不连续且会破坏信号特征；无论是电缆线路，还是架空线路，定点时线路中的信号都不易被接收。

（六）暂态分量法

单相接地故障时所产生的零序电流暂态信号特征比较明显，幅值一般为稳态值的几倍到十几倍，频率为 400～1 500 Hz，而且故障点两侧的暂态零序电流方向相反。当发生单相接地故障时，利用故障时特征比较明显的暂态零序电流信号来检测小电流接地故障，是一种比较有前途的方法；对于中性点经消弧线圈接地的运行方式，因为消弧线圈一般工作在工频范围内，不会对高频的暂态信号产生影响，因此，这种方法理论上也适用于经消弧线圈接地的运行方式。

需要说明的是，单相接地故障选线和定位在配电网中是一个技术难点。上述检测方法各有优缺点，如何快速准确地找到接地点是一个世界难题，这方面还有许多工作要做。

三、断相故障

铁路电力线路沿线多为架空线路或架空电缆混合线路，有大量导线接头，长期户外运行氧化腐蚀会使接头的接触电阻逐渐增大，电流通过时会发热，温度升高又促使接触电阻进一步增大，恶性循环，导致接头烧熔，发生断线故障。断相造成非全相运行，会使用户电机烧毁；架空线路断线掉在地上，对人身安全造成威胁。因此，线路自动化系统应对断线故障予以处理。

断线故障监测的基本原理是当故障发生时三相电压会出现严重不平衡现象。具体的做法是：

（1）高压断相监测和定位的前提条件是在同一个供电区间内，FTU 能够检测三相电压的大小。

（2）高压断相故障的检测和启动条件是：主站系统根据 FTU 上报的线路电压数据，检测到线路上某相电压低于整定上限值，而且大于整定的下限值时就认为发生了断相故障。

（3）这样在已知供电方向的情况下，在某个供电区间上，高压断相故障的位置应该在第一个出现任意线电压或相电压低于断相故障电压上限门槛值，而且大于断相电压下限门槛值的开关和与其相邻的上开关之间。

注意：

（1）高压断相故障的判定条件是：相电压小于上限值而且大于下限值。大于下限值是为了躲开线路失压的情况。

（2）此种判据下的输出结果并不唯一，可能是断相故障，也可能是 PT 断线。也就是说，系统对断相故障和 PT 断线故障不作区分，作为同一故障处理。

复习思考题

1. 铁路电力主要设备有哪些？
2. 简述电压-时间控制的特点
3. 电流-时间控制与电压-时间有什么不同？
4. 什么是 FTU？简述其构成和功能。
5. 单相接地故障的检测方法有哪些？

第八章　变配电所自动化

第一节　概　　述

我国变电站、变电所自动化工作发展十分迅速，20世纪90年代初，国内电力系统开始研制和生产集中式的变电站自动化系统，它将传统变电站二次部分的保护、控制、信号、测量、远动等功能分类集中处理，基本上仍保留原有变电站二次部分的分工界限，因此，也称为"变电站集中控制装置"；20世纪90年代中期开始研制分散式变电站自动化系统，主要是将原来"集中台"上面向间隔层的功能，分布到各一次设备"间隔单元"中去，即功能下放，而所内全局性的监控以及与上级主站的通信处理功能单独形成站控制层。目前，"分散分布"式已经成为变电站自动化技术的主流，特别适用于像铁路变配电所这样的中低压变电站，并逐渐向高压变电站发展。

按照铁路系统习惯，35 kV及以上等级的称为变电站，10 kV及以下等级的系统称为变电所，包括10 kV变电所、10 kV配电所、10 kV变配电所。与地方电力系统相比，铁路电力系统变电站电压等级较低，主要是10 kV变配电所，少量35 kV、110 kV变电站，规模也相对较小，出线一般只有几回到十几回。为了描述方便，一般把变电站和变电所合称为变配电所。

由于行业原因，铁路变配电所自动化起步较晚，因此，铁路变配电所在设计、建设时结合自身特点，充分借鉴地方电力系统的经验，发挥后发优势。

（1）变电所自动化系统作为电力调度自动化的一个子系统，应服从电力调度自动化的总体设计，其配置、功能包括设备的布置应满足电网安全、优质、经济运行以及信息分层传输、资源共享的原则。

（2）所内自动化及无人值班站的接入系统应从技术上保证所内自动化系统的硬件接口满足国际标准。系统的支撑软件符合ISO开放系统规定，系统的各类数据、通信规约及网络协议的定义、格式、编程、地址等与相应的电力调度自动化系统保持一致，以适应铁路电力自动化的发展要求。

（3）由于铁路变配电所电压等级较低，在新建项目中应尽量采用分布式变配电所自动化技术，即坚持分层、分布、功能下放的原则，凡可以在间隔层完成的功能如保护、备用电源自投、电压控制等，无需通过上位机去完成。为了提高系统可靠性，变配电所层和通信系统可以冗余配置。

（4）要积极推行保护、测量、控制一体化设计，并确保保护功能的相对独立和动作可靠性。分布式系统的SoE分辨率通过保护单元来实现。保护、测量、控制原则上可合用电压互感器（TV），对电量计费、功率总加等有精度要求的功能模块可接入电流互感器（TA），供电监视用的量（远动信息）可合用保护TA。

（5）自动化系统设计中优先采用交流采样技术，减轻TA、TV的负载，提高测量精度。同时可取消光字牌屏和中央信号屏，简化控制屏，由计算机承担信号监视功能，使任一信息做到一次采集、多次使用，提高信息的实时性、可靠性，节约占地空间，减少屏柜、二次电缆的设计、安装和维护工作量。

（6）目前铁路系统内的变配电所自动化系统各部件之间的联系多采用串行口一点对多点通信方式（RS-232），其通信速率和资源共享程度均受到限制，故建议采用总线形网络结构，如现场总线（RS-485、CAN）或工业以太网（TCP/IP），这样网上每个节点都可与网上其他节点直接通信，提高通信效率，减少了布线的复杂性。

（7）变配电所内存在较强的电磁场干扰，特别是电气化铁路沿线的变配电所干扰更为严重。从抗电磁干扰角度考虑，在选择通信介质时可优先采用光纤通信方式，这一点对分散式变配电所自动化系统尤为适用。但鉴于光纤安装、维护复杂及费用相对较高，一般的变配电所也可采用屏蔽电缆或电缆作为通信介质。

（8）按铁路电力系统长远发展规划，变配电所的发展应该是"无人值班、无人值守"，这对铁路系统具有重要的经济效益和社会效益。但是鉴于铁路系统的实际情况，目前还需要一个先积极试点、积累经验、制订统一的技术规范，再逐步过渡的过程。

第二节　设计模式

针对铁路电力系统变配电所的实际情况，自动化系统的模式可以简单一概括为以下两种：

一、传统模式

传统模式又称集中模式，就是目前国内应用比较普遍的远方终端装置（RTU）加上当地监控系统（又称当地功能），再配上变送器、遥信转接、遥控执行、UPS 等屏柜，如图 8.1所示。

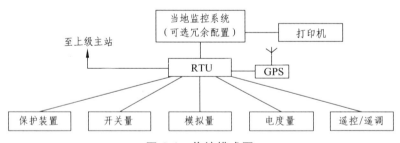

图 8.1　传统模式图

该模式主要适用于现有的传统变配电所技术改造。由 RTU 集中完成所内数据采集功能，上级调度主站或当地监控系统通过 RTU 完成对变配电所的控制，继电保护仍沿用原有的装置，但要能在故障情况下向 RTU、上级主站报告动作信息。

二、分布式

分布式变配电所自动化系统的主要特点就是采用面向间隔层的一体化保护监控器，这种一体化装置集间隔层单元的保护、监控、远动及通信等功能于一体。各间隔层保护监控器之间及间隔层与站级微机之间经所内通信网互联。

所内常用的通信方式有现场总线或工业以太网，常用现场总线有 CAN Bus、LON-Work、RS-485 等。通信网有星形、总线形和环形，通信介质可以是双绞线或电缆，也可以是光纤。这种结构最为简明、清晰，网络信息交换更为合理、可靠性高，但对保护及监控装置的通信接口规范化、标准化更高。

分布式变配电所自动化系统结构示意图如图 8.2 所示，这种变配电所层、通信层和设备间隔层三层分布式、开放式变配电所自动化系统结构已成为铁路变配电所的主要发展趋势。

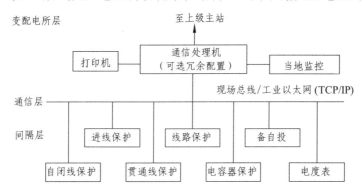

图 8.2　分布式变配电所自动化系统结构示意图

分布式保护监控装置通常有两种安装方式：一种是在主控室集中组屏安装，这种方式便于设备的统一维护和管理，缺点是需要连接大量的二次电缆；另一种是直接在配电间隔层或开关柜上分散布置，这种方式可以节省连接电缆，缺点是维护和管理比较麻烦。

分布式系统中的当地监控系统又称当地功能，如用于有人值班变配电所作为当地功能，可以适当加强人机界面功能，配备打印机，并负责向上级调度主站转发数据；如用于无人值班变配电所，则可以将当地监控系统更换为自动化通信处理机。这种模式取消了集中式系统中采用的 RTU，具有占地面积小，二次接线简单，技术先进，维护和施工方便等优点，适用于新建变配电所。

第三节　主要功能

铁路变配电所自动化的功能主要包括：电气量采集和电气设备（如断路器）的状态监视、控制和调节，实现变配电所的正常运行和操作，保证变配电所的正常运行和安全；在发生事故时，瞬态电气量的采集、监视和控制（由继电保护、故障录波等完成），迅速切除故障，完成事故后的变配电所恢复正常运行；从长远的观点来看，还应包括高压电气设备本身的监视信息（如断路器、变压器、避雷器等的绝缘和状态监视等），为电气设备的监视和制订维修计划而收集原始数据提供先进的手段。

变配电所自动化功能具体可以分为以下类型：

一、保护功能

保护的类型有线路保护、出线保护、自闭/贯通线路保护、电容器保护、变压器保护、备自投等。常用的保护内容有：过流保护、过压保护、重合闸、备用电源自投切、同期检查、零序保护、低频减载等。

二、SCADA（远动）功能

变配电所实时监视和控制（SCADA），即远动功能，包括遥测、遥控、遥信和遥调，以及故障报警、SoE、数据统计和计算、图形、生产报表、曲线等。

三、管理功能

管理功能包括变配电所运行管理功能、保护管理功能、操作管理功能、设备管理功能等。

变配电所运行管理功能，包括运行状态、信息、变量、事件的监视、记录、存档、打印等功能。保护管理功能，包括保护方式和运行参数读取、修改、存储、下载等。操作管理功能包括操作闭锁、操作记录、操作票管理、"五防"功能等。设备管理功能包括变配电所一、二次设备台账管理、设备运行状态监视和统计及维修记录等。

四、通信功能

通信功能包括所内通信，与上级站的通信，实现遥控、遥信、遥调、SoE 事项或故障录波数据上报等。另外，还可以用为调度自动化系统的数据转发节点，向调度主站转发就近其他自动化装置的数据，上通下达。

五、其他功能

其他功能包括变配电所电量抄表计费、负荷管理及用户电能采集计费，以及所内电源管理、远程诊断和维护等。

以上功能合在一起可以统称"变配电所综合自动化"。所谓"综合自动化"，主要指功能综合，就是利用计算机技术和通信技术将保护、远动、计量、录波、通信等功能集成为一体，实现信息共享和对变配电所的统一监控和调度。

第四节　当地监控系统

变配电所自动化系统，特别是有人值班变配电所，需要配置当地监控系统（又称当地功能），作为值班人员与变配电所自动化系统交互的界面。

下面以四维电子信息有限公司的 SW-1000 变配电所自动化监控系统为例加以说明。

一、系统配置

SW-1000 变配电所自动化监控系统（简称"SW-1000 系统"）遵循开放式标准，采用 Windows NT/2000 或 Unix、Linux 作为系统软件平台，软件结构同 SW-2000 大体一致，硬件采用工业 PC，允许单机配置和双冗余配置。对于大型变电站，也可以方便地扩展各类工作站、数据库服务器和 Web 服务器等设备，构成规模更大、功能更强、系统更稳定的自动化监控系统。SW-1000 系统结构如图 8.3 所示。

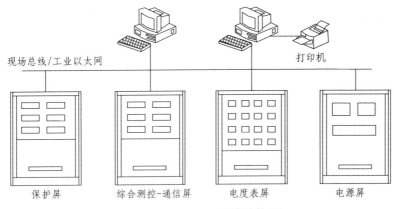

现场总线/工业以太网　　　　　　　　　　　　打印机

保护屏　　　　综合测控-通信屏　　　　电度表屏　　　　　电源屏

图 8.3　SW-1000 系统结构图

二、主功能

SW-1000 系统的主要功能包括：

1. 数据采集

SCADA 系统采用多线程技术实时采集遥测、遥信、电度、微机保护等数据，同时向各自动化装置发送各种数据信息及控制命令。

采集的信息包括：

（1）模拟量：包括电压、电流、主变油温等。

（2）状态量：断路器及隔离开关位置、有载调压器抽头位置、预告信号、事故总信号等。

（3）保护及综合自动化信息。

（4）脉冲量：电网周波、脉冲电度等。

2. 数据处理

SCADA 系统采集数据后，立即进行处理，并对重要数据存盘。包括：

（1）模拟量数据处理：越限检查、数字滤波、工程转换、统计计算。

（2）状态量处理：状态取反等。

（3）保护故障信息：显示、整定。

（4）脉冲量：基值设定、脉冲累加。

3. 计算与检索功能

对实时和历史的模拟量、数字量及状态量进行计算与检索。

系统中虚拟点对所有的计算与实点一致。计算中，包括各种计算类型，电力系统的通用计算均可完成。

可检索实时数据、一段时间内的历史数据和资料性数据，用户可以定义检索条件，检索结果可显示、存储，可供图表调用。

4. 电网控制

控制功能包括：

（1）开关量输出（遥控）。

（2）变压器分接头控制（遥调）。

（3）保护复归、信号复归。

5. 微机保护远方监视和整定

通过人机界面召唤现有定值，在线修改保护定值并存储至数据库，设定保护功能投切压板，操作方便、快捷。

6. 信息与报警

报警方式包括：文字（光字牌）报警、声音报警、打印报警。

报警类型包括：越限告警、变位报警、事故报警、保护故障信息、自动化系统故障告警等。

7. 时间同步及事件顺序记录（SoE）

系统自动保证装置时间同步，并能自动保存事件记录。

8. 历史数据库管理

历史数据自动保存在硬盘上，也可转移到光盘上作长期存档，需要时可方便地调入系统进行分析。

9. 人机接口

（1）图形显示基本功能：各种图形，包括综合图、厂站主接线图、负荷曲线、棒图、趋势曲线和历史曲线等，以及报表的生成、编辑和打印。

（2）事件顺序记录（SoE）显示打印。

（3）故障录波数据显示与打印。

（4）模拟光字牌显示。

（5）地理图、综合图、接线图、单线图等图形分层显示。

10. 驱动模拟屏或数字投影仪

可以驱动模拟屏或数字投影仪显示。

11. 报表管理

日、月、年生产报表的生成、打印和管理。

12. 设备信息查询

可以录入、编辑、查询变压器和开关等设备的参数、运行及检修情况；查询各种保护设备的参数及运行情况。

13. 操作记录功能

对于进入操作系统的用户的遥控等操作步骤记录历史数据库，便于查询。

14. 模拟操作台功能

SW-1000 系统提供操作台模拟功能，省去原来系统的集控台、光字牌等，使操作更简单、直观、方便。

15. 故障录波及显示

在发生故障时保护监控装置自动进行录波，并将信息传输到当地功能。当地功能系统对录波数据进行存储、分析，将录波波形显示出来。

16. 系统自检功能

在线自诊断各保护装置、RTU 等。设备运行异常时告警，并将结果送至当地功能，以便显示打印。该功能用于配电所交班或对保护单元的保护功能的状态测试。

17. Watch Dog 功能

具有看门狗功能，当出现异常死机时，看门狗能够自动复位 CPU，重启系统。

18. 数据转发功能

可基于 IEC870-5-101、SC1801、CDT 等规约有选择地向调度主站转发数据。

19. 远程维护

利用拨号 MODEM 和公用电话网络可以远程对当地功能进行维护，提高了系统的服务质量。

第五节　远动终端（RTU）

一、工作原理

远动装置（RTU）是电力自动化系统的重要组成单元，主要安装在铁路沿线变配电所内，负责电力系统的数据采集和操作命令的执行。

我国 RTU 的研制工作是从 20 世纪 60 年代开始的，历经几十年的发展，技术日臻成熟，种类和生产厂家众多。从体系结构上，RTU 可以分为集中式和分布式，分布式 RTU 又可分为功能分布式 RTU 和结构分布式 RTU。从采样方式上，可以分为早期的直流采样 RTU 和目前主流的交流采样 RTU。从组屏方式上，分为集中式 RTU 和分散分布式 RTU。

RTU 主要由主控 CPU、遥信、遥测、遥控、遥调、脉冲、数字、人机交互、远方通信等组成。目前国内 RTU 多采用多 CPU 结构，除了主控 CPU 外，遥信、遥测、遥控等各个部分均有自己的 CPU。主控 CPU 负责管理各个子系统，并与调度中心通信以及人机联系；各子 CPU 负责子系统范围内的数据采集、处理或执行命令，并与主控 CPU 通信，通信方式多采用 I/O 总线方式。采用多个 CPU 构成 RTU，有利于提高 RTU 采集和处理远动信息能力。

RTU 工作原理如图 8.4 所示。

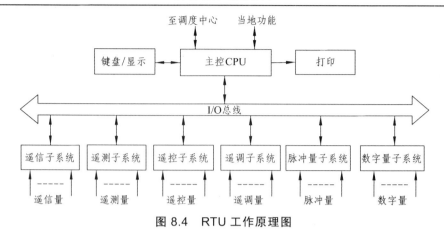

图 8.4　RTU 工作原理图

二、RTU 功能

RTU 主要功能包括：

（一）远动功能

远动功能：即遥信、遥测、遥控和遥调一般采用无触点方式，遥控和遥调的正确率不小于 99.99%。

（二）事件顺序记录（SoE）

SoE 包括两项内容：发生的事件，如开关变位、故障、重要遥测越限等，以及事件发生的准确时间。SoE 的技术指标是时间分辨率，分辨率分为站内（RTU 内）和站间（RTU 之间），一般站内分辨率要求小于 5 ms，站间分辨率要求小于 10 ms。

（三）系统对时

自动化系统中各 RTU 的时钟应与调度中心主站时钟严格同步。常用的对时方法有两种：GPS 直接对时、由主站软件对时。

（四）电能采集

采集变配电所进线和出线以及主变两侧的电度值，传统做法是通过记录脉冲电度表的脉冲数来实现，较为先进的做法是通过和智能电表通信获取电度值。

（五）通　信

RTU 应具有多个通信口，以便与上级调度主站、其他自动化系统或装置之间通信。通信规约一般应支持 Polling、CDT、IEC 870-5-101 等，通信速率通常为 600 bit/s、1 200 bit/s、2 400 bit/s、4 800 bit/s，RTU 应具有通信速率选择功能或自适应功能，支持光缆、电缆、无线等多种通信方式。

（六）当地显示和整定

在 RTU 上安装键盘和显示器（LED、LCD 等），使得 RTU 的采集量在当地就可以显示出来，也可通过当地键盘遥测转换系数、修改电度表基值和定义 SoE 点等。

（七）自恢复和自检测功能

RTU 处于强电磁场干扰的环境中，有时会出现死机、部件损坏、瞬时掉电等故障。为了确保 RTU 永不停止地与 SCADA 系统通信，要求 RTU 具有自恢复和自诊断功能，以提高整体系统的可靠性。

三、RTU 的选择

铁路系统在实施变配电所自动化时，应本着经济节约、适度超前的原则选择 RTU 类型。对于老所改造，原有的保护装置如果需要继续保留，为了便于施工，可以选用 RTU 与保护装置配合，实现变配电所自动化功能。RTU 的选择如表 8.1 所示。

表 8.1　RTU 的选择

RTU 类型	特点	适用范围
集中式	单 CPU，集中组屏，可靠性低，维护/维修麻烦	原来应用较多
功能分布式	多 CPU 串行总线、模块化结构可靠性高，维护维修方便，一般仍集中组屏	老所改造
结构分布式	多 CPU，串行总线，面向一次设备对象的单元式结构，可靠性更高，维护维修方便，既可分散安装，也可集中组屏	新建变配电所

另外，选择 RTU 时不仅应该注意选用交流采样 RTU，同时要检查 RTU 有无相关部门的检测合格证或入网许可证。

第六节　微机保护装置

一、工作原理

铁路变配电所常用微机保护装置有：线路保护、自闭/贯通线路保护、电容器保护、备用电源自动投入装置、微机测控装置（调压器、变压器、断路器等的监控）、变压器保护等。

20 世纪 90 年代以来，分布式变电站自动化技术发展迅速，特别是在 35 kV 变电站、10 kV 变配电所中大量采用该技术，即将传统变电站自动化系统的全部功能或部分功能，如保护、监视、控制、计量及录波等集成为一体，构成一体化保护装置。

微机保护装置一般由 CPU、存储器、输入输出回路、保护逻辑电路及驱动、通信接口等组成。为了确保保护功能的独立性，提高保护装置的可靠性，保护装置 CPU 一般由保护 CPU、测控 CPU 双 CPU 组成。工作原理如图 8.5 所示。

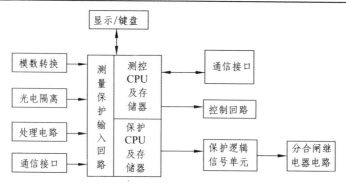

图 8.5　微机保护装置工作原理图

　　一体化保护装置采用双 CPU 结构，每个 CPU 有各自的存储器，将保护、远动、计量、通信等功能集成为一体，完全取代 RTU 的功能。这样既节省了 RTU 的投资，又节省了变配电所的占地空间，有利于安装、调试、维护工作简单化。

二、主要特点

　　一体化保护装置的主要特点如下：

　　（1）保护装置采用一体化设计思路，各保护装置集保护、监控、远动、通信甚至录波等功能于一体，除具有多种保护如电流保护、电压保护、三相一次重合闸、低周减载、方向保护、备用电源自投切等功能外，还可实现遥信、遥测、遥控、遥调等远动功能，具备完善的数据通信和功能再配置能力，可以扩展单故障录波等功能。

　　（2）一体化保护装置一般采用多 CPU 设计，保护 CPU、监测 CPU 分开设置，参见图 8.5。保护功能相对独立，可以避免保护、监控功能的相互干扰，提高保护功能的可靠性和实时性。

　　（3）多数保护产品还采用数字信号处理器（DSP）技术，大大减轻了主 CPU 的负载，提高了装置的数据处理能力，可以比较容易地实现交流采样。

　　（4）充分利用软件资源，减少硬件的重复设置。通过软件完成保护和控制的各种条件判断、闭锁等功能。

　　（5）提供多路通信接口和一路维护口。通信接口可以是 RS-232/485 串口、现场总线接口，甚至以太网接口；维护口用于与便携机通信，进行现场维护、检查、修改程序等；支持 CDT、SC1801、IEC870-5-103、ModBus 等通信规约。

　　（6）装置配置液晶屏，信息详细直观，操作调试方便；可直接通过面板操作或接插便携机在当地保护定值，也可通过主站系统进行远方整定。

　　（7）一般采用工业机箱设计，插板式、模块化结构，配置灵活方便，适应性强，既可以集中组屏，也可以面向一次设备间隔分散安装。

三、微机保护装置的选择

　　微机保护装置，特别是中低压保护装置，技术和产品相对成熟，国内生产厂商众多。下面简单介绍微机保护装置在选择时应注意的事项。

（一）可靠性

保护装置的可靠性、准确性必须为 100%，这是对保护装置最基本的要求，也是最重要的要求。

在选择一体化装置时，应注意选择多 CPU 产品，即保护 CPU 和监控 CPU 分开设置的产品。

（二）快速性、实时性

在故障状态下保护装置必须快速切除并隔离故障部位，故障信息必须及时上报；异常及正常状态下的运行控制必须实时执行。

（三）稳定性

要求系统抗干扰能力强，不死机、不频繁启动，软件不走飞。

（四）灵活性

包括系统扩展设计的灵活性，硬件配置的灵活性，以及软件组态的灵活性。

（五）易维护性

要求提供远程访问、装置面板显示、便携式测试系统等接口手段，插件互换性强，自诊断能力强。

在选择保护装置时应选择集保护、远动、通信等功能为一体的一体化保护装置。另外，保护装置有没有通过动模试验和有没有长期可靠的运行经验也是选择保护装置的重要因素。

第七节　变配电所无人值班

一、概　述

无人值班变配电所，是指没有固定值班人员在变配电所进行就地进行日常监视与操作，变配电所的日常操作与监视由上级调度中心通过调度自动化系统的远动功能进行的变配电所，如图 8.6 所示。变配电所无人值班是变配电所运行管理的一种模式。

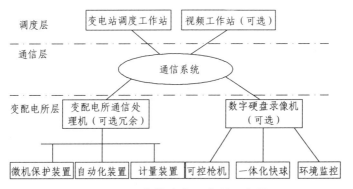

图 8.6　无人值班变配电所示意图

变配电所无人值班一直是电力系统的热门话题。从国内、国外电网发展的情况来看，变电站或变配电所无人值班，不仅仅是为了减少生产人员及其开支，更是为了提高电网的科技发展水平和科学管理水平，加快电网发展。因此，在发达国家和地区的电网中，无人值班变电站已从 10 kV 扩大到 220 kV，甚至向更高电压等的变电站方向发展。

对于铁路电力系统，从长远来看，变配电所的发展方向应该是实现"无人值班、无人值守"，这对铁路系统来说具有重要的经济效益，又具有重要的社会效益。但是，鉴于铁路系统的实际情况，实现变配电所无人值班需要一个逐步积累和逐步过渡的过程。最好的解决办法是：具备条件能够实现无人值班的，可以积极开展试点工作，为变配电所无人值班全路推广和应用积累运行经验；不能实现无人值守的可以先按照无人值班的要求设计和建设，实现"无人值班、有人值守"，待条件成熟后，再过渡到真正无人值守。

二、实行无人值班的意义

铁路电力变配电所实施无人值班具有如下意义：

（一）增强设备的可靠性

新建或改造的无人值班变配电所，首先应以保证设备的可靠性为前提，提高设备的自动化程度。在无人值班的变配电所中，无论是执行正常的运行操作，还是处理故障中的紧急操作，均通过自动化系统进行，减少了人为失误，降低了出差错的几率，因此，比有人值班变配电所的手动操作更及时、更准确、更可靠。

（二）简化生产管理环节

变配电所实行无人值班，以实现远动和自动化为基础，将传统靠人（值班人员）来保证电力生产安全的做法，变成由自动化设施来实现。为适应铁路电力系统发展的需要，原有的规章制度，也要作较大的变革，使生产管理从过去烦琐、繁重的劳动中得到解放。

（三）减员增效，减轻工人劳动强度

随着铁路系统的进步与发展，变配电所管理也应该改变传统的管理模式，逐步实施变配电所无人值班，把运行人员从简单的重复性劳动中解脱出来，实现减员增效的目标；另外，铁路变配电所多沿铁路线建设，环境恶劣，交通不便，实行无人值班可以大大减轻工人的劳动强度。

（四）降低综合投资

无人值班变配电所整体布局紧凑，控制室小，不建生活设施，既降低了综合投资，又节省了大量的土地，符合国家的长远发展规划。

（五）提高铁路电力企业管理水平

依靠科技进步，走变配电所无人值班的道路，是实现铁路电力系统可持续发展，保证电力系统稳定、可靠、安全供电的必由之路，也是铁路系统提高企业管理水平，推进体制改革，

保障行车安全的必由之路。

从地方电网近几年无人值班变配电所的实际运行情况和铁路系统的试点来看，变配电所无人值班不但技术可靠、运行稳定，而且经济效益十分显著，安全情况良好，对提高铁路电力系统的安全水平，起到了重要的作用，大大降低了由人员过失引起的误操作事故发生率。

三、实现无人值班的条件

变配电所实现无人值班，绝不是一项简单的技术改造工作，而是与变配电所运行管理方式、电力调度自动化的分层控制，以及变配电所的自动化水平等一系列问题密切相关的系统工程。借鉴地方电力系统的运行经验，铁路电力系统要实现变配电所无人值班至少应该具备以下条件：

（一）优化的设计

要实施变配电所的无人值班，必须有优秀的设计及最优化的方案，以实现电网的安全、可靠、经济运行为基本出发点，保持对变配电所运行参数（电流、电压、主要设备运行状况）的监视和控制。

设计工作大致可分为三步：

第一步，进行可行性研究和规划，进行技术条件的认证，对管理方式和管理制度定位进行效益分析；

第二步，确定控制方式和管理方式，即设计如何由铁路局或铁路公司、段各级调度中心分层管理和控制；

第三步，确定实施无人值班的技术装备，包括一次设备、二次设备、保护装置、监控设备、调度自动化和通信设备等。

另外，还必须考虑与地方电网的配合，一次设备、继电保护、自动装置、直流（操作和控制）回路等必须满足运行方式的要求等。

（二）可靠的一、二次设备

要实现变配电所无人值班，必须有可靠的一、二次设备。新建站，在设计时应选用性能优良、维护工作量小，可靠性高的产品；老所改造，在实现无人值班之前，应进行全面、彻底的检修或技术改造，使设备的性能满足变配电所无人值班的要求。

改造时涉及的一、二次设备包括：

（1）主变压器及高压配电装置；

（2）继电保护、安全自动装置及变配电所自动化系统；

（3）所用电源及操作电源；

（4）视频监控系统；

（5）变配电所的消防、温感和防盗系统等。

（三）可靠的通信通道及所内通信系统

无人值班变配电所与有人值班变配电所相比，其通信通道、条件及所内通信系统要求更高。选择先进、可靠的通信方式及所内通信系统，保证通信质量及所内通信局域网络畅通，是无人值班变配电所建设的重要基础工作之一。

1. 与调度主站通信

应尽量选择电话专线或数字通信通道，如 RS-232 点对点通信、64KB 数字专线、2MB 数字通道以及借用铁路系统 TMS 网络等。有条件的可以考虑设置主备双通道，或环形自愈通道，以确保无人值班站与调度主站之间的通信的可靠性。

2. 所内通信

所内通信方式推荐采用现场总线，如 RS-485、CAN Bus、LON 等，有条件的可以考虑组建工业以太网；通信介质推荐采用光缆、屏蔽双绞线，电磁干扰不严重的变配电所也可以采用非屏蔽双绞线。

（四）调度自动化主站满足实用化要求

要实现变配电所无人值班，必须有一个能实行远方监视和控制、稳定性好、可靠性高的调度自动化主站系统，用于完成遥信、遥测、遥控和遥调。这是决定变配电所能否实现无人值班的关键条件。

变配电所实现无人值班后，调度中心应完成对无人值班变配电所的监控和管理功能，主要内容包括：

（1）通过调度自动化系统完成对无人值班变配电所的远动功能。在设计遥控时，应注意保护、当地监控和调度主站三者之间的控制权限优先级以及相互闭锁等问题。

（2）完成无人值班变配电所运行参数、保护参数的监控和调整，以及信号远方复归。

（3）完成对无人值班变配电所内的站用电源、直流操作电源和 UPS 的远方监视和调整，最好能实现对蓄电池的远方监视和活化。

（4）变配电所管理。

（5）有条件的变配电所，可以增加视频监控系统，作为对 SCADA 功能的有益补充。

（五）抵御外界环境条件要求

为使无人值班变配电所安全运行，必须保证变配电所具有防盗、防火等预防措施，必须有良好的接地和防雷设施，以确保一、二次设备的安全运行。

（六）要建立行之有效的管理制度

随着无人值班变配电所的建设、改造和投运，必须建立一套行之有效的无人值班变配电所运行管理制度，并以此来规定与无人值班变配电所运行信息相关的调度中心、电力工区、车间、检修部门等的职责和责任，建立无人值班变配电所的正常巡视、维护、倒闸操作及事故处理等运行管理机制。

（七）要有一支合格的专业队伍

铁路变配电所完成了从有人值班到无人值班的过渡后，为了保证无人值班变配电所的安全、稳定运行，必须有一支合格的专业队伍，包括：

(1) 合格的调度中心调度、维护和管理人员；

(2) 合格的维护操作队伍；

(3) 合格的变配电所设备巡视和检修队伍。

四、自动化设备配置

无从值班变配电所自动化设备应与电力调度自动化系统相适应，对老所改造或新建变配电所应有不同的要求。

(一) 传统模式

常规二次设备加远动装置 (RTU)。在保留变配电所常规保护、测量、信号等二次设备的基础上，增加 RTU 完成远动功能。这种方式适用于将老的变配电所改造为无人值班所。采用这种方式对运行中的变配电所二次回路的改动工作量小，投资少，工程量也较少。

(二) 分布式

采用一体化自动化装置，将保护、远动、测量、通信以及录波等功能综合在一起，形成变配电所综合自动化系统，然后由综合自动化系统与调度主站通信，实现无人值班。这种配置方式一般适用于新建的无人值班变配电所。两种配置方式的比较见表 8.2。

表 8.2　配置方式的比较

配置方式	传统模式（集中式）	分布式（综合自动化）
可靠性	稳定、可靠	具有较高的可靠性
经济性	设备投资少，占地相对较多	设备投资较高，占地少，综合造价较高
可维护性	维护方便	维护比较复杂，需要较高素质的维护队伍
运行经验	国内外具有丰富的运行经验	具有一定的运行经验
技术先进性	技术落后	技术先进，发展趋势
适用范围	老站改造	新站建设

复习思考题

1. 铁路变配电所自动化的功能主要有哪些？
2. 铁路变配电所的主要发展趋势是什么？
3. 如何选择 RTU？
4. 铁路变配电所常用微机保护装置有哪些？

5. 微机保护装置在选择时应注意哪些事项？

6. 铁路电力变配电所实施无人值班具有哪些意义？

7. 变配电所实现无人值班后，调度中心应完成对无人值班变配电所的监控和管理的功能有哪些？

第九章　信号电源监控

铁路电力系统中，与行车密切相关的电力负荷（多为一级负荷）要求采用双电源供电。为了进一步提高双电源的运行可靠性，应在双电源处设置自动化监控终端，将双电源运行状态纳入电力自动化系统的监控范围。信号电源及信号电源监控器（STU）就是其中典型代表。

第一节　概　　述

信号电源是铁路电力系统特有设备，主要为行车信号供电、属于一级负荷。信号电源一般由自闭、贯通两路电源供电，只有一路电源的情况下由地方电力系统再引一路电源构成双电源回路，所以习惯上又称为双电源系统。两路电源互为冗余，故障时相互切换，以提高供电可靠性。

铁路电力系统的供电模式是比较完备的，但由于自然环境、运行管理方式等原因，信号电源系统仍然存在诸多隐患：

（1）铁路电力系统沿铁路线分布，自然环境恶劣，故障多发，传统的管理模式是通过人工走线巡检、查找故障隐患，往往只有当故障发生后才能发现故障，而且还需要层层逐级上报，信息传递十分缓慢，效率低下，供电可靠性没有保障。

（2）按照铁路系统的管理模式，信号电源系统绝大多数由两个专业分别管理：10 kV 高压侧（含信号电源变压器）由电力专业（供电段或水电段）管理，380/220 V 低压侧（含信号机控制箱、信号机）则由信号专业（电务段）管理。因此，当信号电源出现停电故障时，由于没有故障数据和信息作为依据，故障原因难以确定，容易出现责任不清的现象。

显然，这种落后的运行方式和管理方式已远远不能适应列车提速和实现发展目标的需要。为此铁路主管部门从 1999 年就开始强调信号电源实施自动化监控的重要性，制定了信号电源监控装置的技术标准并加以推广，取得了显著成效。

2004 年铁道部〔2004〕91 号文件及相关会议中更是明确要求：

（1）沿线各站双电源故障停电时间小于 5 min，单电源故障停电时间小于 20 min。

（2）计划检修停电（沿线各站）每年不大于一次，范围不大于一个区间（两站之间），每次检修只能停用一个车站的一路电源。

（3）沿线各站信号电源的供电可靠性（年送电时间/年运行时间）达到 99.99%以上。

要求达到上述要求，信号电源实现自动化监控和信息化管理已成为必然。

第二节　系统结构

信号电源监控系统是整个铁路电力自动化系统的子系统，也是电力自动化的重要组成部分。它与一般电力远动系统结构模式一样，由控制中心主站、通信信道及信号电源终端装置

STU 三部分组成。如图 9.1 所示。

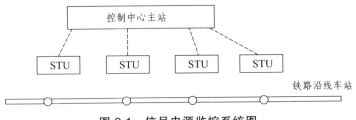

图 9.1　信号电源监控系统图

　　控制中心远动主站理论上可以单独设置，放置在车站或段调度室内。但从节约投资、优化系统构成、便于管理等角度考虑，信号电源主站一般都是与变配电所自动化、线路自动化监控等合并，使用一个主平台。

　　STU 负责信号电源的监视和控制，遥测量包括：电流、信号变压器二次侧电压；遥信量包括：高压侧开关状态，蓄电池状态等；遥控量包括：高低压侧开关、蓄电池活化等。

　　STU 一般安装在信号机械室内信号电源旁边，由于在室内 STU 的运行环境相比 FTU 要好得多，因而其适应环境的技术指标不必像 FTU 那样苛刻。STU 监控原理如图 9.2 所示。

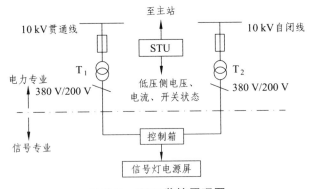

图 9.2　STU 监控原理图

　　STU 通常经过通信机械室通信接口，与上级主站通信，完成电力远动功能。

第三节　主要功能

　　按照铁道部要求，信号电源监控主要完成远程控制（高、低压开关）、供电状态监测（图形方式显示）、网络复视三大功能。具体包括：

一、远动功能

　　以拨号或专线方式进行数据采集，完成信号机电源的监测及失压报警等多种功能。任何情况下同时显示两路电源数据及曲线。具体包括：

　　（1）遥信：自闭、贯通低压侧开关状态；

　　（2）遥测：自闭、贯通低压侧三相电流、电压数据；

（3）遥控：自闭、贯通低压侧及高压侧开关；

（4）SoE 事项；

（5）实时趋势曲线等。

二、遥测越限及故障录波

遥测越限分为：一级过流、二级过流、三级过流以及一级过压、二级过压、欠压及失压告警等。

其中，一、二级过流作为告警事件，需要记录告警波形，告警波形为 40 个周波（每周波20 ms），共计 80 点有效值；三级过流作为过流故障，并进行故障录波信息的处理，录波波形为 40 个周波（每周波 20 ms），每周波 8 点采样，共计 320 个瞬时值。

三、告警处理

有告警信息时，信号电源装置通过主动拨或专线方式上报故障信息；平时由调度员进行即时检测或者巡回检测；巡回检测时间可进行设置；可以显示实时数据，并以有效值形式反映在趋势图上，可打印输出。

四、图形管理

信号电源图形管理分为：一级图（布局图）、二级图（供电臂示意图）、三级图（车站图）；要求图表绘制简便，可由一级图调出二级图、二级图调出三级图。在二级图上可控制高压侧开关。

五、信号电源参数读取及整定

整定内容包括：信号电源检测装置的电话号码、遥测越限条件、录波启动条件等。

六、网络复视

通过远动主站与 TMIS、OMIS 系统的连接，将信号电源监控信息实时发布出去，供相关部门和人员远方监视和调度。

第四节　信号电源监控装置 STU

一、工作原理

信号电源监控装置 STU 与普通的 RTU 在工作原理上并没有太多区别，只是监控对象和用途不同，与 RTU 相比，STU 在远动功能的基础上更加强调故障检测、数据录波等功能。

一般来说，STU 由核心模块 ——远方终端控制器，以及智能电源、箱体等组成，其工作原理如图 9.3 所示。

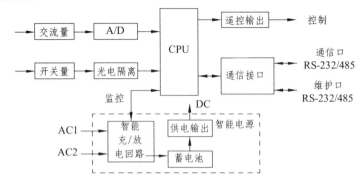

图 9.3 信号电源监控装置 STU 工作原理图

核心模块 —— 远方终端控制器需要完成 STU 的主要功能，包括遥测、遥信、遥控以及故障检测、数据录波（包括主动录波、故障录波等）等功能，还要提供与上级主站的通信接口和自身的维护接口。

智能电源由充放电回路、蓄电池、AC/DC 转换等部分组成，主要为 STU 提供不间断电源，类似 UPS 的功能。为了确保 STU 在断电情况下还能可靠供电，智能电源还要与核心模块通信，监视蓄电池状态、充放电回路工作状态，控制蓄电池放电，以便对蓄电池进行活化延长蓄电池的使用寿命。

二、主要功能

按照铁道部相关技术要求，STU 应具备如下主要功能：

（一）SCADA 功能

（1）采集和计算模拟量。同时采集两路电源信号，包括低压侧 6 路电压（直接从信号电源变压器二次侧取信号）、6 路电流，高压侧 3 路电流，并计算每路电源的功率、功率因数、相角等参数。

（2）采集开关量。采集信号电源的开关位置信号，并可将开关变位形成 SoE；还采集蓄电池状态等。

（3）远方操作。可以控制 2 路高压开关、2 路低压开关，以及蓄电池远方活化。

（4）采集脉冲电度量。可采集 4 路脉冲电度量。

（二）越限告警

1. 电流越限告警

STU 装置具有三级电流界限值，当出现二级电流越限时，装置发出过负荷告警信息；当出现第三级电流越限时，装置发出故障告警信息。

启动条件：任一相电流工频有效值大于限界值时启动。该报警功能可由方式字投退，限界值可以整定。

2. 电压向上越限告

启动条件：任一相工频电压有效值大于限界时启动。该报警功能可由方式字投退，限界值可以整定。

3. 电压越下限告警

启动条件：任一相电压工频有效值小于限界时启动。该报警功能可由方式字投退，限界值可以整定。

4. 失压告警

任一相电压工频有效值小于失压门槛值时启动。

（三）生成各种告警信息

以上任一种告警组件动作时，装置点亮对应于该路电源指示灯，异常状态消失后自动恢复。同时生成特定信息供上级系统查询，该信息包括告警时间、告警类型和告警值。装置可存储 24 条信息记录。

（四）故障录波

装置可以同时记录各种故障条件下两路电源的各项电压、电流波形供上级系统查询，作为事故分析的依据。故障波形能够反映系统故障前稳态、故障暂态、故障后稳态各阶段各项电压和电流的变化特性。故障发生前后各录 5 个周波数据（每周波 16 个点）。装置中可存储 24 次故障录波数据，供当地/远方查询。

（五）通　信

1. 主站通信

与上一级系统通信，完成常规的 SCADA 功能以及动作（告警）信息、故障录波数据的传输等。

2. 当地维护口

当地提取存储的动作信息、故障录波数据；进行方式字整定。

3. 数据转发接口

与车站开关监控器（FTU）、客户检测终端等连接，转发它们的数据至变配电所自动化系统或供电段调度主站，完成电力自动化功能。

4. 通信信道

既适用于专用通信信道（专线），又适用于电话拨号通信信道。

5. 通信规约

支持 1801、DNP3.0、IEC-870.5-101 等规约。

（六）掉电保护

在装置完全失电情况下，保存重要数据不丢失。STU 需要配置充电电路和免维护蓄电池组，在两路电源失电的情况下，故障信息能够及时上传到供电段调度，并存储记忆故障数据 4 h 以上。

第五节 STU 与 FTU 的配合

STU 通常安装在车站信号楼内，可以直接连到通信机械室的通信接口，完成与上级主站的通信。而车站开关自动监控装置 FTU 一般安装在室外杆上，为了节约通道投资，在实施电力自动化时 STU 与 FTU 应作为一个整体来考虑，共享通信通道。

STU 与 FTU 的连接一般有四种模式：

（1）基于数据转发；

（2）基于现场总线；

（3）基于工业以太网；

（4）基于通信管理机。

下面分别介绍以上四种模式的工作原理。

一、基于数据转发方式

STU、FTU 等自动化装置都配置多个通信接口（一般为 RS-232/485 接口），两台装置之间可以通过 RS-232 连接起来，STU 安装在信号机械室，靠近通信机械室的通信接口，可以作为通信处理主单元，除完成自身通信外，还负责转发 FTU 与主站之间的远动数据。如图9.4 所示。

图 9.4 STU、FTU 等自动化装置图

RS-232 接口通信距离只有几十米，当 FTU 距离 STU 比较远时，可以采用长线收发器延长通信距离，也可以直接采用 RS-485 总线，或采用光纤通信。

这种通信方式最大的缺点是，如果 STU 还需要转发其他数据，这样 CPU 负担较重，性能也会下降，一般不推荐使用。

二、基于现场总线

实际工程中常用的一种方式是采用现场总线将 STU、FTU 连接起来，共享与主站的通信信道。现场总线可以选择 RS-485、CAN、LON 等。如图 9.5 所示。

图中 STU、FTU 处于平等与主站"对话"的地位，互相不干扰，可靠性和性能都有所提高，因而适应性强。

方案实施时要注意以下几个问题：

（1）如果采用 RS-485 总线通信，只能采用主-从方式，通信规约只能采用 101 或 1801

等查询式规约。

（2）STU、FTU 允许选用不同厂家的产品，二者所用的通信规约可能不尽一致，因此，主站系统的通信处理机必须具备"一对多的功能"，即"一个串口对应多种不同的规约"。

（3）为了提高抗干扰能力，通信介质宜选用屏蔽双绞线、光纤等。

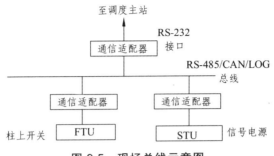

图 9.5　现场总线示意图

三、基于工业以太网

如果通信专业能够提供 IEEE802.3 标准（TCP/IP）的接口，STU、FTU 就可以基于工业以太网技术与主站连接。如图 9.6 所示。

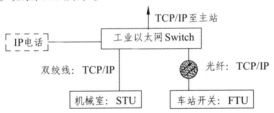

图 9.6　基于工业以太网示意图

采用工业以太网连接车站自动化终端是一种技术先进、性能良好的解决方案。该方案具有如下特点：

（1）STU 和 FTU 在以太网络中处于对待位置，与主站通信没有任何瓶颈，而且以太网的传输速率为 10 Mbit/s 或 100 Mbit/s，传输性能好。

（2）采用工业以太网交换机连接，将来增加设备非常方便，例如，可以将车站变配电所综合自动化系统的数据也一并接入，还可以增加 IP 调度电话，实现监控数据-语音数据的综合传输。

（3）FTU、STU 需要采用必要的转换设备将 RS232/485 信号转换为遵循 TCP/IP 协议的以太网接口，再接入 Switch。

（4）STU 一般安装在室内，可以采用非屏蔽双绞线与交换机连接；FTU 运行在户外，而且通信距离较远，可以考虑采用光纤连接，以提高抗干扰能力。

四、车站机电设备综合监控

大型车站包含自动化终端种类和数量可能较多，如车站 STU、区间 STU、FTU、给排水监控装置、低压变配电监控装置等，这时可以在车站内装一台通信管理机集中管理所有的自动化装置，完成与上级主站的数据通信；还可以根据具体情况，由通信处理机执行部分当地监控功能，实现车站机电设备的综合监控功能。

第六节　智能箱变

一、概　述

智能箱变是将变压器、铠装母线、高低压开关设备以及微机保护装置、STU、FTU等集中安装在箱体内的设备。由于它具有远动和通信功能，又称远动智能箱变。

智能箱变，即箱式变电站又称户外成套变电站，是发展于20世纪60年代至70年代欧美等西方发达国家推出的一种户外成套变电所的新型变电设备。由于它具有组合灵活，便于运输、迁移、安装方便，施工周期短、运行费用低、无污染、免维护等优点，受到世界各国电力工作者的重视。进入20世纪90年代，我国开始在公用电网10～110 kV中小型变电站中广泛采用。2000年以后，出现了专门针对铁路系统的产品，按电压等来分有35 kV等级和10 kV等级，按用途来分有车站智能箱变、信号智能箱变、普通智能箱变。以车站智能箱变为例，智能箱变的结构如图9.7所示。

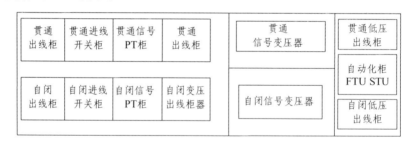

图 9.7　智能箱变的结构图

二、主要特点

智能箱变主要由多回路高压开关系统、铠装母线、微机保护、远动、计量、电容补偿及直流电源等电气单元组合而成，安装在一个防潮、防锈、防尘、防鼠、防火、防盗、隔热、全封闭、可移动的钢结构箱体内，机电一体化，全封闭运行，主要有以下特点：

（一）技术先进安全可靠

一般箱体不受自然气候环境及外界污染影响，可保证在 – 40 ～ +40 ℃的恶劣环境下正常运行。箱体内一次设备采用全封闭高压开关柜、干式变压器、干式互感器、真空断路器，弹簧操作机构、旋转隔离开关等先进技术，产品无裸露带电部分，为全封闭、全绝缘结构，完全能达到零触电事故，全站可实现无油运行，安全性高，二次采用微机保护、STU、FTU等智能化装置，可实现无人值守。

（二）自动化程度高

整台装置全智能化设计，车站箱变安装开关监控器FTU，信号电源箱变安装信号电源监控器STU；需要完成保护功能时，可以选择微机保护装置，各种智能装置可以同时选用，独立运行；能够完成遥测、遥信、遥控、遥调，以及线路故障监测、信号电源监控和微机保护功能，还可以完成箱体内湿度、温度等检测和报警。

（三）工厂预制化

设计时，只要设计人员根据现场实际要求，做出一次主接线图和箱外设备的设计，就可以选择由厂家提供的箱变规格和型号，所有设备在工厂一次安装、调试合格，真正实现变电站建设工厂化，缩短了设计制造周期；现场安装仅需箱体定位、箱体间电缆联络、出线电缆连接、保护定值校验、传动试验及其他需调试的工作，整个变电站从安装到投入运行只需 5 ~ 8 天的时间，大大缩短了建设工期。

（四）组合方式灵活

智能箱变没有固定的组合模式，使用单位可根据实际情况自由组合一些模式，以满足安全运行的需要。

（五）投资省见效快

智能箱变安装施工简单，节省占地面积，符合国家节约土地的发展政策，运行可靠，免维护或少维护，整体经济效益十分可观。

（六）外形美观，易与环境协调

箱体外壳用镀锌钢板及集装箱制造技术，外形设计美观，在保证供电可靠性的前提下，通过选择箱式变电站的外壳颜色，从而极易与周围环境协调一致。

三、智能箱变的监控

智能箱变实际上是一个电力一次设备和二次设备的结合体，由于二次设备具有远动和通信等功能，所以实现远程监控十分方便。

下面以车站信号电源智能箱变为例说明。

车站信号电源智能箱变由 10 kV 自闭贯通线进线开关、自闭贯通信号变压器、PT 柜以及 STU、FTU 组成，监控原理如图 9.8 所示。

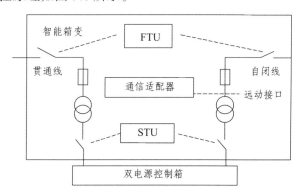

图 9.8　智能箱变的监控原理图

STU 和 FTU 采用现场总线（如 RS-485、CAN Bus）或工业以太网连接，经车站远动通道，与远方主站通信。FTU 最好能同时监控两条线路，这样可以只安装 1 台 FTU。由于 FTU 安装在封闭的箱体内，运行环境得到极大改善，因此，高低温特性、防腐、防雨水等技术要求可以适当放宽。

复习思考题

1. 2004 年铁道部〔2004〕91 号文件及相关会议中对信号电源明确要求有哪些？
2. 简述信号电源监控系统的构成。
3. 画出 STU 监控原理图。
4. STU 与 FTU 的连接一般有哪几种模式？
5. 什么是智能箱变？
6. 智能箱变有哪些特点？

第十章　铁路电力调度自动化主站

第一节　概　　述

铁路电力调度自动化系统，主要由调度自动化主站（也称 SCADA 主站，或远动主站）、通信信道、站端系统及装置三部分组成。

通信系统前面已经介绍，此处不再赘述。

站端系统及装置是指变配电所微机保护及综合自动化系统、RTU、STU、FTU 以及其他现场自动化装置。站端系统安装在监控现场，如变配电所、控制柜、信号电源、车站线路开关等，负责向主站发送数据，接收并执行主站下发的各种控制命令，详细内容将在后面章节陆续介绍。

调度主站是调度自动化系统的数据中心和调度指挥中心，它负责收集和处理各种站端系统及装置采集的各类信息，提供人机交互接口以及许多管理功能，并下发各种控制调节命令，从而实现电力系统的运行监控、故障处理和远程调度。随着计算机软件硬件技术的迅速发展和用户需求的不断提高，利用 SCADA 系统实时数据和历史数据，结合地理信息系统（GIS）功能，进一步实现 AM/FM/GIS、电力生产管理等功能，从而完成铁路电力系统的管控一体化。

主站系统主要由计算机硬件和软件系统、计算机网络、通信设备、模拟屏或投影系统、UPS 及打印机等附件组成，一般安装在段或铁路公司电力调度中心。这是整个铁路电力调度自动化的核心，也是调度人员与自动化系统交互的接口。主站系统性能的好坏，直接关系到整个电力自动化系统运行的效果，在设计、选型时应该慎重考虑。

具体措施是在设计电力自动化系统方案时，应该遵循开放性和标准化的原则，做到统筹规划，全面考虑，避免就事论事的设计技术方案，防止出现多个"孤岛自动化系统"。基本思路是，以铁路局电力调度为信息管理中心，以供电段为电力调度监控中心，以变配电所、信号电源、车站开关作为基本监控节点，实现 SCADA、变配电所监控和管理、信号电源监控、车站开关监控及线路自动化等基本功能，还可以在此基础上进一步实现 AM/FM/GIS 和电力生产管理等高级功能。整个电力自动化系统，要使用一个统一的主站系统，即调度自动化主站。

随着高速铁路的迅速崛起，研制以行车指挥调度为中心的综合调度自动化系统成为铁路行业的一个热门课题。借鉴国外调度综合自动化系统的开发经验，综合调度应该以铁路线为单位，涵盖信号、电力、牵引电力、车辆等调度内容，设计时应该遵循"分散控制、各负其责、资源共享、协调工作"的基本原则。以电力调度自动化为例，在综合自动化系统中一般要单独设置电力调度操作台，在独立完成电力调度自动化功能的基础上，提供数据接口与其他自动化系统交换信息，并实现报警联动、协调工作等功能，为列车运行服务。

综合调度自动化系统内部各子系统之间的协调工作，涉及数据模型标准、通信协议标准、应用程序接口标准，以及 SOAP、XML、CORBA、Java 等技术，这些内容已经超出了本书的范围，不作讨论。

第二节 基本功能

供电段或水电段电力生产的对象包括：配电所，信号电源（车站信号电源和区间信号电源），以及车站开关为分段点的自闭/贯通供电线路等。这是实施电力自动化的基本内容，在系统设计时应该以此为出发点，统筹规划，全面考虑。

一个完整的铁路电力调度自动化系统应该包括如下内容：

一、SCADA 监控

今天提到的 SCADA，其含义已经远远超过"四遥"所包含的内容，具体包括实时数据采集和处理、告警处理、实时数据库管理、历史数据库管理、画面制作，以及显示，报警管理和打印、系统安全管理、远程诊断和维护等。这是整个电力自动化的基础，也称为 SCADA 平台。

二、变配电所自动化监控和管理

变配电所自动化监控和管理分为配电 RTU 监控和配电所保护装置监视、控制和管理。配电所自动化系统的发展趋势是通过与调度主站配合，实现"无人值班"或"无人值班、有人值守"，达到减人增效的目的。

三、信号电源监控

信号电源监控，包括车站信号电源和区间信号电源监控。通常为了节省信道，前者可以作为后者与上级主站的数据转发节点。信号电源能否正常可靠地运行，直接关系到列车能否正常可靠运行，这是实现铁路电力自动化和提高现代化管理水平的重要内容。

四、车站开关监控

车站开关监控也称为自闭/贯通线路自动化，即以供电区间为单位，以车站开关为基本监控点，在正常情况下完成 SCADA 功能，在线路故障时完成故障监测和故障点的自动定位，以及实现快速隔离故障和快速恢复供电等线路自动化功能。

信号电源和车站开关都安装于车站，在实施自动化监控时，为了节约信道资源，通常作为一个整体来考虑。信号电源监控和车站开关监控又可以统称为铁路线路自动化。

五、Web 服务

调度自动化系统作为 MIS 系统的一个子系统，应该预留与 MIS 或远方复视终端的接口，实现自动化信息共享。

第三节　硬件系统

一、配置模式

在我国，由于地域环境和经济基础的差异，各铁路局、铁路公司、段及其电力系统千差万别，相应的电力自动化系统不一定套用一种特定模式，而应根据系统规模、经济基础、地理环境等不同情况，充分考虑投资效益比，在达到实用化要求的基础上，结合不同的发展水平适当预留发展空间，恰当地按不同模式进行建设和扩充。

下面介绍三种常用的系统配置模式。

（一）典型配置

系统采用两台专作通信之用的前置机、两台监控工作站、两台或 1 台服务器，以及外围设备、UPS 等，这是电力自动化主站的典型配置，能够适用于大中型铁路电力系统的调度自动化主站。系统如图 10.1 所示。

1. 前置机

前置机，又称通信处理机，负责主站系统的数据采集、规约转换和数据预处理。前置机是一个逻辑上的概念，理论上可以由主站系统的任何一台工作站或服务器担任，实际应用中为了确保系统的可靠性，一般单独设置。

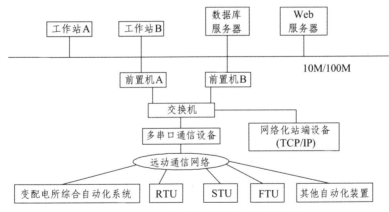

图 10.1　电力自动化主站的典型配置图

前置机通过交换机与多串口服务器连接构成数采子网，由多串口服务器经通信网络与远方的变配电所自动化系统、RTU 以及 STU、FTU 等连接，负责采集、处理来自被控站的数据，并下达指令完成控制任务。

前置机一般双冗余设置，两台前置机互为热备用，这样，可以大大提高系统的通信可靠性。

2. 电力调度自动化工作站

调度自动化工作站完成调度员人机交互功能，它为调度员执行运行操作提供了所有入口，显示各种监控画面、变配电所接线图、系统配置图、地理信息图、实时数据和信息、生产报表管理、告警信息、各种曲线、数据查询等；自动化系统的各种功能，如 SCADA（远动）、变配电所监控和管理、信号电源监控、线路自动化等，也是通过工作站的人机交互完成的。调度工作站还可以兼作打印机、数字投影系统或模拟屏的驱动主机。

3. 数据库、Web 服务器

数据库服务器负责保存和管理 SCADA 系统的历史数据和管理信息系统的数据，保证系统数据的唯一性；系统中的其他节点可作为客户（Client）访问服务器所保存的数据。

Web 服务器以 Web 发布的方式向 MIS 或办公自动化系统提供服务，用户端只需使用 IE 浏览器即可查询自动化系统的实时数据和信息、各种监控画面、管理报表、历史数据和曲线等。数据库服务器和 Web 服务器可以单独设置，也可以由数据库服务器兼作 Web 服务器。

4. 模拟屏或数字投影

传统的电力调度主站一般配置模拟显示屏，作为调度指挥系统的扩展和延伸。模拟屏由调度工作主站驱动，同步显示电力网的运行状态，并提供声光报警、光字牌、时钟显示及安全运行天数显示等功能。模拟屏运行稳定，可靠性较高，但投资大，施工复杂，不易扩展，灵活性差。

随着数字投影设备性能的提高和成本的降低，以数字投影仪和投影屏为主体的数字投影系统，包括正投影系统和背投影系统，已经逐步取代了模拟屏。

5. 多串口服务器

为了和多个 RTU/STU/FTU 进行通信，同时也为了和上级调度自动化系统或其他自动化系统通信，系统必须能够提供多路串口。

扩充多路串口的办法是采用多串口卡或多串口服务器。多串口卡基于 ISA 或 PCI 总线方式安装在计算机内部，提供 4~16 个串口；多串口服务器是一种网关设备，它的一端可以提供一定数量的串行口，4 个、8 个、16 个，另一端提供 1 个或 2 个以太网接口。

多串口服务器可以直接挂在主站网络上，使得站端 RS-232 串口数据直接传输到 10M/100M 速率的以太网，消除了串口通信瓶颈、提高了通信效率，通过串口服务器可以实现前置机双机"软切换"，避免了传统调度系统使用硬件切换装置进行双机切换存在的可靠性问题。

因此，多串口服务器已经逐渐代替多串口卡成为调度自动化主站系统的首选。

6. 网络化站端设备的接入

目前，越来越多的站端设备（如 RTU、FTU、STU、变配电所综合自动化系统等）支持网络化通信。这类站端设备不再需要多串口设备，而是通过光纤等宽带通信网络基于 TCP/IP 协议直接接入调度主站网络交换机。这种情况下，为了避免主站后台网络负载过重，可以考虑增设数采子网，即由前置机、交换机、多串口服务器等组成一个独立的逻辑子网，专门负责 RTU 和前置机之间的数据通信，以分割网络流量，提高网络性能。

另外，系统应配置容量适宜的 UPS 设备，以保证主站系统的供电可靠性。UPS 应具有智能通信接口，将 UPS 工作状态、蓄电池状态等上报主站，纳入主站监控范围。

（二）最小配置

系统由 1 台或 2 台互为备用的计算机组成，系统如图 10.2 所示。

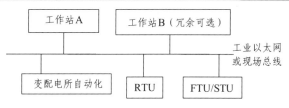

图 10.2　最小配置系统图

主站最小可采用 1 台计算机，承担前置机、服务器、工作站的所有功能，完成数据采集、规约转换、SCADA 功能、数据管理等任务，同时还可以兼作 Web 服务器，对外发布数据和信息。

为了改善系统的可靠性，也可以增加 1 台计算机作为热备用，构成有冗余的监控主站。

该模式的特点是结构简单，设备较少，成本低，适用于小型系统或变配电所、车站的当地监控，还可以兼作通信处理机向上一级主站转发数据。

（三）大型配置

大型配置的系统应该满足以下条件：

（1）系统功能不仅可以满足企业当前的需求，而且可以满足企业成长的需要。对于铁路电力系统，系统功能应该包括电力 SCADA、变配电所监控和管理、信号电源监控、车站开关监控（线路自动化功能），可以扩展 AM/FM/GIS、管理功能、自动抄表计费等功能。

（2）系统应该具有优异的稳定性和可靠性，关键设备均采用冗余配置，确保系统能够长期可靠地运行。

系统结构如图 10.3 所示。

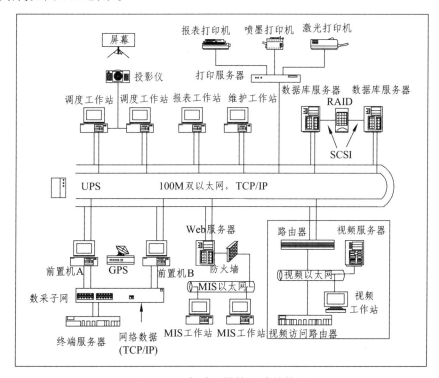

图 10.3　大型配置的系统结构图

大型配置中如何提高系统的可靠性和容错能力。

提高系统的可靠性通常采用计算机容错技术。所谓容错是用冗余的资源使计算机具有容忍故障的能力，当系统中硬件或软件出现故障时，仍能完成处理和运算，不中断甚至不降低系统性能。

容错主要通过软件和硬件来实现。

1. 软件容错

软件容错通常采用多处理器和具有容错功能的操作系统来实现的。Unix、WindowsNT/2000 操作系统支持对称多处理器技术（SMP）、具有良好的稳定性和容错能力，是最常用的企业级操作系统平台；电力自动化应用软件系统应采用多进程多线程设计、面向对象和组件编程以及 "Watch Dog" 等软件技术，有效地保证系统软件的可靠性；另外，还可以通过专门的进程（process）管理软件，对软件系统的关键进程进行状态监视、自动重启（进程自举）等管理，提高软件的可靠性。

2. 硬件容错

由于硬件成本不断下降，而软件成本不断升高，因此硬件容错技术的应用越来越普遍。

硬件容错一般采用计算机关键部件冗余配置或整机冗余配置。关键部件冗余配置，如计算机服务器的 CPU、内存、硬盘、电源、风扇都可以根据需要进行双冗余或多冗余配置；整机冗余配置，如双以太网结构、双前置机、双服务器、多工作站、双 UPS 等。通过采用这些措施最大限度地保证系统的可靠性。

图 10.3 中系统具有如下特点：

（1）双以太网结构，正常情况下均衡分配网络负载，故障时又相互备用，提高了网络的可靠性和传输性能。

（2）数据服务器采用 Cluser（集群）解决方案，两台服务器通过 SCSI 电缆通道或光纤通道连接磁盘阵列（RAID），组成集群系统。集群系统由 Cluster 控制软件管理，磁盘阵列可以工作在 "0+1、1、3、5" 模式，一般常用的是 RAID5 模式。

两台服务器互为热备用，共享一个大的逻辑磁盘，较好地解决了两台数据库服务器数据的一致性和同步问题；磁盘阵列中的任意一块硬盘数据损失都能通过其他磁盘恢复数据，任意一块硬盘都可以进行热插拔更换，确保用户业务不会停顿。

（3）双前置机互为热备用，确保系统的通信安全可靠；多台工作站既可以分工协作，又互为备用。

（4）UPS 纳入主站监控范围，监控内容包括市电异常、断电、电池容量、遥控 UPS 开关机、UPS 状态指示等。UPS 也可采用冗余配置，确保系统不会因意外掉电而瘫痪。

大型配置具有极高的可靠性和扩展能力，能够最大限度地满足铁路电力用户当前和将来业务增长的需要。

第四节 软件系统

一、系统软件和应用软件

软件是计算机系统中不可缺少的组成部分，计算机的硬件是在软件的控制之下发挥作用的，离开软件的支持，硬件将会失去作用。

系统软件按各自功能可以分为系统软件和应用软件两大类。

（一）系统软件

系统软件是面向计算机系统的软件。它的主要功能是对整个计算机系统进行管理、监视和服务，还可为用户使用计算机提供方便，扩展机器的功能，提高机器使用效率等。系统软件包括计算机的操作系统，数据库和编译程序。

目前，国内常用的操作系统有微软公司的 Windows9X/Me、WindowsNT/2000 以及 Unix、Linux 等。

1. Win32 系列

Windows9X/Me 操作系统主要面向个人用户办公或娱乐使用。一般不适合于执行严格的企业任务。

WindowsNT/2000 操作系统专门为部门用户和企业用户设计，具有良好的系统稳定性和运行性能，能够承担复杂、繁重和严格的企业任务，而且建立在该平台的各种软件工具如开发、编译工具等非常丰富，使用方便，因此，WindowsNT/2000 操作系统尤其是 Windows2000 是目前国内使用最为广泛的操作系统。

但是系统的易操作性和普及性，也决定了 Windows 操作系统容易受到病毒（尤其是网络病毒）的攻击。另外，Windows 操作系统本身也存在一定的缺陷，这就很容易造成系统死机或瘫痪。

2. Unix

Unix 操作系统是世界上性能最稳定、最可靠、扩展最方便的操作系统，而且不易受到令计算机界大感头疼的病毒的干扰，这也是 Unix 操作系统历久不衰的重要原因。但是由于其使用复杂、支持开发的工具少、各厂家提供的版本不统一等弊端，限制了大规模推广使用，一般适用于重要用户或要求特别严格的大企业用户。

3. Linux

Linux 操作系统是近几年兴起的自由共享软件，它除具有性能稳定、安全性高、扩展方便等特点外，还具有源码公开、免费使用、允许自由修改的特点，因此，受到了专业人士、计算机爱好者，特别是政府机构和涉及国计民生的关键行业的推崇。但 Linux 系统平台上的软件极为贫乏，特别是没有统一的规范，后续服务很难保证，限制了它在自动化领域的推广和使用。

Unix、Linux 和 Windows 各有其优缺点，目前有一种构造 Unix、Linux 和 WindowsNT/2000 混合平台的发展趋势，服务器选用 Unix 或 Linux，而客户端工作站选用 Windows。

（二）应用软件

应用软件是用户在各自的业务领域中开发和使用的，建立在系统软件之上，用以解决各种实际问题的程序。

1. 支撑软件

支撑软件建立在计算机操作系统之上，并为应用功能软件提供支撑，主要包括前置机软件、网络通信及管理系统、数据库管理系统、图形管理系统、报表管理系统等部分。

需要注意的是，由于实际系统规模不同和用户要求不同，构建系统时有时选择 Win32 平台，有时选择 Unix 平台或 Linux 平台；还可以选择构建混合平台系统，以发挥各种平台的优势，扬长避短。这就要求应用软件能够跨平台运行。跨平台运行有许多种解决方案，采用支持跨平台运行的软件虚拟机（Virtual Machine，VM）是一种比较理想的方案。因此，在 SW-2000 的支撑平台中包括虚拟机。

2. 应用功能软件

应用功能软件，也称功能软件，包括电力监控软件（SCADA），变配电所自动化监控和管理、信号电源监控，自闭/贯通电力线路自动化，Web 服务软件等。

应用功能软件通过支撑软件、网络报文间接地和操作系统、数据库管理系统打交道，处于系统的最外层，从这个意义上说可以称之为外挂程序，可以根据需要，方便地进行扩充和修改。

二、支撑软件

支撑软件是介于计算机操作系统和应用系统之间的桥梁，它屏蔽了各种操作系统之间的差异，使得一套软件可以运行在各种系统平台之上；也丰富和扩充了操作系统的服务和功能，为应用系统提供了更友好、更方便、更灵活、更强有力的数据存储、数据处理、数据操作、数据交换的综合服务机制。

支撑软件是 SCADA 软件系统的核心。早期 SCADA 系统没有支撑软件的概念。SCADA 系统中引进支撑软件的概念，首先是系统开放性的要求，包括跨平台要求、系统互联性要求、数据共享的要求、安全性的要求、用户进行二次开发增加新功能的要求等。如虚拟机的引入，可以保证主站系统能够跨多个操作系统平台运行；数据库管理系统的引入，用户可以通过标准的 SQL 语言访问 SCADA 历史数据库；实时数据库的引入，用户可以通过实时数据库管理系统（RTDBMS），甚至 SQL 语言访问实时数据库。

其次，SCADA 系统采用支撑软件反映了软件技术的发展趋势：模块化、组件化、平台化以及设计模式的广泛应用，正是这些技术的运用才使得软件产品的可靠性、可维护性和易扩展性得到了很大的提高和保证。

（一）虚拟机

所谓虚拟机就是一套可以运行于各种操作系统之上的软件系统，它是为应用软件提供统一的面向对象和跨平台的框架、接口和工具包，使应用程序不依赖任何操作系统而运行在虚拟机上，并通过虚拟机与操作系统交互。虚拟机支持 Windows9X/NT/2000/XP、Unix 或 Linux 等商用操作系统，以及 VxWorks、PSoS 等实时多任务操作系统（RTOS），支持 PC 工作站/服务器和各种 RISC 工作站/服务器，从而保证应用程序能够实现跨平台运行。

软件虚拟机技术具有如下主要特点：

1. 可移植性

虚拟机本身是跨平台的。在虚拟机的帮助下，SW-2000 可以跨操作系统平台运行，虚拟机支持的操作系统有 Win32、Unix、Linux 等，还可以根据实际需要进行扩充或改进，具有良好的可移植性。

2. 良好的系统架构

采用虚拟机以后，应用软件与操作系统彻底分开，当需要增加新的操作系统平台支持或操作系统版本升级以后，只需要扩展或改进虚拟机即可，而无需对应用功能软件做出任何变更。

虚拟机的应用使得软件系统具有更好的层次结构，系统跨平台特性的实现和软件功能的实现可以彻底分离，解除了应用软件和操作系统之间的紧密耦合，从而可以大幅度地提高软件系统的质量和开发效率。

3. 更好的软件质量

虚拟机的设计使用了许多可以提高软件质量的新技术，如设计模式、框架、中间件、组件等，通过采用这些新技术，使得虚拟机具有更好的结构和更稳定的性能，从而提高了整个软件产品的质量。

（二）前置机软件

前置机是一个逻辑上的概念，前置机软件即可运行在单独设置的"前置机"上，也可以运行在其他工作站或服务器上。考虑到主站系统中的前置机是数据上通下达的"咽喉要道"，为了保证系统的可靠性，前置机一般单独设置，而且多数双机冗余配置。

前置机软件主要完成数据采集、数据预处理（解规约）、与后台系统的数据交换、通道状态监视、GPS 对时等功能，支持一台、两台或多台计算机。双机或多机情况下，能够完成故障自动切换和人工切换，保证数据不丢失。

前置机软件的主要功能就是完成来自站端系统和设备的数据预处理功能，同时将来自后台的命令打包下发，这个过程通常成为"解规约"。由于站端设备类型比较多，不同的设备类型有不同的规约；再加上供货厂商也比较多，不同的厂家对同一个规约的理解不尽相同。因此，要求前置机软件提供一个尽可能丰富的规约库，以便能够接入各种各样的设备。通常规约库中应该有如下规约：CTD、1801、IEC 870-5-101/102/103/104、ModBus 等。另外，规约库应该可以根据用户要求增加新的规约或修改旧的规约。增加或修改某一种规约时，可以在线完成，不影响前置系统的正常运行。

前置机软件支持 WindowsNT/2000、Unix、Linux 操作系统，也可选用嵌入式实时多性能操作系统，如 Linux、VxWorks 等，进一步提高前置系统的可靠性。

（三）网络通信及管理系统

网络通信及管理系统由服务器端网络服务程序、客户机端网络服务程序以及网络管理系统组成。

服务端的网络服务程序运行在系统服务器上，负责接受客户机的登录，并对客户提出的数据库访问请求作出响应，将访问结果返送给客户机。

客户机端网络服务程序运行在系统的客户机上，客户机上的各应用程序对系统数据库的访问均通过客户端的网络服务程序进行。

客户机网络服务程序和服务器网络服务程序之间，以及各客户机之间的网络通信程序，可以用命名管道或者套接字来实现，通信协议采用 TCP/IP。

网络管理系统负责监视系统中的网络通信线程。当采用双网结构时，还负责均衡网络上的负载，当一段网络故障时，负责通信自动切换到另一段网络上。

（四）数据库管理系统

数据库是支撑软件中最重要的部分，与应用软件联系最为紧密。

数据库存放来自各个 RTU（远方终端单元）的数据，包括遥信、遥测、电度以及故障信息等。每个系统有许多 RTU，每个 RTU 有许多开关量、模拟量和累加量。理论上，整个数据库结构应该与这种结构相对应，即面向 RTU 对象建立数据库。但这样安排就产生了一个问题，RTU 数据放在一起时，由于这些数据分别代表开关量、模拟量、累加量等，而这些数据的性质、长短和占用的存储单元都不一样，排放在一起既不整齐也不方便。因此，较好的方式是将各 RTU 的遥信量、遥测量、累加量按数据类型分别存放在一起管理。这是目前国内电力调度自动化主站数据库应用最为普遍的一种组织方式。

为了满足电力 SCADA 监控系统的实时性要求，以及对大量历史数据或电力管理信息进行分析、再处理的要求，电力调度自动化主站系统的数据库一般由实时数据库及历史数据库组成。实时数据库和历史数据库之间的关系如下：

1. 实时数据库

传统的定时数据处理方法是：数据缓冲区+指针，应用程序与数据紧密结合在一起，给数据访问以及系统的扩展、维护和管理带来很多不方便。

基于数据库的思想管理实时数据的做法是在数据与应用程序之间加一个 DBMS 中间管理层（数据库管理系统），代理应用程序对实时数据（内存数据）的有效访问，也拦截各种非法访问，使实时数据管理变得更方便、更稳定。

实时数据库一般采用基于关系模型和分布式设计技术，由"内存数据库和实时数据库管理系统"组成，具有如下主要特点：

（1）基于内存共享技术，实时数据常驻内存，以满足数据的实时性要求。

（2）借鉴关系型数据库设计原理，采用"应用、厂站、记录、域"的四层结构的形式组织数据，便于描述参数和管理实时数据，易于增加和扩充。

（3）由实时数据管理系统提供统一的数据访问接口，如 API 或 SQL，供其他应用程序使用，在此基础上，用户可以作相应的二次开发。

（4）实时数据库一般分布在网络上的各个计算机节点，通过网络通信模块，同步分散在各节点上的数据库，以保持全网数据的一致和同步，保证逻辑上的数据库只有一个。

（5）提供在线保存机制（数据压缩机），周期性（30 min）定时将数据保存至离线环境，供系统恢复和查询使用。

（6）具有灵活的数据库编辑器、浏览器和其他管理工具，对交互式的用户和程序提供多种灵活的接口和服务。

常见的实时数据库实例有模拟量数据库、数字量数据库、电度量数据库、计算量数据库、系统运行参数数据库等。

2．历史数据库

历史数据库是定期（如 5 min）从实时数据库读取实时数据，按同样的结构顺序存入商用关系数据库中。

选用商用数据库如 Oracle、SQL、Server、Sybase 等，可以直接使用 SQL 结构化查询语言或开放式数据库互联（ODBC）技术访问数据，给数据的管理和应用带来诸多方便。利用商用数据库的强大功能，可以对历史数据进行再分析，再处理；通过商用数据库的开放接口，可将这些数据提供给其他系统分析使用。

（五）图形管理系统

图形管理系统由图元编辑器、图形编辑器、画面显示软件、颜色管理软件、设备管理软件、网络拓扑软件等组成。

1．图元编辑器

将电力系统的各种设备抽象成图形符号，即图元，供生成画面使用，从而能够提高画面的一致性和图形更改的方便性；当所有画面中的某一类图元需要改动时，只需修改该图元，而无须逐一去修改每一幅画面中的每一个图元。利用图元编辑器，用户也可以根据现场需要方便地自行扩充新图元，新建图元在导入图元库后即可使用，非常方便。

2．图形编辑器

利用系统提供的各种图元和绘图工具绘制接线图、配置图、潮流图、曲线等。画面可多平面、多层次显示，允许在画面上嵌入地理信息图、数字照片等多种格式的其他图形，还可以嵌入报表、文档等。

3．画面实时显示软件

画面实时显示软件为使用者提供实时监视和控制的各种画面，如地理信息图、系统配置图、监控目录图、自闭贯通图、变配电所一次接线图、车站接线图、实时曲线等，可实现画面的无级缩放、叠放、消隐、漫游、链接等，并提供多种画面调看手段，操作方便自然。

有视频监控功能的系统，最好能在实时画面上实时显示电视图像，实现 SCADA-视频一体化监控。

4．网络拓扑

图形系统不是单纯的图形显示和数字显示，系统能够根据用户生成的接线图，自动生成该画面的拓扑结构。利用网络拓扑功能，可以确定设备之间的连接关系，并完成如下功能：

1）全局动态着色

根据所提供的系统电源点，以及厂站间的联络线等条件，自动由系统的实际运行状态确定设备的各种状态，如：失电、接地、冷备用、检修、事故及其他特殊状态等，并根据用户定义，以不同的颜色显示出不同的状态。

2）操作合理性校验

当用户要对某些开关或刀闸进行遥控、挂接地线、挂牌等操作时，系统能够自动根据系统的有关状态，判断这些操作的合理性。若违反操作规程，则禁止操作，并给出相应提示；可定义子图，以利于不同画面共享。

（六）报表管理系统

报表管理系统由报表制作与管理软件、报表显示及打印软件组成。

报表制作与管理软件提供友好的数据定义方式，可制作日报、周报、月报、季报、年报及事故追忆报表。报表中可进行各种复杂的数据统计和计算，报表可嵌入多种图形、文字、曲线等内容，形象地显示统计数据。

报表显示及打印软件为使用者提供直接查看或召唤打印各种报表的手段，并可直接修改报表数据。报表打印软件可自动或定时打印各类报表。

报表管理系统产生的数据文件应能与 Excel 文件或 html 文件格式兼容，以便广泛地被其他软件系统访问利用。

第五节　同构平台系统和混合平台系统

构造 WindowsNT/2000、Unix、Linux 混合平台系统正在成为一种发展趋势。系统服务器强调的是网络支持和系统的安全性、稳定性、宜选用 Unix 或 Linux 操作系统；而提供人机界面的系统工作站需要的是操作和维护的简单易用，宜选用 Windows 操作系统。混合平台系统集两种操作系统的优点于一体，扬长避短，具有很强的生命力。

一、同构平台系统

相同平台的计算机组合而成的系统，称为同构平台系统。这也是电力调度自动化主站常用的工作模式，主要有以下几种：

（1）采用 Windows 平台，即硬件选用 PC 机和 PC 服务器，操作系统选用 Windows 操作系统。

（2）采用 RISC-Unix 平台，计算机选用 RISC 工作站和服务器。

（3）采用 X86 计算机或 RISC 计算机，操作系统选用 Linux。

以上三种模式中，模式（1）具有系统简单、造价低、用户群普及等优点，适合一般铁路用户使用；模式（2）系统复杂，造价高，对操作、管理人员的要求高，但可靠性、稳定性、系统处理能力以及扩展能力都十分优秀，适合大型企业或要求比较严格的企业使用；模式（3）中，Linux 操作系统是自由软件，可以免费获得，因而系统成本相对较低，但其技术支持、售后服务以及应用软件的支持都比较欠缺。

二、混合平台系统

不同平台的计算机组合而成的系统，称为混合平台系统。这里的混合，可以是硬件平台的混合，如 PC 机和 RISC 计算机组成系统，PC 机可以作为工作站，Unix 工作站或服务器作为系统服务器；也可以是操作系统软件的混合，如 Win32 与 Unix 或 Linux 组成一个系统，Win32 作为工作平台，Unix 或 Linux 作为服务器材平台。

复习思考题

1. 一个完整的铁路电力调度自动化系统应该包括哪些内容？
2. 铁路电力调度自动化系统的硬件有哪些？
3. 铁路电力调度自动化系统的应用软件的作用是什么？
4. 什么是支撑软件？其作用是什么？
5. 图形管理系统由哪几部分构成？

第十一章　变（配）电所远程视频（安全）监控系统

第一节　概　述

　　随着铁路现代化建设的发展以及铁路自动化应用的需要，铁路电力配电所以及牵引供电系统变电所、分区所、开闭所（以下简称变（配）电所）已逐步实现综合自动化和无人值班（或无人值班、有人值守），全所综合自动化和无人值守已成为发展趋势。然而，即使采用了远动系统或综合自动化系统，变电所要真正做到"无人值班"或少人值守，人们还是心有疑虑。这是因为：第一，虽然一般的远动系统或综合自动化系统具有常规的"四遥"功能，即遥信、遥控、遥测和遥调功能，但人们早已习惯于"眼见为实"，而且"四遥"的开关对象是否动作到位、变电所状态报警是"虚"报警还是"真"报警等，常规的监控系统都难以确认，这无疑给系统的安全运行留下了隐患；第二，虽然一般的远动系统或综合自动化可以通过"四遥"或"三遥"来获取变电所的各种电气参数，遥控各个电动开关，但不能监控变电所其他方面的情况，如火警、盗警的发生，变压器、开关、刀闸等重要设备的表面检查及表计监视，甚至检修人员是否走错间隔等。因此有必要在常规监控系统的基础上，为牵引变电所配置一套完整的安全监控系统，实现"第五遥"功能 —— "遥视"。在变电所安装了远动或综合自动化系统后，再增加远程视频安全监控系统就可以满足牵引变电所无人值班的技术和装备要求。

　　目前，视频安全监控系统被广泛地应用于各行各业，如电信部门的无人值守通信机房的环境监测和远程操作；电力部门的变电所、机房、电厂设备管理及防入侵监控；银行系统的营业网点安保设备的管理与监控；博物馆展览馆重要地点及要害部门的安保系统等，因此，其作用日益重要，技术也日益成熟。

　　远程视频安全监控系统由一个监控中心、所辖的多个被控站（前端设备）以及通信信道组成，各被控站将采集的信号通过铁路信道发送到监控中心。为了实现全程视频监控，监控中心可选配硬盘录像机，对上传的视频进行实时录像。系统监测信号主要包括摄像机输出的视频信号、各种烟感、温感、门禁、光电传感器的报警信号，控制信号包括对摄像机的控制以及对自动消防系统的控制等。通信信道是本系统的关键。与其他视频监控系统不一样，为节约通道，铁路的通信信道多为总线形及环形引入，因此，系统必须能满足各种不同的通信信道。随着通信技术的发展以及通信资费的降低，点对点的星形通道结构将越来越多地被采用。因此，视频监控系统应能满足星型、总线形及环形引入等多种通道形式的要求。传输介质可为光纤或电缆，推荐采用光纤。变（配）电所远程视频安全监控系统，由视频（图像）监控和防灾报警系统构成，是变（配）电所安全运营的重要设备之一，它既可作为变（配）电所综合自动化系统的一个组成单元，也可作为一套完整的独立安全监控系统。

　　变（配）电所远程视频（安全）监控系统功能如下：

　　远程视频安全监控系统适用于铁路电力工程和电气化工程，安装于沿线各变电所、分区所、开闭所或配电所，用于实现各种变（配）电所的远程视频安全监控功能。系统包括视频（图像）监控和防入侵报警系统。一般变（配）电所远程视频安全监控系统应具有以下功能：

（1）监控中心可随时监视每一个监控前端（变电所、分区所、开闭所或配电所）的现场图像；当报警发生时，可提供语音报警。

（2）监控中心除能够接收报警和进行报警处理外，还可通过操作计算机鼠标，手动/自动视频图像的任意调用、切换。

（3）对监控前端进行远程控制，如摄像机云台的上下左右转动，镜头的变焦、变倍、变光圈，报警灯光的控制等。

（4）系统能够满足各种不同的通道结构，如：总线形（T形）、点对点（星形）以及环形结构等。

（5）能根据不同的通道数据传输带宽，灵活配置 MPEG-I、MJPEG、H.264 等先进的图像压缩/解压缩等算法。

（6）监控前端将摄像机采集的图像信号数字化，并将图像数据进行压缩、录像存盘及远程传输。同时接收监控中心的远程控制命令，用于对现场监控设备进行远程控制。

（7）在监控主机中图像可存放（硬盘录像）、显示、回放；同时监控中心可配置硬盘录像机，对上传图像进行全程实时录像。

（8）防盗、设备运行及表计监视：在主控室、高压室、电容室、变电所内安装固定或全方位云台的摄像机，对院内、主变、隔开、院门以及院墙等设备和场所进行监控。

（9）防火、防烟、防潮，在所内安装了各种传感器对布防范围内实施监测，并将所采集信号传输给矩阵。

（10）当有任一报警探头检测到报警时，监控前端将摄像机主动切换到该报警区域，并将现场图像录像存盘，同时与监控中心建立通信联系实现报警，进行远程图像报警，联动（报警—锁定相应摄像机—呼叫控制中心—硬盘记录报警图像—传送报警图像）。

（11）报警信息存储、检索及处理，多媒体监视主机能对报警相关的视频、报警时间进行有组织的存储，能方便地分析、检索及增强、放大。

（12）应用多媒体技术，多种控制报警布防图，单画面/多画面分割图像及多路实时视频图像可同时显示，显示顺序切换的报警状态，用鼠标操作设置切换时间、顺序、报警布防、报警撤防、报警输出、云台镜头位置预置。

（13）前端能与 RTU 或变电所综合自动化系统接口，实现开关设备与视频的联动和报警，控制中心能与调度自动化系统接口，实现开关设备和视频的联动和报警。

（14）在无人值班、有人值守时，一旦发生报警，前端设备和控制中心均可通过电话、手机、传呼等通信工具及时通知有关人士。

（15）本系统可广泛适用于牵引变电所、分区所、开闭所以及其他领域。

第二节　变（配）电所远程视频监控系统构成

一、系统构成

视频安全监控系统分为监控中心、通道和前端三大部分。前端设备放在各需要监控的变电所（开闭所、分区亭或配电所）。前端设备主要由摄像机、智能解码器、智能控制矩阵（带报警输入）、多媒体前端监控主机、可控镜头、可控云台、各种报警探头、多画面分割器、报警音响、摄像机、防护罩等组成。根据用户要求，前端设备也可不配置当地监视和录像设备。通道主要由通信接口设备、通信设备（如路由器、网桥、Modem、ISDN、DDN 适配器等），以及通信信道组成。

控制中心主要由多媒体中心监控主机、视频服务器、通信单元以及领导分控等组成。

一种典型的视频安全监控系统的框图如图 11.1 所示。

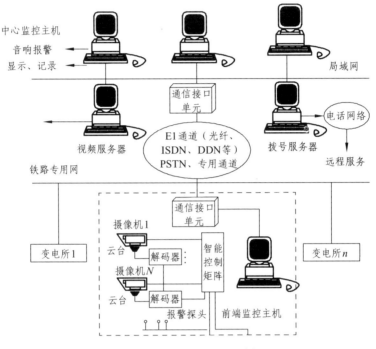

图 11.1　视频安全监控系统框图

二、系统各部分主要设备功能

1. 监控中心（电调中心）设备

（1）多媒体中心监控主机：在监控中心设有一台多媒体工业控制机，用于监控人员对系统进行人机交互、控制和图像监视，并处理视频信号、图像报警、图像存储、图像检索与回放、网络管理、前端设备控制等。

（2）彩色监视器：用于视频图像的监视。

（3）领导分控与复示终端，除网络管理外，领导分控与复示终端具有与中心监控主机一样的功能，但其权限由中心监控主机决定。领导分控与中心监控主机之间通过局域网互传信息，复示终端与中心监控主机之间可通过局域网或电话线互传信息。

（4）视频服务器：用于系统网络的管理、视频图像及各种操作记录、报警记录的管理等，便于图像信息的网上共享。在简单系统中，往往将多媒体中心监控主机与视频服务器配置为一台计算机。

（5）拨号服务器：用于远程拨号服务，以便通过电话线，在任何地方对调看现场图像。

（6）通信设备（含通道接口设备）：用于中心监控主机与通信信道的接口，接收前端送来的图像等信息，下传控制命令等，并起到网络适配的功能。通信设备主要有光端机、路由器、网桥、Modem、ISDN、DDN 适配器等。如视频传输采用 IP 网络方式：当通道媒介为光纤时，通信接口设备采用光端机，而通信设备常采用路由器、网桥、网络交换机以及 DDN 适配器等，以便于与主机接口；对于双绞线或实回线，则采用 Modem、ISDN 适配器等低速通信接口设备。如视频传输采用硬件编解码方式：通信接口设备常采用视频解码器。

（7）视频解码器：用于中心监控主机与通信信道的接口，接收前端送来的图像等信息，下传控制命令等，并起到网络适配的功能。

2. 前端（变电所）设备

（1）智能解码器：其主要功能是控制云台的上、下、左、右运动，镜头的变焦、变倍、变光圈，以及户外防护罩的雨刷、加热及风扇的控制等。

（2）多媒体前端监控主机：多媒体前端监控主机是一台具有图像采集功能的多媒体计算机，并配置有声卡和喇叭，以提供语音报警。多媒体前端监控主机负责图像信号的数字化、图像数据的压缩、存储及传输、报警信号的处理等。根据用户需求，多媒体前端监控主机也可用数字硬盘录像机 DVR 来替代，其功能基本一样，只不过 DVR 可同时对多路图像进行录像、存储，而多媒体前端监控主机一般只对一路图像进行录像、存储，但其他辅助功能更灵活。对于不需要在变（配）电所当地进行监视、录像的系统，可不配置多媒体前端监控主机，也不配置数字硬盘录像机 DVR，而直接配置一台带网络接口的数字视频编码器。

（3）视频编码器：用于前端监控主机与通信信道的接口，接收中心下传的控制命令，上传图像等信息，并起到网络适配的功能；当视频传输采用硬件编解码方式时采用。

（4）智能控制矩阵：该矩阵是本系统的核心设备，其主要作用是对各摄像机的图像信号进行切换，是信号采集设备（如摄像机、报警探头等）和前端监控主机的连接枢纽，所有摄像机的图像信号、解码器的控制信号、报警探头的报警信号以及设备联动开关的控制信号均通过智能控制矩阵连接。

（5）报警探头。

① 各种摄像机：用于视频图像的采集。有各种类型的摄像机，如黑白/彩色、带云台/不带云台、户内/户外、镜头固定/可控等。

② 双鉴探测器：采用微波、红外两种检测方法，有效检测外来人员的入侵。一般装于大门、窗户和其他重要位置处。

③ 激光/红外对射探头：利用物体对红外光束的遮挡来检测外来人员的入侵，一般安装于围墙上用于检测翻越户外围墙及闯线者。

④ 玻璃破碎报警探头：安装于窗户边，用于对玻璃的破碎产生报警。

⑤ 火灾（烟雾和温度）传感器：一般布置在高压室、控制室等场所，用于火灾的预防。

⑥ 门禁开关：用于检测门的破坏和闯入。

⑦ 其他各种报警探头：

● 报警灯光：可与摄像机联动，也可在报警时自动打开报警灯光。

● 报警音响：当发生报警时，自动通过音响设备进行语音报警。

● 多画面分割器：可以将变电所内的所有摄像机画面，放在同一画面上显示。该画面可分为多个分画面，如四画面或九画面，每个分画面显示一个摄像机的图像。这样，在一个画面上就可同时监视多个摄像机的动态画面。当前端采用 DVR 时，可不配置多画面分割器，因为 DVR 本身就具有多画面分割的功能。

三、通道方案设计

通信信道网络是本系统的关键。通道结构和传输速率的不同，直接影响到系统的实时性、可靠性和设备配置及设备投资。通信信道可为总线形、点对点及环状引入等，因此，系统必须能满足各种不同的通信信道。通道的传输介质可为光纤或电缆，但为了提高图像传输速率以及有效抗电气化干扰，推荐采用光纤通道。

1. 通道物理结构

监控中心通过以太接口规范与网桥/路由器连接，网桥/路由器通过 E1 接口规范（G. 703）与通信中心相接。此处，网桥/路由器起到网络适配和流量控制的作用。通信中心通过干线光纤或电缆连接到各通信机械室。通信机械室可通过光纤或双绞线连接到变电所。通信机械室与变电所之间一般有 1 ~ 2 km 的距离，而这段距离正是最易受电气化干扰的地方，因此推荐采用光缆。从通信机械室到变电所，以及监控中心到通信中心（如果距离较大），根据通信介质是光纤或双绞线以及传输速率的要求，应视距离远近采用光端机、HDSL 或 MODEM 等方式进行传输。以 2M 通道为例，图 11.2 示意了该系统的通道物理结构。

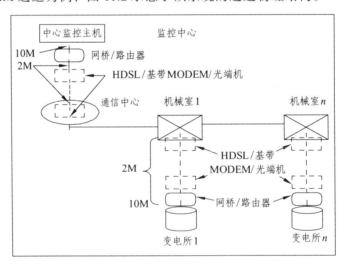

图 11.2　2M 系统通道结构

2. 通道拓扑结构

1）星形结构（I 型）

如图 11.3 所示，该通道结构的优点是各个变电所到监控中心都有一条独立的通道，不存在资源共享而带采的通道竞争问题，多个变电所可以同时与监控中心通信。因此，其实时性是所有通道结构中最好的一种。其中任何一条通道故障，不影响其他通道的通信；缺点是占用通道资源太多，在信道资源紧缺的情况下，这种方法不太适用。

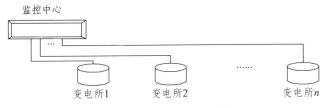

图 11.3　星形结构（Ⅰ型）

2）星形结构（Ⅱ型）

与Ⅰ型星形结构的不同之处是，Ⅱ型星形结构的监控中心到通信中心之间，只占用一个通道而不是 n 个通道，如图 11.4 所示。这种通道结构的优点是监控中心的通信设备比Ⅰ型少 $(n-1)$ 个，缺点是实时性比Ⅰ型星形结构差。

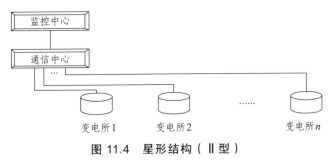

图 11.4　星形结构（Ⅱ型）

3）总线形结构

该通道结构优点是各个变电所到监控中心共用一条通道，实现了资源共享，节省了通道资源，特别适合铁路现场情况。如图 11.5 所示。每个变电所都可以同时收到监控中心下发的信息，通过站地址来判别是否为本站信息，如是本站信息则接收，否则拒绝接收。这种结构的缺点是由于各个变电所共用一条通道，如不采用严格的通信协议，容易造成通道竞争而发生通信冲突。通过采用严格的 Polling 通信协议以时分线路方式来解决可能发生的这种冲突；这种结构另外一个缺点是，如果主干线路某处故障，则整个系统的通信都可能受到影响，因此这种通道结构对通道的可靠性要求比较高。

图 11.5　总线形结构

4）环形结构

图 11.6 是环形结构通道示意图。该通道在拓扑结构上也可认为是一种准总线形通道，其优、缺点也与上述总线形通道类似。不同于上述总线形通道之处在于，某个变电所收到的下行信息是前一变电所转发下来的，而该变电所上送监控中心的信息也要通过前一变电所转发。如果线路某处发生故障，则故障点之后的通信无法进行，而故障点之前的通信不受影响。但这种结构与总线形通道相比，信息传输会有一定程度的延时，通信设备有所增加。

综上所述，各种通道结构都有其优、缺点，考虑到"安全监控"系统的特点，为保证图像信息的动态特性，推荐采用以光纤为通信介质的 I 型星形结构或总线形结构。

图 11.6　环形结构

复习思考题

1. 一般变（配）电所远程视频安全监控系统应具有哪些功能？
2. 监控中心设备有哪些？
3. 前端（变电所）设备有哪些？
4. 通道的拓扑结构有哪几种？各有什么优缺点？

第十二章　远动装置运行维护常识

第一节　运行管理

一、工作人员配置及其职责

（一）电力调度员的配置

原电力部颁发的《调度管理规程》规定："电力系统调度管理的任务是领导系统的运行和操作"，电调"为系统运行和操作指挥员"。因此，在变电所未实行无人值班时，电调的人员配置可按每班为一人值班来考虑。但在实现无人值班后，由于变电所所有能够实行"四遥"的设备运行操作及监控全部由电调来完成，因此电调的任务不只是系统运行和操作的指挥人，而且还是系统运行和操作的执行人，即将电调从后台推到了前台。此时电调的值班制度应重新安排，宜安排每班二人值班。当供电系统有操作任务时，必须做到一人操作，另一人监护。

（二）电力调度员的职责

（1）负责所辖范围内的供电生产工作，保证整个牵引供电系统安全运行和连续供电。

（2）认真贯彻执行有关规章、制度、命令和上级指示。

（3）执行供电协议有关条文，负责轨道交通与地方供电部门之间，供电范围内的有关工作协调与联系。

（4）执行供电系统的运行方式，制定故障下系统的紧急运行模式。

（5）对电调管辖范围内的设备在电力调度中心远方直接进行设备停启、运行方式转换的操作；对电调不能进行遥控的设备，电调负责编写操作票发令到变电所值班员当地操作。

（6）审核所辖设备的检修计划，根据批准的计划要求，组织设备的检修和施工，并负责对施工安全进行把关，对施工过程进行监控。

（7）指挥供电系统内的事故处理，参加事故分析，制定系统安全运行的措施。

（8）负责对供电系统的电压调整、继电保护、安全自动装置设备进行运行管理；执行继电保护及自动装置的运行、更改方案。

（9）收集整理本系统的运行资料并进行分析工作，总结交流调度运行工作经验，不断提高系统调度运行和管理水平。

（三）调度端管理原则

1. 任务和职责

① 电调是整个供电系统的运行监控指挥人和操作执行人。

② 当班电调必须认真监视各站的运行情况，并详细填写《运行日志》。

③ 交班时，须认真仔细交接，并试验警报音响是否正常。将本班中存在的问题和缺陷（包括远动系统）向下一班交代清楚，重大问题向直接领导直至上层主管领导汇报。

④ 操作时，一人操作，另一人监护，认真核实操作设备无误后再执行，并注意主机的一次系统图设备位置显示及参数变化是否正确。如有疑问，应派变电值班巡视人员到现场检查开关设备的实际位置及设备状况。

2. 设备异常及事故处理

① 按"先通后复"的原则，用一切可能的方法（包括改变运行方式和动用设备的过负荷能力）尽力保证对接触网等重要负荷的供电。

② 在遥控操作及断路器跳闸或重合闸后，应立即检查遥信、遥测及打印记录是否正常。如有疑问，应派变电值班巡视人员到现场检查。

③ 遥控操作时，若发生拒动或遥测、遥信异常等情况时，应按下列步骤进行检查：检查调度端控制室设备及远动通信是否正常工作；派变电值班巡视人员到现场检查站端设备是否正常，判明是否远动终端装置异常或变电所一、二次设备故障，根据情况分别进行处理。

④ 遥信动作后，应首先检查屏幕显示与打印记录是否相符，否则应另行做好记录，然后根据具体情况分别对待复归信号。复归信号一般按下列规定进行，即对主设备的主保护动作跳闸，必须待处理人员到达现场检查后，根据技术条件由电调遥控复归或由现场人员奉令复归保护的动作信号；无须派人到现场检查处理可恢复供电的或已恢复供电的，可用遥控复归。

（四）电力监控系统（SCADA）运行、检修人员的配置原则

对于电力监控系统（SCADA）运行、检修人员的配置，根据实际需要，可专门成立 SCADA 工班，工班至少需设置 1 名工班长及数名技工。考虑到与受控设备及站端设备的关系，也可将 SCADA 工班与二次设备工班合并。在 SCADA 工班与二次设备工班合并的情况下，对工班人员的素质要求较高，但可起到减员增效的作用，实现一专多能。

二、电力监控管理规程和制度

（一）安全及检查制度

针对全线的设备，SCADA 工作人员的基本安全生产制度和作业纪律是必须认真执行"三不动"、"三不离"、"三不放过"、"三预想"、"三懂三会"和"三级检查制度"等安全措施，以及牵引供电系统的有关安全规章制度。

"三不动"是未联系登记好不动；对设备性能、状态不清楚不动；未经授权的人员对正在使用中的设备不动。

"三不离"是检查完不复查试验好不离；发现故障不排除不离；发现异状、异味、异声不查明原因不离。

"三不放过"是事故原因分析不清不放过；没有防范措施不放过；事故责任者和其他人员没有受到教育不放过。

"三预想"是工作前，预想联系、登记、检修设备、预防措施是否妥当；工作中，预想有无漏检、漏修和只检不修造成隐患的可能；工作后，预想是否检修都彻底，复查试验、加封加锁、消点手续是否完备。

"了解事故要三清"是时间清、地点清、原因清。

"三懂三会"是懂设备结构、会使用；懂设备性能、会维修，懂设备原理、会排除故障。

"三级检查制度"是部门每半年对管内主要设备检查一次；工班每季对管辖内的主要设备检查一次；SCADA 专业人员每月对管辖内的主要设备检查一次。各种检查后，均应有细的设备运行记录。凡进行危险性较大、影响行车及安全的工作时，必须事先拟定技术安全措施，由专人负责执行。对维护工具及安全防护用品，在出工前必须进行检查，禁止使用不良工具和防护用品。未授权的任何人员严禁对本系统所有应用软件作任何改动。电调人员应严格按照有关操作程序进行操作和控制，并对自己的操作负责。SCADA 专业维修人员应严格按照操作维修规程进行维修作业，同时要遵守运营部门有关保密制度和规定。

（二）设备的日常维护与巡视制度

按照规定的时间、周期和项目，对全线 SCADA 设备进行检查并记录。进行 SCADA 维护作业按下列规定执行。

（1）凡有计划对设备进行拆卸、更换、移位、测试等工作，需中断设备使用时，应填写施工要点申请计划表报生产调度，施工前应按调度命令，在设备检查登记表中登记，经车站值班人员同意并签认后，方可作业，但作业前应告知 SCADA 值班人员。

（2）临时对 SCADA 设备进行拆卸、更换、移位、测试等工作，必须在设备检查登记表上登记，经车站值班员同意签认后，方可作业，但作业前应告知 SCADA 值班人员。若作业影响到相关专业设备，必须取得相关专业人员认可后，在相关专业的监护下方可作业。

（3）不松动电气节点，不拆断电气连线，不更换零配件和不分离机械设备的一般性检查，可不登记，但应加强与车站值班人员和 SCADA 值班人员的联系。

（4）检修作业联系、清点和登记的要求如下：

① 联系、清点前，必须核对准确检修作业地点、需要检修的设备、检修内容及对其他设备的影响范围。

② 联系、清点和登记工作，由 SCADA 检修人员负责办理。

③ 登记的时间、地点、作业性质、设备编号和影响范围等内容，一经车站值班员同意签认后，任何人不得涂改。

④ 登记清点的维修作业，一般应在给定的时间内完成，遇有特殊情况需延长时间时，必须重新办理登记手续。

（三）设备故障处理制度

（1）为迅速进行事故障碍的处理，同时便于 SCADA 设备故障的管理及考核，要建立完善的故障受理制度。

（2）SCADA 检修人员应从生产调度处受理 SCADA 故障，故障受理要按要求填写故障受理表格。

（3）SCADA 设备发生故障，有关维修人员应及时准确地做出判断（判明故障位置、故障原因等），积极组织修复，并把故障时间及影响控制在最小范围内。若无法维修，应及时上报。

（4）故障处理时限为在接到故障报告时的当班内应赶到现场，如果是仅需在线维修的设备，维修应在当班内完成，当班完成不了的，应报维修中心生产调度，并做好现场保护措施和下一步的维修计划；对必须离线维修的设备，在设备离线前，做好设备更换、经复查、检验及运行恢复正常后，才离开现场，离线设备的维修应有计划和维修期限。

（5）SCADA 维修人员在故障处理完毕后，应对维修现场进行清理，恢复到原来状态，并及时消点。

（6）SCADA 维修人员应及时填写故障处理台账，记录故障情况及处理时间、结果，归档备查，对一时无法处理的故障要及时上报。

（7）严格事后检查制度，由 SCADA 班组对维修情况作核查，确保维修质量。

（8）故障处理时，不能影响接口专业的运作，涉及接口的维修，应先与其他专业协调，在其他专业监护下进行。

（9）故障处理要按故障处理程序进行，处理要做到三清，即时间清、原因清、地点清。部门对 SCADA 维护班组按月考核"三清率"。

三、电力监控管理工作应备的记录和技术资料

（一）各种记录簿及其填写的要求

1. SCADA 软件修改记录表

SCADA 软件修改记录表的目的是追踪记录专业软件的版本升级、数据库的修改等情况。其格式可参考表 12.1。

表 12.1　SCADA 软件修改记录表

修改人		确认人	
修改日期			
修改名称			
修改地点			
修改原因			
修改内容			
修改后远动情况			
备注			

2. SCADA 设备维修记录表

SCADA 设备维修记录表的目的是追踪记录设备故障原因、维修过程等情况，以便日后进行整理、分析，逐渐找出各种设备故障的规律及维修方法。其格式可参考表 12.2。

表 12.2　SCADA 设备维修记录表

序号	设备名称	故障原因	故障处理过程	发生故障时间	故障处理时间	处理人员	检查人员	备注

序号用阿拉伯数字 1、2、3 等填写；设备名称填写分解到能更换的最小设备，如主控制盘（RTU）的 FSP 等；故障原因主要指发生故障的现象经过，如多次发生通道故障、PG 或

PC 显示颜色与实际开关位置不符合等；故障处理过程指实际操作过程，如更换故障模块等；故障发生时间，如 2011 年 6 月 20 日表示为"2011，6，20"；故障处理时间，如 2011 年 6 月 20 日表示为"2011，6，20"；处理人员为故障处理过程中的实际操作人员；检查人员为故障处理时的具体操作人员之外的其他人员，当操作时只有一个 SCADA 人员在场，则检查人员为工班长；备注栏则记录故障处理过程中发生的其他一些相关现象。

3. SCADA 设备更换记录表

SCADA 设备更换记录表的目的是追踪记录设备更换情况。对设备更换情况进行统计与归类，有利于判断 SCADA 系统可能发生故障的重点部件，从而为维修、保养等工作提供参考与帮助。其格式可参考表 12.3。

序号用阿拉伯数字 1、2、3 等填写；部件名称填写分解到能更换的最小单位的备件，如模拟屏 PLC 的 CPU 的 EPROM 等；部件编号为备件管理中所有备件或在线设备的部件编号，如 FSP-O01 等；更换时间如"2011，6，20"；更换前地点指部件发生故障时的所在地，如某站 B 所；更换后地点指故障部件存放地点，一般为控制中心备件房；新部件名称指代替故障部件的新部件名称，可以与故障部件相同，也可不同，如用交流 220 V 主控制盘（RTU）电源代替直流 110 V 主控制盘（RTU）电源，则该栏填交流 220 V 主控制盘（RTU）电源，新部件编号如 FSP-001；故障现象及更换原因如多次发生通道故障等；更换人员指具体操作人员；检查人员为更换操作时的具体操作人员之外的其他人员，当操作时只有一个 SCADA 人员在场，则检查人员为工班长；备注栏则记录更换过程中发生的其他一些情况、故障备件或新部件曾经在其他地点用过等。

表 12.3　SCADA 设备更换记录表

序号	部件名称	部件序号	更改时间	更改前地点	更改后地点	新部件名称及编号	故障现象及更换原因	更改人员	检查人员	备注

4. 控制中心交接班记录

当需要在控制中心值班，对设备日常巡检、保养及故障处理，须在值班室设有交接班记录表。其格式可参考表 12.4。

表 12.4　控制中心交接班记录

序号	检查项目	各种发生情况的次数				
1	故障记录	主、备机故障	突然出现错误提示，需要重新启动	网络故障（主、备机联系中断）	正常操作中没有任何错误提示后重启动	电调错误操作	其他
		主控制盘（RTU）故障	主控制盘（RTU）自动复位	主控制盘（RTU）人工复位	主控制盘（RTU）L2错误	原因不明	其他

续表 12.4

序号	检查项目	各种发生情况的次数			
2	归档程序	各种情况确认			备注
		日报表是否及时生成	电度值是否正常	Transfer Data 是否正常	
3	各种硬件设备情况	各种硬件情况确认			备注
		打印机	良好	一般	差
		主、备机			
		TCI			
		UPS			
		归档、信号、维护机			
		模拟屏			

交班人签名　　　　　　接班人签名：　　　　日期：　　年　月　日

控制中心交接班记录的填写由交班人员和接班人员共同完成,在交接班前 15 min 内共同检查各设备、各记录及各种表格等,并作好签名记录。

（二）技术资料

电力监控管理工作应备有以下技术资料。
(1)《电力监控系统（SCADA）合同附件》。
(2)《SCADA 部件操作手册》。
(3)《电力监控系统操作手册》。
(4)《电力监控系统应急预案》。
(5)《电力监控系统远程控制接口柜维修手册》。
(6)《电力监控系统远程控制终端柜维修手册》。
(7)《电力监控系统不间断电源柜维修手册》。
(8)《电力监控系统设备检修周期与工作内容》。

四、电力监控系统（SCADA）应备的工具和备件

（一）工　具

电力监控系统应备的工器具分为专用工具、普通工具两类,如表 12.5 所示。

表 12.5　SCADA 应备的工器具

序号	名称	数量	备注
1	特殊接头指针万用表	1 个以上	
2	LIAN 接收线	1 条以上	监视通道情况时用
3	模拟屏安装器	1 个	

续表 12.5

序号	名称	数量	备注
4	弱电接线工具箱	1 箱	
5	接线工具箱	1 箱	
6	FSP 参数线	2 条	修改参数时用
7	NML 参数线	2 条	修改参数时用
8	集成块起拔器	1 个以上	用于拔集成芯片
9	普通万用表	若干	每次巡检、作业、检修时必备
10	一字螺钉旋具	若干	
11	十字螺钉旋具	若干	
12	镊子	1 个以上	
13	手电筒	若干	
14	尖嘴钳	若干	
15	剥线钳	若干	
16	六角匙	若干	
17	钢丝钳	若干	
18	焊锡器	若干	

（二）备 件

电力监控系统应备的备件分为特殊备件、普通备件两类，如表 12.6 所示。

表 12.6 SCADA 备件一览表

序号	名称	数量	备注
1	工控机（带专用通信口）	1 台以上	专用备件
2	FSP 模块	1 个以上	专用备件
3	模拟屏指示灯	1 个以上	专用备件
4	主控制盘（RTU）电源模块	1 个以上	专用备件
5	通信模块	1 个以上	专用备件
6	时钟模块	1 个以上	专用备件
7	以太网线	6 米以上	普通备件
8	稳压器	1 个以上	普通备件
9	打印机	1 台以上	普通备件
10	显示器	1 台以上	普通备件
11	计算机电源	1 个以上	普通备件

第二节　电力监控设备的运行与巡视

一、电力监控中央级设备巡视的要求和内容

（一）中央设备日巡视的要求和内容

1. 中央设备日巡视的要求

① 控制中心设备日巡视时必须依照各项相关的维修手册或操作手册的规定，对表 12.7《SCADA 中央设备日巡视记录表》中的各项要求进行认真检查。

② 对于要进行设备更换或对整个系统有影响的巡检操作，必须事前知会电调并征得其同意，方可进行。

③ 控制中心各设备的日常巡视由 SCADA 专业人员每天进行 1 次。

表 12.7　SCADA 中央设备日巡视记录表

序号	检查对象	设备名称	检查内容	检查结果					备注
				8：30	10：30	12：30	14：30	16：30	
1	前置机柜	通道插箱	检查接收及发送信号灯工作情况						
			检查电源模块工作情况（观察指示灯）						
			检查 STAT 灯工作情况						
		通道切换装置	检查信号灯工作情况						
			检查 RUN 灯运行情况						
			检查 ST 灯运行情况						
			检查电源模块工作情况（观察指示灯）						
			检查目前运行的是主通道还是备用通道						
		终端服务器	检查电源						
			检查接收和发送信号灯显示						
			检查 10BASE-T 灯是否闪烁						
		风扇	检查电源						
			检查散热风扇运行情况						
2	主、备服务器柜		检查主备服务器的运行情况						
			检查 HUB 信号灯的工作情况						
			检查散热风扇的运行情况						

续表 12.7

序号	检查对象	设备名称	检查内容	检查结果					备注
				8：30	10：30	12：30	14：30	16：30	
2	主、备服务器柜		检查路由器的工作情况						
3	前置机、维护机、电调操作机		检查操作站的工作情况，杜绝非法操作						
			检查日报表的生成情况						
			检查时间是否是同步时钟						
4	大屏幕		检查大屏幕的服务器DIGICOM 工作情况						
			检查大屏幕灯泡的运行情况						
			检查大屏幕上的主接线圈与工作站上是否一致						
5	UPS 系统		蓄电池总电压（V）						
			检查 LC 显示屏上有无故障码显示						
			检查配电柜的工作情况						
填表人：　　　　　　　　　　　　　填表日期：									
注：状态记录方式"√"和"×"。"√"表示正常和"×"表示不正常				审核：					

注：表格的状态记录方式采用"√"（表示正常）和"×"（表示不正常）。参数记录方式采用数值填写方式。

2. 中央设备日巡视的内容

① 检查前置机柜外观及柜内每个模块的运行情况。

② 检查 UPS 系统运行情况，蓄电池是否有漏液或膨胀的情况。在 LC 显示屏上读出蓄电池输出电压和逆变器输出电压等。

③ 检查模拟盘外观及模拟盘内各部件的工作情况。

④ 检查各控制中心操作站的运行情况，是否有非法操作。

⑤ 检查归档机是否正常生成报表，归档数据是否完整。

⑥ 认真填写巡检表格。

（二）前置机柜月度巡视的要求和内容

（1）每月巡视 1 次，一般在月初进行。

（2）对前置机柜的巡视应遵守《前置机柜维修手册》。如果有 PAK 复位的情况，必须认真填写《PAK 通道手动复位记录》，如果有设备更换情况的，还须认真填写《设备更换记录（前置机）》。

（3）前置机柜月度的巡视按表 12.8 所示的记录表中的内容进行。

表 12.8　前置机柜月度巡视记录表

填表人		填表日期		
设备名称	项目名称	内　　容	结果	备注
前置机柜	VES 通信接口模块	1. 检查接收及发送信号灯的工作情况		
		2. 观察接收和发送跳线的连接情况		
		3. 检查 VES 板的连接情况		
		4. 清洁模板表面		
		5. 检查 VES 通信板的工作电压		
		6. 检查并清洁 VES 通信板插卡		
	CP1470 通信处理模板	1. 检查信号灯的工作情况		
		2. 检查 CP1470 通信板的连接情况		
		3. 检查 H1 的 D 形插座的连接情况		
		4. 清洁模板表面		
		5. 检查 CP1470 运行挡的设置（设在"RUN"状态）		
		6. 检查 CP1470 其他挡位的设定情况		
		7. 检查并清洁 CP1470 板插卡		
	FSP 主通信处理模板	1. 检查 2 个 CPU 处理器信号灯的工作情况		
		2. 检查接收和发送信号灯显示		
		3. 检查 FSP 主通信板的连接情况		
		4 清洁模板表面		
		5. 读取 EPROM 中的参数，检查参数是否完整		
		6. 检查 FSP 板"Reset"功能键的功能		
		7. 检查 FSP 运行挡的设置（设置在"ON"位）		
		8. 检查 FSP 主通信板其他设置挡的设定情况		
		9. 检查并清洁 FSP 板插卡		
	GTS 功能监控模块	1. 检查各信号灯的工作情况		
		2. 检查 GTS 功能监控板的连接情况		
		3. 检查并清洁监控板插卡		
		4. 检查监控板的工作电压		
		5. 检查"General Check"功能键功能是否正常		
		6. 抽查监控板的其他功能		
	电源模块	1. 检查电源模块的工作情况（观察指示灯）		
		2. 清洁电源模块表面		

续表 12.8

填表人		填表日期		
设备名称	项目名称	内　容	结果	备注
前置机柜	电源模块	3. 测量输入电压		
		4. 测量输出电压		
		5. 检查输入电压挡是否设置在 AC 230 V 挡		
时钟同步模块	Siclock TM	1. 检查时钟同步模块是否与母时钟同步运行		
		2 检查时钟同步模块的输入电压（工作电压）		
		3. 检查信号线连接		
		4. 检查信号线的 D 形接口连接（H1）		
		5. 测量信号电压是否正常		
	BUSCoupler 模块	1. 检查模块连接线是否松脱		
		2. 清洁模块表面		
	Hl 及 DropCable	1. 清洁电缆表面		
		2. 检查电缆是否有损坏		
	RS232 及 RS422	1. 检查指示灯闪烁是否正常		
		2. 检查接线是否松脱		
		3. 测量输入电压（工作电压）		
		4. 测量信号电压是否正常		
		5. 清洁表面		
其他	其他	1. 清洁前置机柜表面		
		2. 检查前置机柜所有接线		
		3. 测量前置机柜的进线电压		
		4. 检查整个前置机柜的接地性能		
审核人：		审核日期：		

（三）模拟盘月度巡视的要求和内容

（1）每个月巡视 1 次，一般在月初进行。

（2）模拟盘的巡视应按《模拟盘维修手册》的规定进行，特别要注意整个模拟盘表面及内部的清洁卫生。如果有设备更换的情况，还须认真填写《设备更换记录（模拟盘）》。

（3）模拟盘的月度巡视按表 12.9 所示的内容进行。

表 12.9　模拟盘月度巡视记录表

填表人：		填表日期：		
设备名称	项目名称	内　容	结果	备注
模拟盘	模拟盘各部件	1. 检查 S5 各模块信号灯的运行情况		
		2. 检查模拟盘盘面各指示灯的运行情况		
		3. 检查模拟盘的卷闸门是否关上		
		4. 检查模拟盘移动地板是否密封好		

续表 12.9

填表人：		填表日期：		
设备名称	项目名称	内　容	结果	备注
		5．抽查信号灯的显示是否与实际相符		
		6．检查 SIMATIC 电源模块的运行情况		
		7．检查 SIMATIC 115 CPU 模块的运行情况		
		8．检查 SIMATIC 115 CPU 模块的 EPROM 是否插好		
		9．检查通信板 CP1430 及 I/O 接口板		
		10．检查 CPl430 及 I/O 接口板的 EPROM 是否插好		
		11．清洁 SIMATIC 电源模块表面		
		12．清洁 SIMATIC 115 模块表面		
		13．清洁通信板 CP1543 及 I/O 接口板表面		
	S5 -115 系列模块：SIMATIC CPU 板通信板 CP5431、SIMATIC 电源模块、I/O 接口板	1．检查 I/O 接口板信号输入、输出点的连接情况		
		2．测量 I/O 接口板的进线电压		
		3．检查通信板 CPl543 板运行挡位的设置		
		4．检查通信板 SIMATIC CPU 板运行挡位的设置		
	模拟盘电源模块、主模块、子模块、中继器及 RS485	1．检查电源模块的进线电压和输出电压		
		2，检查电源线的连接情况		
		3．检查主模块与子模块的连接情况		
		4．检查中继器与主模块的连接情况		
		5．检查 RS485 的连接情况		
		6．清洁主模块、子模块、中继器和 RS485 表		
	DU 70 时钟显示模块	1．清洁 DU 70 时钟显示模块表面		
		2．检查 DU 70 时钟显示模块信号线的连接情况		
		3．检查电源的连接情况		
		4．测量输入电压		
	其他	1．检查 L2 局域网的连接情况		
		2．检查 H1 局域网的连接情况		
审核人：		审核日期：		

（四）UPS 系统、操作站及其他设备月度巡视的要求和内容

（1）每月巡视 1 次，一般在月初进行。

（2）对于 UPS 的巡视须遵守《UPS 维修手册》的规定，巡检时特别要注意 UPS 柜体及整个 UPS 房的清洁，对电流、电压等值进行记录。如果有设备更换的情况，还须认真填写《设备更换记录（UPS）》。

（3）对于操作站巡视应遵守《操作站维修手册》的规定。

（4）对于归档系统的巡视必须遵守《归档系统维修手册》的有关规定。

（5）UPS 系统、操作站及其他设备的月度巡视按表 12.10 的内容进行。

表 12.10　UPS 系统、操作站及其他设备月度巡视记录表

设备名称	项目名称	内　　容	结果	备注
填表人：		填表日期：		
UPS 系统操作站及其他	UPS 系统	1．检查 UPS 系统的运行情况，在 LC 显示屏上读出蓄电池的输出电压和逆变器的输出电压		
		2．测量输入电压及输出电压		
		3．清洁表面（包括蓄电池柜，UPS 柜和配电盘）		
	主 IPC、备用 IPC、信号 IPC、维修 IPC	1．检查操作站的运行情况		
		2．检查是否有非法操作		
		3．阅读"记录"和"报警"，检查设备状况		
		4．检查时间是否是同步时钟		
		5．检查鼠标和键盘的连接情况		
		6．检查信号线和电源线的连接情况		
		7．清洁显示屏，键盘和鼠标等设备		
	归档 PC	1．检查归档 PC 的运行情况		
		2．检查是否有非法操作		
		3．检查 Transfor 程序是否在运行		
		4．检查时钟与同步时钟是否相同		
		5．制作各变电所的日报表		
		6．整理数据，并拷贝到 MOD 盘		
		7．清理硬盘，删除垃圾文件		
		8．检查鼠标和键盘的连接情况		
		9．检查信号线和电源线的连接情况		
		10．制作月报表		
		11．检查 MOD 盘是否已满，并标贴书签		
		12．清洁显示屏、键盘和鼠标等设备		
	以太网及 HI 网	1．检查所有操作站是否能互相访问		
		2．检查 H1 网操作是否正常（检查系统图）		
	外围设备	1．检查打印机及共享器的工作情况		
		2．检查打印纸和墨盒、色带是否用完		
		3．检查流水账打印机打印效果		
		4．检查电源的连接情况		
		5．检查打印机及共享器信号线的连接情况		
审核人：		审核日期：		

二、电力监控站级设备巡视的要求和内容

1. 电力监控站级设备巡视的要求

（1）在进行设备巡视前，应准备好巡视所必需的各种工具、各种消耗用品，同时须持作业令向作业辖区管理单位请点，并知会电调和电力监控在控制中心的值班人员，方能进行巡视作业。

（2）主控制盘（RTU）设备巡视应达到的技术要求、功能及标准以《电力监控系统远程控制终端柜维修手册》为标准。

（3）对于牵引变电所，除了按照下述的各项要求进行巡视外，还应按照站控计算机中的记录对该所出现的各种记录进行分析，以便及时发现各种故障并采取相应措施。

（4）主控制盘（RTU）的巡视，除了各种技术上的检查外，还应该进行各种设备的清洁工作，保持整个柜体外观整洁、干净；柜内各设备及各种电缆、电线布置有序。

（5）对于主控制盘（RTU）可能出现的手动复位情况，除了在控制中心值班室进行集中统计外，电力监控专业还要求在每个变电所实行当地记录。

2. 电力监控站级设备巡视的内容

（1）巡视时间间隔一般为每个月 2 次，其余时间由变电所值班人员负责监视，通报故障。

（2）检查主控制盘（RTU）柜外观及主控制盘（RTU）柜接地是否正常等，整个母板架与柜体固定良好，无晃动，柜体绝缘良好（绝缘电压为：>2 500 V），柜体接地良好（接地电阻小于 4 Ω）。

（3）检查 CP5430 通信处理模块的运行情况，对 CP5430 进行复位或冷启动均能导致电力监控系统对该所信息重新接收。

（4）检查 FSP 主通信处理模块及 KMA 模块、FSP 模块的"RESET"功能工作是否正常，复位时站控机或控制中心计算机应显示电力监控系统对所有监控对象进行一次全面的"General Check"。FSP 模块能正确读取各种参数，用 SINPDC 进行参数化时 FSP 上的指示灯能对相应步骤正确指示。

（5）检查 GTS 功能监控模块运行情况，测试 GTS 模块中的"General Check"功能。

（6）检查电源模块（SV）的输入电压范围是否正常（DC 110 V±15 V），输出电压等级及范围为 DC 5(1±5%) V、DC 15(1±5%) V、DC 24(1±5%) V。

（7）电源转换器（Q10）DC 110 V/DC 60 V 能正常地将 DC 110 V 电源转化为 DC 60 V，其输入端电压波动范围为 DC 110 V±15 V，输出端电压波动范围为 DC 60 V±10 V。

（8）检查站控计算机是否有垃圾碎片、是否有非法操作、运行是否正常等。

（9）检查打印机和不间断电源工作状态是否正常等。

（10）认真填写表 12.11 所示的巡检表格。

表 12.11　SCADA 站级设备巡视记录表

填表人：　　　　　填表日期：			
设备名称	项目名称	内容	结果
主控制盘（RTU）柜	CP5430 通信处理模块	1. 检查信号灯的工作情况	
		2. 检查 CP1470 挡的设置（设置在"RUN"状态）	

续表 12.11

设备名称	项目名称	内容	结果
填表人：　　　　　　填表日期：			
主控制盘（RTU）柜	CP5430 通信处理模块	3．检查 CP1470 板其他挡位的设定	
		4．检查 CP1470 通信板的连接情况	
		5．通信板的性能测试	
		6．查 L2 的 D 形插座的连接情况	
	FSP 主通信处理模块及 KMA 模块	1．检查接收和发送信号灯显示是否正确	
		2．检查查他信号灯的工作情况	
		3．检查 FSP 运行挡的设置（设置在"ON"位）	
		4．检查 FSP 主通信板其他设置挡的设定	
		5．检查 FSP 主通信板的连接情况	
		6．检查 FSP 模块中的"Reset"功能	
		7．检查读取模块参数，重装各参数文件	
	GTS 功能监控模块	1．检查 GTS 功能监控板的连接情况	
		2．检查指示灯的工作情况	
		3．检查（GTS 模块中的"General Check"功能	
	电源模块（5 V/15 V/24 V 输出）及电源模块（60 V）	1．检查电模块块的工作情况（观察指示灯）	
		2．测量输入电压	
		3．测量输出电压	
	其他	1．检查 RS-232/422 指示灯的情况	
		2．检查 RS-232/422 的输入电压和输出电压	
		3．主控制盘（RTU）柜接地是否正常	
站控计算机及外围设备	站控计算机	1．检查操作站的运行情况	
		2．检查是否有非法操作	
		3．阅读"记录"和"报警"，检查设备状况，并与控制中心信息进行比较	
		4．查鼠标和键盘的连接情况	
		5．检查电源线的连接情况	
		6．清洁主机、键盘和鼠标、显示屏内部	
		7．测量主机内部电源的性能	
		8．检查各通信接口的性能	
	外围设备	1．检查打印机的工作情况	
		2．检查打印纸和色带是否用完	
		3．检查电源和打印线连接是否完好	
		4．检查信号线和电源线是否有破损	
		5．检查 UPS 性能，是否有输出电压等	
		6．清洁打印机和不间断电源	
审核人：　　　　　　审核日期：			

第三节　电力监控设备事故处理

一、SCADA 系统事故（故障）的特点

SCADA 系统的故障从对控制中心的集中控制、统一指挥的影响程度来看，具有以下一些特点。

（1）由于程序出错或 UPS 电源系统故障，引起主机、备用机同时不能正常接收信息，从而导致模拟屏黑屏，中断电调对全线变电所的控制和监视；或者 SCADA 系统故障导致供电系统发生事故（故障）。

（2）由于某些通道故障或主控制盘（RTU）故障（包括主控制盘柜输入电源引起的故障），引起 3 个以上变电所（包括 3 个）的通信中断，造成控制中心对这些变电所的监视和控制中断或者 SCADA 系统故障导致供电系统发生事故（故障）。

（3）主控制盘（RTU）局部故障（包括主控制盘柜输入电源引起的故障），造成控制中心对这一变电所的监视和控制中断。

（4）由于某一变电所站控 PC 机故障，引起某个变电所站控级功能失效；或者由主控制盘（RTU）柜输入电源引起的 SCADA 系统故障，但并不影响控制中心级功能的实现。

一般情况下，在故障、事故处理过程中，如果发现有故障部件，在现场只作替换性维修，把有故障的器件都带回部门做统一登记处理。

二、主控制盘（RTU）柜故障的分析与处理

1. FSP 软件故障

FSP 软件的故障现象、原因及处理步骤如表 12.12 及表 12.13 所示。

表 12.12　FSP 软件的故障现象、原因及处理步骤

故障现象	原因	处理步骤
控制中心不能监控某站数据，该站主控制盘（RTU）柜 FSP 模块的 8085 的 LED1 或 80376 的 LED7 红灯亮，重新复位 FSP 模块后，故障依然存在	可能是 FSP 模块的系统参数出错，需要重写 FSP 模块系统参数（安装的内容对应程序见表 12.13）	1．DOS 环境下，启动 SINPDC 应用程序 2．SNPDC 程序启动中，分别选用"Parameterization"、"Parameter in general" 3．程序运行后，选择命令\FSP Status，显示 FSP 模块的运行数的状态 4．选择命令\FSP Restart，接着选择 Offline，重写参数前，若要清除 FSP 模块中的运行参数，可以选掸\Clear-Offline 5．选择\Load/Save Hexfile 及\Load FSP 6．在 Mask 位置后键入所要安装文件的路径 7．按下箭头使"HEXoble File Name"处出现所要安装的文件 8．参数文件安装完后，用命令\FSP Status，检查 FSP 模块的运行数的状态是否完全正确 9．选择\Save Shadow RAM，运行参数从 RAM 拷贝到 EPROM 10．选择\FSP Restart 及\Cold Start，参数安装完毕 11．重新启动主控制盘（RTU）

表 12.13　重写 FSP 模块系统参数安装对应表

序号	元件或模块名	程序名	参数名
1	8085	6AA5.HEX	MEAAWF.HEX
2	80376	7BB3.HEX	MHSAWF.HEX
3	KMA-0	7AA5.HEX	
4	KMA-1	8AA1.HEX	
5	KMA-2	L2.HEX	
6	KMA-3	0000	

2. FSP 硬件故障

FSP 硬件故障的故障现象、原因及处理步骤如表 12.14 所示。

表 12.14　FSP 硬件的故障现象、原因及处理步骤

故障现象	原因	处理步骤
控制中心不能监控某站数据，该站主控制盘（RTU）柜 FSP 模块的 8085 的 LED1 或 80376 的 LED7 红灯亮，重新复位 FSP 模块后，故障依然存在；并且在重写参数后故障未消除	可能是 FSP 模块硬件故障，需要更换 FSP 模块	（1）关掉主控制盘（RTU）的电源 （2）小心拆出故障 FSP 模块 （3）拿故障 FSP 模块与新的 FSP 模块对比，确保新旧模块的跳线设置完全一样 （4）再按 FSP 软件故障所述步骤正确写入 FSP 的程序和参数

3. 主控制盘（RTU）和 PG740 通信中断

主控制盘（RTU）和 PG740 通信中断的故障现象、分析、原因及处理步骤如表 12.15 所示。

表 12.15　主控制盘（RTU）和 PG740 通信中断的故障现象、分析、原因及处理步骤

故障现象	分析	原因	处理步骤
主控制盘（RTU）柜运行正常的情况下，站控计算机运行程序 P500 后，本站设备图形颜色呈蓝色状（未定义状态），但复位主控制盘（RTU）柜，设备图形颜色不变	设备图形颜色成蓝色（未定义状态），说明站控计算机和主控制盘（RTU）的通信中断	主控制盘（RTU）柜号码设置错误	主控制盘（RTU）号码＝本变电所主控翻盘（RTU）号码＋10
		没有安装 Sorcus 卡，或安装方法不正确	（1）打开\Start \Windows NT Diagnostics \Resources \Devices，检查是否有 MLXDRV 把 C：\P500LOCAL \SORCUS\DLL \ *.DLL（2 files）拷贝到 C：\P500LOCAI. （3）运行 C：\ P500LOCAL\SORCUS \ WIN32 \ INSTDRVV. EXE，选择"Install"，设置"Board O"；设置"Modular 4/486"，"Base Address＝380"，"IRQ＝10""安装"并重启动 Windows NT，安装结束
		P500 参数设定错误	P500 参数设定错误时，会出现某些提示说明。譬如，在 P500 参数设置中，若主控制盘（RTU）的通信规约不是 Sorcus 3964R 或 PAK1 的通信规约不是 NetBios 时会出现提示"cannot open network connection FWA11"，当出现提示"project file*. p5m not foundm the data directory"说明 LZSDATEN 数据库出错，可直接把 P500EDIT.EXE 所用的数据库下的文件拷贝至 LZSDATEN 下

4. 主控制盘（RTU）与 S5 通道故障

主控制盘（RTU）与 S5 通道故障的故障现象、原因及处理步骤如表 12.16 所示。

表 12.16　主控制盘（RTU）与 S5 通道的故障现象、原因及处理步骤

故障现象	原因	处理步骤
CP5430 模块的 CP fault 灯亮，Stop 灯亮。控制中心主、备操作站及站控计算机上的该变电所的设备图形颜色呈蓝色（未定义状态），遥测、遥信、遥控功能都无法实现	在 LIAN 应用程序中发现 1016 地址信息的第 26 位为 1，则说明 L2 有故障	使用逐级排除的方法。首先更换 CP5430 模块，接好线后，再运行主控制盘（RTU）。如故障仍然存在，可考虑更换 RS485，RS485 的接线方法如下所示： RS485 接线图

5. PLC 故障等原因导致的遥控开关失效

PLC 故障等原因导致的遥控开关失效的故障现象、分析、原因及处理步骤如表 12.17 所示。

表 12.17　PLC 故障等原因导致的遥控开关失效的故障现象、分析、原因及处理步骤

故障现象	分析	原因	处理步骤
当 PC 发一个分合信号到所在的开关，但开关没有执行，记录显示为超时	先看设备图的显示颜色，如开关颜色为蓝色	说明开关可能有故障	与供电技术人员一起检查开关本体
	确定主控制盘（RTU）正常运行的前提下，无法正常进行开关的合、分操作，这时可观察 PLC 柜，通过电调发送该开关的分、合命令时，观察 PLC 柜的 OUTPUT 指示灯是否闪烁	如 OUTPUT 灯闪烁，说明控制命令可从控制中心发送到 PLC，所以问题可能出在逻辑编程或开关柜的电动执行机构	与供电技术人员一起检查
	当 GTS 模块的 AN1 信号灯每隔一段时间，红灯亮一次，且用 LIAN 软件测得控制方向的 MSC = 31 时	可知主控制盘（RTU）的接收方向有问题，即 TCI 所发的命令无法传到主控制盘（RTU）；地址 1016 中的某字节置 1	在 TCI 柜的 VES 模块中，把故障通道的 RS232/RS422 的信号接线对调，若故障仍然存在，说明 TCI 没问题。把主控制盘（RTU）柜到控制中心的两个通信信道对调（即两个 RS422 模块的接口对换）。若故障通道对调后，问题仍然存在，说明主控制盘（RTU）本身有问题，需要更换 FSP 或通信模块；若调换后，正常通道变成故障，而故障通道恢复正常，说明为 OTN 网有问题

三、TCI（前置机）柜故障的分析与处理

1. CP1470 模块故障

CP1470 模块的故障现象、原因及处理步骤如表 12.18 所示。

表 12.18 CP1470 模块的故障现象、原因及处理步骤

故障现象	原因	处理步骤
模块前端指示灯模块前端指示灯不吻合，例如模块位置选择开关拨到"RUN"位置，而"RUN"指示灯不亮或闪烁（正常时，应该常亮）	当发现上述故障时，可通过按"Reset"对模块进行复位：若故障依然存在，则说明模块出了硬件故障，需及时更换。由于 CP1470 模块与 SHA 模块结合为一个整体，所以有可能两者之一或两者都同时出现故障，采用更换法，可以准确判断	（1）首先把有故障的 CP1470 模块所处的 PAK 关掉电源，然后拧开 PAK 框架螺丝，小心从插槽取出模块，然后换上新的模块，再拧紧框架螺丝，合上 PAK 电源。注意整个更换过程，要使用防静电工具，保证模块不受静电损坏。 （2）新模块更换完毕，要对它进行参数化可以使 CP1470 模块参数化的步骤如下： ① 把"RUN、STOP，AMD"三位置的开关置于"STOP"位置，或拔出 H1 总线接口而把该三位置的开关置于"RUN"位置用参数化专用电缆把 PG740 的 COM1 口与 CP1470 的 PROG 口连接起来 ② 打开 PG740，进入 MS-DOS 状态，正确进入 NML 目录，输入 NML 启动参数化程序 ③ 选择"Download"和"TTY-interface"，下载参数化程序 ④ 选择"Download"、"either LED" ⑤ 选择 CP1470-Knoten ⑥ 若需更换的 CPl470 模块在 PAK1 里，则选择 PAK14 否则，选择 PAK2 ⑦ 选择"Grundmenu"，即完成参数化工作，退出该参数化程序 ⑧ 把三位置选择开关置于"RUN"位置或把 H1 接口接上，重新启动 FSP ⑨ 此时 FSP 与 CP1470 就建立起了同步关系，可以进行相互通信 ⑩ 再观察 CP1470 模块指示灯是否正常、PC 和 TCl 机通信是否正常，若正常，则更换模块成功

2. 四频收发器 VES 故障

四频收发器 VES 的故障现象、原因及处理步骤如表 12.19 所示。

表 12.19　四频收发器 VES 的故障现象、原因及处理步骤

故障现象	原因	处理步骤
VES 系统指示灯闪烁不正常，或用 LIAN 软件接收监视方向的信息报文时，收到地址为 1016 的信息，其报文的第 12 位 bit 置 1	当出现上述故障现象时，一般都是 VES 模块硬件故障，应该马上关掉该模块所在的 PAK 的电源，然后更换新的 VES 模块	在更换新的 VES 模块前，首先要对其进行 DIP 开关设置，其设置情况如下： 1 2 3 4 5 open DIP 开关 模块更换完毕后，重新打开电源。此时，若指示灯闪烁正常，再运行 LIAN 软件，看看信号是否正常接收，若正常接收，则表示模块连接成功

3. 通用功能模块 GTS 故障

通用功能模块 GTS 的故障现象、原因及处理步骤如表 12.20 所示。

表 12.20　通用功能模块 GTS 的故障现象、原因及处理步骤

故障现象	原因	处理步骤
模块指示灯显示不正常，例如某个主控制盘（RTU）与控制中心之间的通道故障时，VES 模块中的故障红灯亮，而"AN4"指示灯不亮。按一下"GA"按钮，然后通过 LIAN 软件观察是否接收到地址为 521 的信息，若无，可以确定模块故障	当出现上述故障现象时，一般都是 GTS 模块硬件故障，应该马上关掉该模块所在的 PAK 的电源，然后更换新的 GTS 模块	（1）关断该 GTS 模块所在的 PAK 的电源，小心拆出已坏的模块 （2）对新模块进行 DIP 开关的设置，设置时以坏模块的设置为准 （3）装上新的 GTS 模块，并合上相关的 PAK 电源

四、SCADA 系统故障抢修卡片

为方便 SCADA 系统故障抢修，特制定抢修卡片供参考。

1. TCI 柜 VES 红灯亮或主控制盘（RTU）柜的 RS422 红灯亮

SCADA 系统故障抢修卡片 1 如表 12.21 所示。

2. SCADA 应用软件运行中突然中断，计算机屏幕变黑

SCADA 系统故障抢修卡片 2 如表 12.22 所示。

3. 电调在执行程控时发现程控步骤有误，或需增加新的程控

SCADA 系统故障抢修卡片 3 如表 12.23 所示。

表 12.21 SCADA 系统故障抢修卡片 1

事故描述	TCI 柜 VES 红灯亮或主控制盘（RTU）柜的 RS422 红灯亮
安全防护措施	在 MDF 架上作业时，请通信专业配合，注意保护其他专业 OTN 接线
抢修用工器具、备品备件	特殊接头指针万用表一个，普通数字万用表一个，连接硬电线两根及个人常用工器具
人员配备	至少 2 人，均熟悉万用表使用及传输网工作原理、SCADA 系统信号传输过程
详细步骤	（1）首先由电调在第一时间通知供电车间就近巡检人员，赶去事故地点，做好人工监视工作 （2）SCADA 专业人员在控制中心通信设备房检测传输网（如为 OTN）信道有无问题。具体方法是：用专用指针万用表，设在直流电压 10 V 档位量，用专用接头断开 MDF 架下方连接主控制盘（RTU）的收、发两条线，这时正常应测到 OTN 送来的 4 V 电压信号，5 s 后，秒针微摆一次，否则说明 OTN 信道故障，马上通知 OTN 网值班人员 （3）若 OTN 网正常，通过 SCADA 系统维护软件 LIAN 观察该所参数。MSC 是否为 31。若 MSC 等于 31，说明车站发向控制中心这条线是好的，而控制中心发向车站主控制盘（RTU）的测试报文主控制盘（RTU）收不到，主控制盘（RTU）没有返回信号给 TCI （4）在 TCI 柜短接故障信道接收端或发送端回路，这时在控制中心 MDF 架上用万用表测这两条线间的阻值，正常电阻应接近零，若阻值很大，说明这一段线故障，更换备用线 （5）若上述测量电量接近零，这时需测车站通信设备房到车站主控制盘（RTU）之间的线路是否正常，方法同上
现场恢复及最终检查	在 MDF 架上相应位置插好防雷器，检查控制中心主机及模拟屏相应站的画面是否正常并请电调确认，方可离开现场

表 12.22 SCADA 系统故障抢修卡片 2

事故描述	SCADA 应用软件运行中突然中断，计算机屏幕变黑，并显示，The System has Hardware Malfunction NMI: Parity check/Memory Parity Error Verifying Kiobyte
安全防护措施	当以超级用户身份登录后，注意不能对里面任何设备进行操作
抢修用工器具，备品备件	无须特殊工器具
人员配备	一名技术人员，必须熟悉计算机原理、Windows NT 4.0 及 SCADA 系统应用软件
详细步骤	（1）按 "CTRL+ALT+DEL" 键重新启动计算机 （2）机器会自动启动 Windows NT 4.0 及 P500 软件 （3）在 P500 菜单中，选择第一个菜单项，以超级用户身份登录 （4）由 Administrator 中进入资源管理器 （5）在资源管理器中进入 C: \ P500 \ Lzsdaten，找出 Measvals Tmp 和 Metervals Tmp 这两个文件 （6）删除上述两个 TMP 文件 （7）关闭资源管理器，返回 P500 窗口 （8）退出超级用户
现场恢复及最终检查	检查开关状态是否正确，并等待一个信号送到 PC，在记录中确认收到方可离开现场

表 12.23　SCADA 系统故障抢修卡片 3

事故描述	电调在执行程控时发现程控步骤有误，或需增加新的程控
安全防护措施	对任何程控的修改或增加，均需供电专业负责人书面的意见
抢修用工器具、 备品备件	无须特殊的工器具
人员配备	技术人员 1 名
详细步骤	（1）在归档机上运行 SFOED. EXE，修改则打开需修改的程控名，新建则需选择新建命令 （2）在英文状态下，首先将 BEGIN 拖入，再拖入 STOP，其次根据电调写的程控卡片，将设备顺序拖入 COMMAND 内 （3）双击每个设备名，选择 SWITCH ON 或 SWITCH OFF （4）经过确认和电调写的程控一致，存盘，关闭 SFOED （5）运行 P500EDIT. EXE，将修改过的数据传到运行系统，目录为 Lzsdaten （6）将修改后的 Lzsdaten 拷贝至主机
现场恢复及最终检查	重新启动 P500 软件，请电调确认正常后方可离开现场

4. 主机、备机模拟盘均不能正常工作

SCADA 系统故障抢修卡片 4 如表 12.24 所示。

表 12.24　SCADA 系统故障抢修卡片 4

事故描述	主机、备机模拟盘不能正常工作
安全防护措施	请供电专业做好各变电所人工监视工作
抢修用工器具、 备品备件	无须特殊的工器具
人员配备	至少 2 人，均需熟悉 SCADA 应用软件和系统软件
详细步骤	（1）以超级用户身份登录，看能否拆除 P500 应用程序，若不能，则用 "CTRL+ ALT+ DELETE" 键以 ADMINISTRATOR 登录，PASSWORD 为小写 p500。在增加新任务中增加 REGEDIT32，运行后查找 WINLOGON，找到 SHELL："P50032. EXE"，将其改为 "EXPIL_ORER. EXE，退出重新运行，进 Allf 资源管理器状态 （2）如果屏幕提示数据库已被破坏，过时先删除主机 D:\P500MAIN\ LZDTEN\ *.*，再从文档机的 D:\ P500ARCHIVE\ LZEATEN 下拷贝数据到主机；若无数据库被破坏的提示，则可省去这一步 （3）重新启动 P500 SHELL，安装 P50032. EXE，启动 P500 软件 （4）主机正常启动后，模拟屏恢复正常，之后再启动备用机
现场恢复及最终检查	请电调确认主机、备机、模拟屏均工作正常；填写好故障处理记录，作业完成

5. 某所控制中心级功能正常但站控级功能不正常

SCADA 系统故障抢修卡片 5 如表 12.25 所示。

表 12.25　SCADA 系统故障抢修卡片 5

事故描述	某所控制中心级功能正常但站控级功能不正常
安全防护措施	将站控级功能控制闭锁
抢修用工器具、备品备件	万用表及常用个人工器具 1 套
人员配备	至少 2 人，均具有上岗证
详细步骤	（1）对主控制盘（RTU）进行复位操作，着站控机仍然不能接收到正常信息，则拆除 P500 安装，重新启动 P500。启动 P00 时应选择正确站号 （2）重新启动 P500 后接收信息还不正确，则需通知工班长，派 1 名熟练工去现场指导以下步骤： ① 重新安装 P500 软件 ② 若正确安装后仍不能排除故障，则更换 SORCUS 卡，并重新安装 SORCUS 卡 ③ SORCUS 卡安装后故障仍然没排除，则更换 KMA2 板 ④ 故障仍然没排除，则更换 KMA2 到 PC 机之间的连接通讯线，直至故障消失 ⑤ 整理好更换下的元件，留待回车间测试修理 ⑥ 请变电所值班人员确认站控机信号接收正常，并填写好故障记录，作业完成
现场恢复及最终检查	检查控制中心主机及模拟屏相应站画面是否正常并请电调确认后方可离开现场

6. 变电所主控制盘（RTU）柜不断自复位，并伴有通道故障

SCADA 系统故障抢修卡片 6 如表 12.26 所示。

表 12.26　SCADA 系统故障抢修卡片 6

事故描述	在雷雨天气情况下，变电所主控制盘（RTU）柜不断自复位，并伴有通道故障
安全防护措施	在 SCADA 抢修修员到达前，请供电车间变电所值班人员监规好车所设备，注意知会 SCADA 专业人员
抢修用工具、备品备件	万用表及常用个人工器具 1 套
人员配备	原则上按照设备负责人制度执行
详细步骤	（1）电调在第一时间通知变电所就近巡检人员，赶去事故地点，做好人工监视工作，并知会责任工班 （2）专业人员在第一时间赶赴现场，视具体情况做出抢修。若主控制盘（RTL）设备仍然不断自复位，则可暂时关闭主控制盘（RTU）电源，避过雷雨，再恢复主控制盘（RTU）运行，并知会电调 （3）检查站控机，确保与主控制盘联系正常和正常接收信息，并记录所发生的现象及处理过程
现场恢复及最终检查	检查控制中心模拟盘相应站画面是否正常并请电调确认后方可离开现场

第四节　远动设备故障判断、查找和处理

一、电力远动系统的基本构成

远动系统由调度端、被控站及信道三大部分构成。如图 12.1 所示。

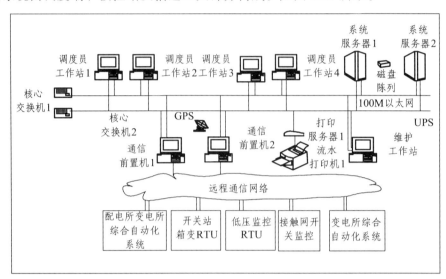

图 12.1　电力远动系统

二、电力远动系统的典型故障

电力远动系统是一个复杂的系统，各个环节相互协调一致才能实现运动系统的监视控制功能，任一环节出现故障都将影响远动系统的运行。

电力远动系统的典型故障表现为通信不通、遥信位置显示不确定、遥测量显示不正确、遥控命令不能执行等。本节重点对这些典型故障的分析进行介绍。

三、远动故障的查找方法

1. 遥信回路故障的检查与处理

当主控站显示某路开关量数据与实际状态不符时，首先检查主控站，如果其他开关量显示正确，则判断为 RTU 遥信板故障，按以下步骤进行检查：

① 检查遥信外围板上该路开关量对应的指示灯是否正常显示，如不正确，应检查从远动装置的遥信母线（YXM）出线经过的端子排、遥信信号的辅助接点、有关的连接线等是否接触良好，有无松动现象等。

② 测量 YXM 上是否有正常的电压，电压低于一定值时，信号也会显示不正确。

③ 如果外围接线良好，则检查相应遥信板回路。可通过模拟遥信量输入的办法来判断是否遥信板回路故障。

2. 遥控回路的检查与处理

如果在调度主控站对某个遥控操作失败时，可检查试验遥控是否可执行，以排除主控站问题，再按如下步骤检查远动箱变开关设备及 RTU 遥控板。

① 检查当地/远方装换开关的状态，是否将控制电源传到远动装置的相应回路中，做开关操作时，测量相应中间继电器的接点是否闭合。

② 检测其他开关的操作情况，检查判断遥控板是否出现问题。

③ 必要时可模拟遥控量输出，以判断是被控开关还是遥控板问题。

3. 遥测回路的检查处理

当主控站显示遥测量异常时，首先检查主控站与被控站的通信状态，在确认通信良好时，点击全召按钮，对遥测量进行召唤，如果遥测量仍异常，则检查远动箱变 RTU 遥测板及相应设备。

① 当遥测量显示异常时，应先检测相应端子上互感器二次送过来的电量是否正常。

② 检测变送器的输入、输出的电量是否呈线性。

③ 检查遥测板的工作状态。

4. 通道故障的处理

通信通道故障是较常见的远动故障，主控站、被控站及通道故障都可表现为通信故障，当发生时，应使用排除法，逐个排除，最终确定故障原因。

① 观察通信指示灯显示情况，初步判断通信状态。

② 测量通道电平或频率，检查通道上是否有载波信号。

③ 用专用测试程序测试发送接收的通信报文是否有误码、乱码现象。

5. 检查箱变 RTU 故障查找

（1）查看 RTU 远动装置（见图 12.2）是否带电工作。

图 12.2　RTU 远动装置

① 首先查电路走向：双电源切换开关—UPS 输出—1D 电源端子—浪涌保护单元—通信电源装置。浪涌输入的电压为 220 V，浪涌保护装置输出的电压为 185～220 V，装置电源板额定输入电压为 170～230 V。

② 检查电源指示状态：

a. 24 V 直流电源指示灯。

b. 12 V 直流电源指示灯。

c. 24 V 电源报警灯：灯亮指示 24 V 直流电源输出异常，灯灭指示 24 V 直流电源输出正常。

d. 12 V 电源报警灯：灯亮指示 12 V 直流电源输出异常。灯灭指示 12 V 直流电源输出正常。

③ 检查熔断器是否烧损：如图 12.3 所示，从上至下两个熔断器分别是：

a. 交流电源熔断器。

b. 直流电源熔断器。

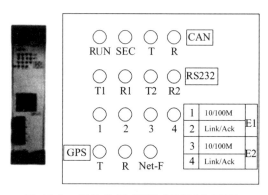

图 12.3　通信单元 GM7-A/MPO8-ECF

使用该装卸口，需要刀口长度为 8 mm 以下的一字螺丝刀抵住装卸口，按下并逆时针转动即可拆下熔断器，按下顺时针转动即可装上熔断器。

④ 检查电源输入端子：6 位的是交流电源输入端子，从上至下分别是 L-L-N-N-G-G（火-火-零-零-地-地），4 位的是直流电源输入端子，从上至下分别是 + - + - - -（正极-正极-负极-负极）。

（2）光纤是否有明显的断损。检查通信单元 GM7-A　MPO8-ECF 板件上的光纤是否有断损。有明显的断损时更换断损光纤。更换的光纤型号为 ST（方口）转 PT（圆口）的光纤。

（3）查看 GM7-A/MPO8-ECF 板件通信 1、2、3、4 指示灯。1、2 指示灯反应 F1 光纤接口是通信状态。3、4 指示灯反应 F2 光纤口的通信状态。正常通信时 1、3 口为常亮，2、4 口闪烁，如图 12.3 所示。

根据通信指示灯 1、2 口或 3、4 口指示灯处理故障。

① 1、2 口或 3、4 口指示灯灭时更换光电转换器 F2 口或 F1 的 TX 光纤，如果是更换完好的光纤后 1、2 口或 3、4 口指示灯点亮，并 1 灯或 3 灯常亮，2 灯或 4 灯闪烁，通信正常。

② 更换光纤后 1、2 口或 3、4 口灯同时闪烁，说明发送光纤 RX 光纤故障，更换 F2 口或 F1 的 RX 光纤。通信正常。

③ 更换光纤后 1、2 口或 3、4 口指示灯没有点亮，需用光电转换器和笔记本电脑查看 GM7-A/MPO8-ECF 板件，等光电转换器的两根光纤接入 GM7-A/MPO8-ECF 板件 F2 或 F1 口时通信指示灯 1、2 或 3、4 点亮正常时，说明板件正常，故障点不在此箱变，在另一边的箱变。同样的方法找出另一箱变光纤故障并更换，确保 GM7-A/MPO8-ECF 通信板完好。

（4）在更换了两边箱变光纤之后，通信指示灯都没有点亮并且确认更换的通信板 GM7-AMPO8-ECF 通信正常时，可以确定是通信光缆故障，联系通信段配合处理。

（5）遥信通信故障处理步骤。

① 单点遥信不对位：

a. 检查本地开关实际位置，并确认。在信号端子排找到开关信号接点，检查接线有无松脱。

b. 检查遥信板上的接线有无松动。

c. 确认接线没有松动时，将线头从装置端子取下后，用一短导线短接两端子看看后台机是否有遥信量上传，或同电调配合查看相应的遥信端子遥信有没有变位。

d. 变位说明装置正常，检查二次回路查找故障点。没有变位则说明板件坏，更换板件。

② 多点遥信不对位：

a. 检查本地开关实际位置，并确认。

b. 查看遥信 DI64 板的指示灯是否正常闪烁，RUN 运行灯应同步闪烁。如图 12.4 所示。

c. 指示灯正常时检查信号母线是否有 DC 24 V 输出。

d. 信号母线不正常，检查 DI64 遥信板的遥信母线电源，不正常需更换 DI 板。

图 12.4　通信 DI64 板

图 12.5　变配电所内远动通道

（6）遥控通信故障处理步骤：

① 确认控制方式：确认当地远方转换开关在远方位。转换当地远方应变位正常，在确认了当地远方转换开关无变位后，应确认端子排接线或板件故障。

② 端子接线松动：查看本型号箱变端子排图纸上找到相应遥控点端子，检查接线有无松动。

③ 短接试验：检查相应的端子号并短接被控对象，确认被控对象在当地能否动作。

④ 本体开关动作：在短接后本体开关无动作，而相应的合、分动作继电器动作，说明本体开关异常，需对本体开关进行检修。

⑤ 远动操作实验：在运动命令发至 RTU 装置遥控板时，遥控板的继电器是否已动作，如果动作过长或过短则说明板件坏了，需要更换板件。

（7）遥测通信故障处理：

① 熔断器故障：检查二次侧高低压熔断器有无熔断，检查装置上有无接线松动。确认熔断器完好，无接线松动，更换板件电压是否正常，检查接线正常无线头松动，用万用表测量装置的电压采集端子上的电压是否正常。

② 电流不正常：检查接线正常无线头松动，用电流钳形表精度不够时可直接测量电流互感器的一次侧电流是否正常，正常后检查电流互感器的二次侧是否正常（注意：无钳形表而用普通万用表测量时先将电流互感器的二次侧短接，防止二次侧开路产生高压）。

6. 变配电所内通道检查及排除

（1）变配电所内远动通道组成，如图 12.5 所示。从上至下分别是：

① 895 远动管理机（主），配电所内高压柜综合自动保护装置、环境监控装置、895 远动管理机（备）、892 通用通信管理机之间相互串接成环状，然后通过它与第四层的以太网交换机左 LAN 口相连接。

② 895 远动管理机（备），配电所内高压柜综合自动保护装置、环境监控装置、895 远动管理机（主）、892 通用通信管理机之间相互串接成环状，然后通过它与第四层的以太网交换机右 LAN 口相连接。

③ 892 通信管理机，收集所内交直流屏信息，温度告警上传至远动管理机 895。

④ 以太网交换机，是用于通信数据的传输和转发，与区间 RTU 进行数据交换，与调度进行数据交换。

⑤ GPS 同步对时装置，即时与卫星进行时间校对。

（2）如何检查闭环通道。

闭环通道工作正常，是在其中一个装置或光纤断开时而不影响通道内的其他装置正常通信。在检测闭环运行时可采取人为断开闭环通道，后台机装置通信如无异常产生，说明闭环通道运行正常。

例如断开第一层 895 上的第一组光纤口 1、2，后台工程师站中没有设备通信亮起红灯，没有弹出某装置断开连接故障报告，表明另一通道正常。如果弹出某装置断开连接故障报告（亮红灯），则存在通道故障，而断点就在该装置或相邻的故障装置上。

（3）配电所内常见的通道故障判断和处理：

① 最常见的故障有两种：一种是光收发器故障，另一种是光纤故障。

光收发器故障又可以分两组光纤口通信故障和单组光纤口通信故障。如果是两组光纤口通信故障，在闭环运行中，后台机会出现与其关联的通信装置亮红灯，当断开其中一个通道后，单组光纤口故障会在后台机弹出通道异常产生的故障报告，工程师站里也会有多个通信装置亮红灯。（注：光收发器板上有两组光纤通信口。）

光纤故障有两种：一种是单一收发光纤故障，发送或接受通信光纤其中一根断损；另一种是一组光纤都断损，光收发器亮黄绿灯。

② 如何判别是光收发器故障还是光纤故障。

当后台工程师站亮红灯或在检查闭环运行时发现某光收发器一组接口亮绿黄灯时，首先拔出故障光收发器上的光纤（接口故障会亮绿黄灯指示灯），用一根无断损光纤（方转方型号）短接故障接口两端，如果故障灯灭就可以排除光收发器故障，判定是光纤故障。

（4）通道异常情况下如何更换光收发器和光纤。

当我们确定是某个装置的光收发器故障后，首先断开装置电源，拔下线排和光纤。取出通信板插件后更换新光收发器。

第五节　电力监控设备的维修

一、安全注意事项

（1）进入工作场所，应取得相关部门的许可和陪同。

（2）进入工作场所或工作前，应着全棉工作服，扣好袖口，穿无铁掌底鞋，同时摘除手表、钥匙扣等金属物体。

（3）在工作场所中，应注意各种警告、提示和标牌，除非工作必须，否则应与带电体保持足够的安全距离，并沿规定的安全线行走。

（4）严格按操作票规定的程序和内容操作，不得擅自触摸、扳动或移动未经许可的任何设备、开关。

（5）进入规定佩戴安全帽的地点时必须佩戴安全帽。

（6）依据现场要求采取其他安全措施。

（7）现场不得单人从事带电工作，以免事故发生时无人协助处理，进而扩大事态。

（8）作业前，要仔细检查各带电体的电压、极性和线路走向，还要分析任何错误连接而导致的可能短路，制定特别的注意事项。

（9）选配适当的工具，工具要有严格的绝缘处理。

（10）特别注意要防止电压互感器短路、电流互感器断路的发生。

（11）处理故障应保持镇定，仔细检查，慎重操作。

（12）重大故障应及时汇报，解决不了问题时应及时请求支援。

（13）维护工作完成后，注意恢复现场的正确接线及其他参数设置，结束工作票。

二、维护操作注意事项

（1）屏柜应有良好、可靠的接地，接地电阻应符合设计规定。

（2）当使用交流电源的电子测量仪器对电路参数进行测量时，测量仪端子与电源侧应绝缘良好，仪器的外壳应与保护屏柜在同一点接地。

（3）检验或检修时，不宜用电烙铁。如必须使用时，应将电烙铁与屏柜在同一点接地。

（4）应尽量避免用手接触集成电路元器件的管脚。实在不能避免时，应有防止人身静电损坏集成电路的措施。

（5）断开直流电源后才允许插、拔插件。

（6）拔芯片时应使用专用起拔器。插入芯片时应注意芯片的插入方向，并注意管脚是否插入正确。插入芯片后，应经第二人核对后，才可通电检验或使用。

（7）测量绝缘电阻时，应拔出装有集成电路芯片的插件。

（8）各保护测控单元的地址（或编号）一旦确定，严禁随意变更。在更换备品、备件时，要特别注意核对地址和编号，应保证与以前设置绝对一致。

（9）当微机保护在现场不能按照制造厂商提供的技术条件进行整定试验时，不允许用降低使用条件和技术指标的方法来完成整定试验，而应请制造厂商解决此类问题。

（10）微机保护的整组试验，应采取向微机保护的电流、电压和外部接点端子通入实际模拟的故障分量来考核微机保护的整定精度和动作行为，不允许用改变保护控制的方式进行微机保护的整组试验。

（11）现场宜用更换插件的方法进行检修，不允许使用电烙铁对微机保护进行检修，以免扩大插件的损坏程度或给装置留下隐患。

（12）变电站使用主计算机时，至少应留有计算机系统全部软件和数据备份一份，并保存在较为安全的地方。

（13）不得随意退出计算机监控应用程序，更不能利用变电所（站）主计算机做与该所（站）监控无关的事情。

（14）变电所（站）主计算机必须退出运行时，应按照计算机退出运行的操作顺序退出，严禁通过直接切断电源的方式强行退出。

（15）计算机使用的不停电电源，应定期进行检查、维护和充放电，保持其始终处于良好的工作状态。

（16）对远动通道，应有防雷及各种抗操作过电压的措施。

（17）应每天把最新的源程序及资料更新到 Source Safe 中去。

（18）调试机中只有一台连到内部网络上，用于程序 Debug，如其他调试机需 Debug 程序时，应从连到内部网络的调试机上拷贝，调试完成后需把源程序删除。

三、一般维护检查说明

（1）发现装置故障或异常时，应逐级检查相关各单元，确认装置故障或异常发生的所在单元。

（2）在确认故障或异常所在单元后，通过观察装置指示灯、替换板件、检查连接线等方法确认故障或异常点所在的板件。

（3）更换已确定有故障的板件。

（4）装置故障或异常情况常常是由于连接线松动、参数设置错误、通信线连接错误等原因造成，而非板件本身故障所致，故在维护时予以注意和考虑。

四、站级设备的维护保养

1. 中央信号屏

中央信号屏维修的工作内容与周期如表 12.27 所示。

表 12.27   中央信号屏维修的工作内容与周期

修程		检修工作的内容	周期
日常保养	T6 通信单元插箱	1. 检查 PWI 模块的工作情况（观察指示灯）	每月
		2. 检查通信接口板（SIOI）模块的工作情况（观察指示灯）	
		3. 检查主 CPU 板模块的工作情况（观察指示灯）	
		4. 检查交直流屏通信接口板（CPU4）模块的工作情况（观察指示灯）	
		5 检查 33 kV GIS 通信接口板（CPU5）模块的工作情况（观察指示灯）	
		6. 检查 1 500 V 直流开关柜保护测控（profi-bus）通信接口板 CPU7 模块的工作情况（观察指示灯）	

续表 12.27

修程		检修工作的内容	周期
日常保养	720 开入模入插箱	1．检查 PW2 模块的工作情况（观察指示灯	每月
		2．检查开入/模入 CPU 板的工作情况（观察指示灯）	
		3．检查 DI1 开入板的工作情况（观察指示灯）	
		4．检查 DI2 板的工作情况（观察指示灯）	
		5．检查 DI3 板的工作情况（观察指示灯）	
		6．检查 DI4 板的工作情况（观察指示灯）	
		7．检查 DI5 板的工作情况（观察指示灯）	
		8．检查 DI6 板的工作情况（观察指示灯）	
		9．检查 AI1 模板 A 的工作情况（观察指示灯）	
		10．检查 AI2 备用模在板的工作情况（观察指示灯）	
	710 控制/输出插箱	1．检查 PW3 模块的工作情况（观察指示灯）	
		2．检查控制/输出 CPU 板的工作情况（观察指示灯）	
		3．检查 DO1 板的工作情况（观察指示灯）	
		4．检查 DO2 板的工作情况（观察指示灯）	
		5．检查 DO3 板的工作情况（观察指示灯）	
		6．检查 DO4 板的工作情况（观察指示灯）	
		7．检查 DO5 板的工作情况（观察指示灯）	
		8．检查 DO6 板的工作情况（观察指示灯）	
	713 控制/输出继电箱	1．检查 PW4 模块的工作情况（观察指示灯）	
		2．检查 PW5 模块的工作情况（观察指示灯）	
		3．检查变送器（2 个）的接线情况	
		4．检查各遥控继电器的工作情况	
		5．检查加热器控制器的接线情况	
		6．检查加热器的工作情况	
		7．按下 SY 按钮，通过检查各开关的分合闸指示灯亮的情况来判断灯泡有无烧毁的	
	TX-24DCF 风机插箱	1．检查电源的工作情况	
		2．检查风扇的运行情况	
	LED	1．检查屏幕是否闪烁，或是有老化现象的出现	
		2．检查各按键是否灵敏	
	KG 开关箱	检查接线情况	
二次保养	US-268 爵士乐箱	1．检查音箱能否正常报警	
		2．清洁音箱表面	
	其他	1．按正常保养	
		2．各通信板的性能测试	
		3．清洁各模板表面	
		4．检查信号线和电源线是否有破损	
		5．检查 RTU 柜的接地性能	
		6．检查各种标识是否正确、齐全、清楚	

续表 12.27

修程		检修工作的内容	周期
二次保养	其他	7．清洁整个 RTU 柜	
小修		1．按二级保养	
		2．检查各模块与 RTU 框架的连接	
		3．检查各芯片的发热情况	
		4．检查各模块内部的外观及发热情况	
		5．清洁各模块的表面	
		6．检查电源的发热情况	
		7．检查各接线端子是否连接紧密	
		8．检查各种缆线的外表及发热情况	
		9．清洁并整理整个 RTU 柜的内部	
		10．清洁 RTU 柜的外观	
		11．做好各种标记	

2．站控机

站控机维修的工作内容与周期如表 12.28 所示。

表 12.28　站控机维修的工作内容与周期

修程	检修工作内容	周期
日常保养	1．检查操作站运行情况	每月
	2．检查是否有非法操作	
	3．阅读"记录"和"报警"，检查设备状况并与控制中心信号进行比较	
	4．检查鼠标、键盘连接情况	
	5．检查电源线的连接情况	
	6．检查网线的连接情况	
	7．检查 UPS 的运行情况	
	8．检查 SQL 数据库是否正常运行	
	9．检查 NS2000 是否正常运行	
二级保养	1．按日常保养	每半年
	2．清洁主机、键盘、鼠标、显示器内部	
	3．测量主机内部电源的性能	
	4．检查各通信接口的性能	
	5．检查电源线和信号线是否有破损	
	6．检查不间断电源 UPS 的性能（如是否有电压输出等）	
	7．清洁打印机和不间断电源	

五、中央级设备的维护保养

1. 前置机柜

前置机柜维修的工作内容与周期如表 12.29 所示。

表 12.29　前置机柜维修的工作内容与周期

修程	检修工作内容		周期
日常保养	通道箱	1. 检查接收及发送信号灯工作情况	每月
		2. 检查电源模块工作情况（观察指示灯）	
		3. 检查 STAT 灯工作情况	
		4. 检查 ALARM 灯工作情况	
	通道切换板	1. 检查信号灯的工作情况	
		2. 检查 RUN 灯运行情况	
		3. 检查 ST 灯运行情况	
		4. 检查电源模块工作情况（观察指示灯）	
		5. 检查正在运行是主通道还是备通道	
	终端服务器	1. 检查电源	
		2. 检查接收和发送信号灯显示	
		3. 检查 10BEST-E 灯是否闪烁	
	风扇	1. 检查电源	
		2. 检查散热风扇的运行情况	
二级保养	通道箱	1. 按日常保养	每半年
		2. 检查通道箱板的连接情况	
		3. 清洁通道箱板表面	
		4. 检查通道箱板的工作电压	
		5. 检查并清洁通道箱板插卡	
	通道切换板	1. 按日常保养	
		2. 检查通道切换板的连接情况	
		3. 清洁通道切换板表面	
		4. 检查并清洁通道切换板插卡	
	终端服务器	1. 按日常保养	
		2. 清理终端服务器表面	
	风扇	1. 按日常一级保养	
		2. 清洁风扇表面	
	其他	1. 清洁前置机柜的表面	
		2. 检查前置机柜所有的接线	
		3. 检查前置机柜的进线电压	
		4. 检查整个前置机柜的接地情况	
小修	按二级保养		每年
	清洁各个设备和散热风扇内部		
	检查各种表示是否正确、齐全、清楚		

2. 主、备服务器及各工作站

主、备服务器及各工作站维修的工作内容与周期如表 12.30 所示。

表 12.30　主、备服务器及各工作站维修的工作内容与周期

修程		检修工作内容	周期
日常保养	主、备服务器及各服务站	1．检查主、备服务器运行情况	每月
		2．检查工作站运行情况	
		3．检查是否有非法操作	
		4．阅读"最新警报"和"报警"，检查设备状况	
		5．检查时间是否为同步时间	
		6．检查所有操作站是否能相互访问	
		7．看"系统配置图"检查整个网络工作是否正常	
	外围设备	1．检查打印机工作情况	
		2．检查打印机的墨盒和色带是否用尽	
		3．检查流水账打印机的打印效果	
二级保养	主、备服务器及各服务站	1．按日常保养	每半年
		2．检查鼠标和键盘连接情况	
		3．检查信号线和电源线连接情况	
		4．清洁屏幕、键盘和鼠标等设备	
	外围设备	1．按日常保养	
		2．检查电源的连接情况	
		3．检查打印机信号线的连接情况	
		4．清洁打印机的表面	
小修	主、备服务器及各服务站	1．按二级保养	每年
		2．检测主机内部电源的性能	
		3．检查各通信接口的性能	
		4．整理一年的所有信息，并归档储存	
	外围设备	1．按二级保养	
		2．清洁及维护打印机及外围设备	

3. UPS 系统

UPS 系统维修的工作内容与周期如表 12.31 所示。

表 12.31　UPS 系统维修的工作内容与周期

修程	检修工作内容	周期
日常保养	1．检查 UPS 系统运行情况	每月
	2．在 LC 显示屏上检查有无有误代码	
	3．测量蓄电池的端电压是否正常	
二级保养	1．按日常保修	每半年
	2．测量输出电压和输入电压	
	3．清洁 UPS 系统的表面（包括蓄电池柜、UPS 柜和配电盘）	
小修	1．按二级保修	每年
	2．每半年进行一次充放电实验	
	3．检查蓄电池接触线绝缘是否完好	
	4．清洁蓄电池柜、UPS 柜和配电盘	
	5．检查其他电源线是否破损	

4．网络交换机 CISCO 和 DLINK

网络交换机 CISCO 和 DLINK 维修的工作内容与周期如表 12.32 所示。

表 12.32　网络交换机 CISCO 和 DLINK 维修的工作内容与周期

修程	检修工作的内容	周期
日常保养	1．检查网络端口接线有无松动	每月
	2．检查网络端口接线相对应的灯有无闪烁	
二级保养	1．按日常保养	每半年
	2．清洁 CISCO 和 DLINK 的表面	
小修	1．按二级保养	每年
	2．检查水晶头并做好检修工作	

5．投影墙系统

投影墙系统维修的工作内容与周期如表 12.33 所示。

表 12.33　投影墙系统维修的工作内容与周期

修程		检修工作的内容	周期
日常保养	DIGICOM 投影墙控制器（一台）	1．检查各信号灯的运行情况	每月
		2．检查电源运行情况	
		3．检查 LED 指示灯亮的情况	
		4．检查各报警灯有无报警	
		5．检查冷却风扇工作情况	

续表 12.33

修程		检修工作的内容	周期
日常保养	投影单元	1．检查各投影单元亮度是否一致	
		2．检查各投影单元冷却风扇是否运行	
		3．检查各投影单元有无灯泡烧坏	
		4．检查投影单元上所反映的主接线图停电显示是否正确	
	大屏幕管理控制 PC	1．检查大屏幕管理控制 PC 有无启动	
		2．检查大屏幕控制管理软件是否正确运行	
小修	DIGICOM 控制器（一台）、投影单元、大屏幕控制管理 PC	1．按二级保养	每年
		2．清洁投影单元风扇及其他部件	
		3．清洁各个投影墙	

复习思考题

1. 电力调度员的职责是什么？

2. 远动设备异常及事故处理的基本原则是什么？

3. SCADA 工作人员必须认真执行的"三不动"、"三不离"、"三不放过"、"三预想"、"三懂三会"和"三级检查制度"等安全措施是什么？

4. 电调的各种记录簿包括哪些？

5. SCADA 系统的故障具有哪些特点？

6. 简述主控制盘（RTU）柜故障的分析与处理。

第十三章　KH-8000T 铁路电力远动系统操作介绍

本章以 KH-8000T 的系统软件为基础，介绍铁路电力自动化系统常用操作，从基本功能、基本参数配置、模拟 RTU 的使用等方面进行了一个概要性的阐述。目的是使学生比较全面系统地了解和掌握电力系统调度自动化、配电管理系统的组成、特点和实现原理，调试方法和运行管理知识，使初学者具有一定理论联系实际能力，尽早掌握铁路电力系统安全经济运营的技术能力。

第一节　基本操作

一、系统登录与退出

1. 系统登录

在工作站上双击桌面快捷方式 ![icon]（主控程序），进入登录对话框（见图 13.1），数据库服务器上需要运行 ServerMaster.exe，数据加载完成后会进入主控程序界面。如图 13.2 所示。

图 13.1　启动主控程序

图 13.2　主控程序界面

2. 系统退出

单击主控程序"系统管理"菜单目录下的"退出系统",如图 13.3 所示。

图 13.3 主控程序系统管理菜单

用鼠标单击"退出系统",即出现如图 13.4 所示的用户登录对话框,选择登录时的用户名,并输入用户口令,点击"确定"按钮即可。对于退出过程中的提示,只需要点击默认的"是"按钮即可。

图 13.4 用户登录对话框

3. 用户注销与登录

值班员上班时需进行用户登录,下班或长时间离开值班操作台需要进行用户注销,以防止他人误操作。

1)用户注销

当需要改变登录的用户时,选择如图 13.3 所示的"用户注销"。

2)用户登录

点击如图 13.3 所示菜单中的"用户登录",选择要登录的用户,输入所选择用户的口令,单击"确定"后即可完成用户的登录。

二、运行管理

1. 人机界面

用鼠标双击 , 出现如图 13.5 所示界面。

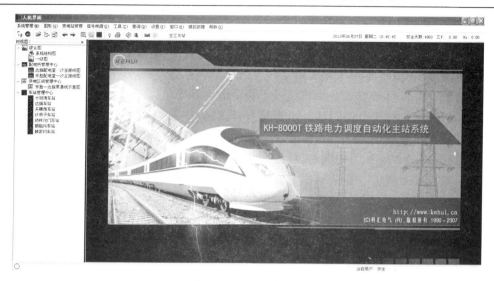

图 13.5 人机界面

在窗口左侧通过树视图可以快捷地打开某一个配电所、车站及区间接线图,例如点击"系统结构图"即显示如图 13.6 所示的系统图。

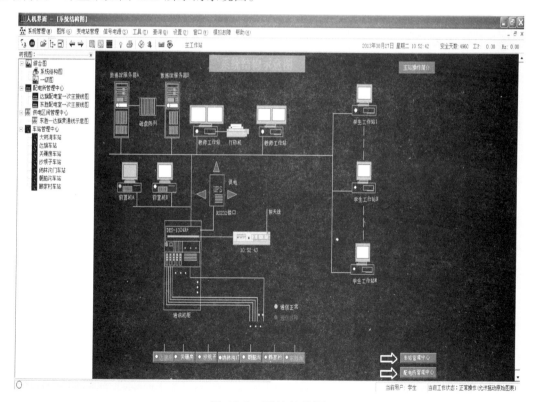

图 13.6 系统结构图

在此系统图上可以查看设备的运行情况,当前置机显示绿色时是正常运行的状态,显示白色为退出状态。

在人机界面工具栏上各按钮的操作如图 13.7 所示。

图 13.7　工具栏按钮

系统管理：可以打开图表、用户登录、注销退出等操作；

图形：对所有接线图分类管理，可直接打开图表；

变电站管理：对配电所进行定值整定，查询录播曲线等功能；

信号电源：对车站（信号电源）进行远方定值整定，手动提取录播，查询趋势曲线等功能；

查询：查询实时遥信、遥测数据，查询事项及故障记录；

模拟故障：可快捷打开"故障演示辅助程序"（只有主工作站有此功能）；

打开图表。

树视图显示与隐藏。

全屏方式。

前进，后退。

事项查询，浏览。

历史曲线，曲线数据。

最新事项。

打印图表。

停止声音。

遥信对位。

计算器。

2. 实时数据浏览

用鼠标单击"查询"按钮，会显示一列菜单，实时数据中可看到各站上传的遥信、遥测实时数据，如图 13.8（a）、（b）所示。

序号	遥测名称	数值	单位	序号	遥测名称	数值	单位
00	信号主 A相电流	0.00	A	24			
01	信号主 B相电流	0.00	A	25			
02	信号主 C相电流	0.00	A	26			
03	信号主 A相电压	0.00	V	27			
04	信号主 B相电压	0.00	V	28			
05	信号主 C相电压	0.00	V	29			
06	信号主 有功功率	0.00	kW	30			
07	信号主 功率因数	0.00	MVar	31			
08	信号主 频率	0.00	Hz	32			
09				33			
10	信号备 A相电流	0.00	A	34			
11	信号备 B相电流	0.00	A	35			
12	信号备 C相电流	0.00	A	36			
13	信号备 A相电压	0.00	V	37			
14	信号备 B相电压	0.00	V	38			
15	信号备 C相电压	0.00	V	39			
16	信号备 有功功率	0.00	kW	40			
17	信号备 功率因数	0.00	kVar	41			
18	信号备 频率	0.00	Hz	42			
19				43			

（实时遥测数据　RTU号 003:关碾房STU　对应厂站：关碾房STU　关闭）

（a）实时遥测数据

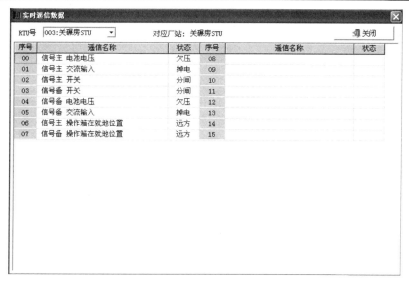

（b）实时遥信数据

图 13.8

3. 事项查询

用鼠标单击"查询"菜单下的"事项查询" ，就会对数据库中保存的所有事项进行查询，可选厂站、线路以及所查询的事项类型如图 13.9 所示。

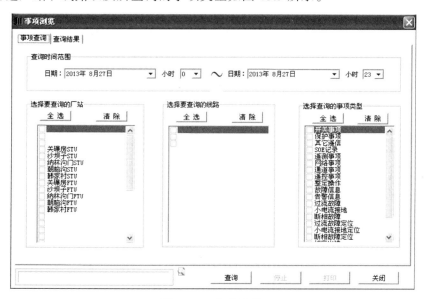

图 13.9　事项查询

三、开关相关操作

1. 遥控操作

在车站图或配电所一次接线图中，将鼠标移至画面上，单击鼠标右键会弹出图 13.10 所示的右键菜单，选择所操作的功能。

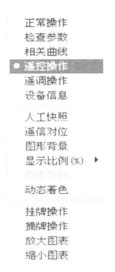

图 13.10　右键菜单

选择遥控操作后才可以对开关进行遥控（遥控完成后选择正常操作），鼠标左键点击开关，会弹出如图 13.11 所示的遥控操作界面。

图 13.11　遥控操作界面

输入执行人的口令（注：遥控操作只能用当前监控系统所登录的用户名进行操作，其他用户无法进行遥控操作，如其他人员要操作则必须先将进行用户注销，重新登录操作人员的用户名后才可操作）。

2. 遥信对位

当监控的设备发生遥信变位后，监控图中的相应开关等设备就会不断地闪烁，此时可在相应的界面中点击工具栏中的"　"图标进行遥信对位。

3. 挂摘牌操作

挂牌：用鼠标右键选择挂牌操作（挂牌只有在开关分闸状态下进行，如果开关在合闸状态将提示"合闸状态下不能挂牌"），选择完成后鼠标左键单击开关完成挂牌操作，如图 13.12 所示。

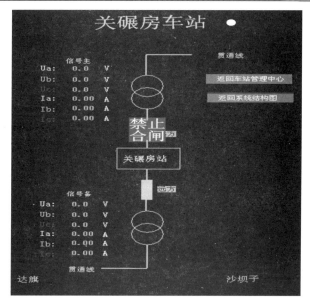

图 13.12　挂牌操作

摘牌：先选择摘牌操作，然后对开关单击左键，挂牌会取消。

4. 遥测置值

在图表中右键选择检查参数，单击某项遥测值会弹出遥信信息，在数值中写入置入的值并打钩，置值成功后此遥测数据不再刷新，取消置值后恢复数据刷新，如图 13.13 所示。

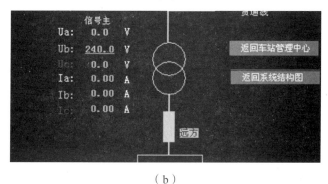

（a）

（b）

图 13.13　遥测置值

四、事项信息窗口

事项信息窗口一直处于运行状态，在任务栏上单击图标"　🕯　"就会出现事项信息窗口，如图 13.14 所示。

图 13.14　事项信息窗口

五、用户管理

点击系统主菜单"　系统管理(S)　——>　用户管理　"，即可打开用户管理界面，可添加、删除用户，如图 13.15 所示。

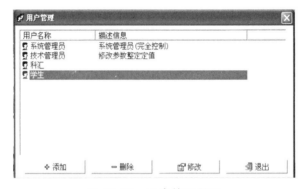

图 13.15　用户管理界面

点击修改，可对此用户进行权限设置。

第二节　主控模块

主控程序是调度自动化主站的核心。KH 铁路电力调度自动化主站在主控程序部分采用了 C/S（客户/服务器）结构，即主控程序（Master）分为客户端主控程序（ClientMaster）和服务器端主控程序（ServerMaster），实时数据库和历史数据库分开管理。便于客户端实现对数据库的远程访问，可以满足较大或性能较高供电段的电力自动化调度需求，及地方电力县调和小型地调的需求。

在客户端，用户可以通过主控程序配置系统运行的各项参数，监控由前置机转发的各项实时数据，达到系统的实时配置与动态修改的目的。客户端主控程序（ClientMaster）的功能有：为监控程序提供实时数据依据，提供数据库同绘图程序、监控程序和报表程序的接口，及根据系统参数的配置管理本机系统资源。客户端主控程序（ClientMaster）能够根据工作环境的变化由用户随意配置各个部分的容量参数、运行参数及图表参数，为系统将来扩容和优化配置做好准备，保护了用户投资。

　　服务器端主控程序（ServerMaster）的主要负责整个主站系统数据库的存储和管理，为监控程序、绘图程序和报表程序提供历史数据依据，及保存用户配置的系统参数。KH-8000T铁路电力调度自动化主站的服务器端主控程序还兼有客户端主控程序的部分功能。

　　图 13.16 是主控程序中参数设置的主要流程。图中，数据的设置必须按照数据来源由总到分、由始到终的原则逐步配置。用户可以这样考虑：对于一个配电自动化系统来说，"厂站"是最先存在的，"厂站"中又架设许多条"线路"，用于电能的传输。我们为了采集各种数据，在"厂站"和"线路"上安装了许多"RTU"，每个"RTU"采集了不同的实时量，通过连接变电所与配电室的通道将数据传送给计算机。计算机对"RTU"发送来的数据进行处理，从中分离出"遥测"、"遥信"、"电度"参数。这些参数就是用户最终所见的数据了，它们实时地反映了"厂站"、"线路"上的各种参数、数据。参数配置必须依照流程图上的数据走向来逐步完成。主控模块（MASTER）是本系统的核心。用户通过主控模块配置系统运行的各项参数，管理由通信处理模块（FEP）发送的各种数据，达到系统的实时配置与动态修改的目的。

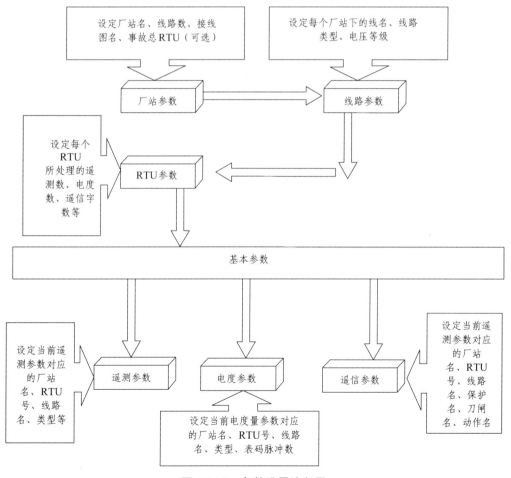

图 13.16　参数设置流程图

　　主控模块的主要功能有：负责系统数据库的存储和管理；保存用户配置的系统参数；提

供数据库同绘图模块、人机界面模块和报表模块的接口；根据系统参数的配置管理本机系统资源；能够根据工作环境的变化由用户随意配置各个部分的容量参数、运行参数及图表参数，为系统将来扩容和优化配置做好准备，保护了用户投资。

一、系统管理

"系统管理"菜单栏包括：用户登录、修改口令、用户注销、用户管理、监控切换、打印设置、退出系统。

主控程序运行之后，仅提供系统管理、数据浏览两项功能。如果用户希望对系统进行进一步操作，如系统参数设置、厂站参数设置的工作则需要进行用户登录。

1. 用户登录

打开"系统管理"菜单，单击"用户登录"，将会弹出如图13.17所示的对话框。选择用户名称后，输入正确的密码使相应的功能有效。

图 13.17 用户登录

2. 修改口令

系统允许所有的用户在线修改登录口令，如图13.18所示。单击"修改口令"，将会弹出如图13.8所示的对话框。用户输入旧的登录口令和新口令后，系统自动在线修改登录口令，下次登录时用户需使用新口令。

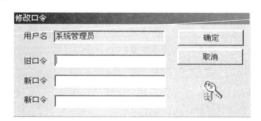

图 13.18 修改口令

3. 用户注销

系统提供了用户注销选项，为安全起见，当用户完成工作后离开计算机时应单击"用户注销"选项恢复系统的缺省功能。

4. 用户管理

打开"系统管理"菜单，单击"用户管理"，将会弹出如图13.19所示的对话框。在该对话框中，可以看到当前所有的用户名称和其权限描述。管理人员可以选择添加、删除某个用户，也可以修改用户的权限及密码。单击"添加"或"修改"按钮，弹出如图13.20所示的对话框，管理员只需依照提示输入用户信息并设定权限即可，就可实现用户添加和修改。

"密码长度"表示所设密码最短长度，用户可以通过将密码长度设为零来取消密码的输入。单击"删除"按钮，则对当前选中的用户进行删除操作，系统将删除用户的所有信息。

图 13.19　用户管理

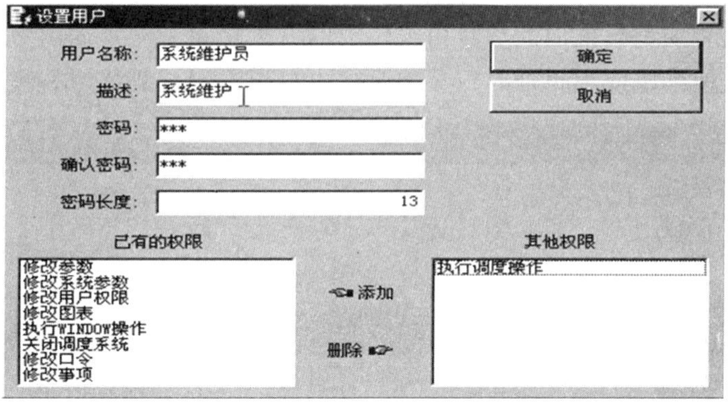

图 13.20　设置用户

注意：只有具有"修改用户权限"的用户才能修改这项设置。

本系统中包括七种用户权限：修改一般参数（如厂站参数、线路参数、设备参数等普通参数）、修改系统参数（改变整个系统的容量）、修改用户权限、修改图表、执行 Windows 操作、关闭系统、进行调度操作。

5. 监控程序

当人机界面模块（MMI）运行后，单击"监控程序"项，将人机界面模块窗口切换到当前窗口。

6. 退出系统

单击"系统管理"菜单中的"退出系统"选项，弹出提示对话框，要求用户确定是否真的退出系统。单击"是"则退出。当人机界面模块正在运行时，不允许退出主控程序。当前用户具有"退出系统"的权限时，方能退出系统。

二、系统参数

系统参数菜单如图 13.21 所示，包括几个常用菜单：系统参数、系统选项、设置本机节点、网络节点参数等子菜单。

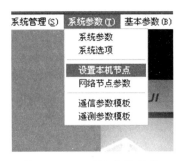

图 13.21　系统参数菜单

1. 系统容量

打开"系统参数"菜单，单击"系统参数"选项，将会弹出如图 13.22 所示的对话框，在这个对话框中可以设置系统的最大容量。单击"修改"按钮进入数据库修改状态，单击要修改的编辑框，此时该编辑框内的参数由编辑框的右侧移向左侧，提示用户可以输入新的内容，当用户单击其他区域或编辑框时，参数又会由编辑框的左侧移回右侧。

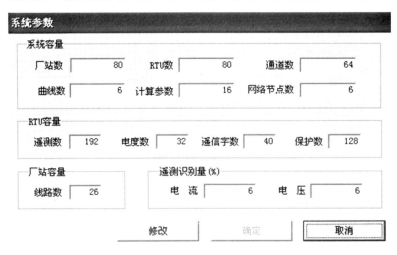

图 13.22　系统参数

注意：只有具有设置系统参数权限的用户才能修改图 13.22 对话框中的参数。设置时均应以略大于实际容量为宜，过大浪费系统资源，太小则无法满足正常使用的需要。传统的数据采集与监控（SCADA）功能为遥测、遥信、遥控、遥调，即所谓的四遥功能。本章中提到的遥测指的就是遥测量，遥信是遥信量，遥信输出是遥控。

参数意义如下：

厂站数：所接的终端数目。

RTU 数：所接的终端数目，同厂站数一致。

网络节点数：KH-8000T 所用计算机节点的数量。

遥测（也称模拟量）数：每个终端（RTU）所能采集遥测的最大数。

遥信（也称数字量）字数：每个终端（RTU）所能采集遥信的最大数（一个字包括 16 个遥信）。

线路数：厂站所含线路的最大容量。

遥测识别量电压：主站判定电压比前一个值变化超过该设定值进行记录，以便绘制历史趋势曲线。

遥测识别量电流：主站判定电流比前一个值变化超过该设定值进行记录，以便绘制历史趋势曲线。

修改完毕，单击"修改"按钮后进行修改，单击"确认"键保存修改，单击"取消"键取消修改。单击确认键后，会弹出对话框，如图 13.23 所示，提示用户重新启动系统使修改生效。对"系统参数"的配置将直接影响到系统的容量及内存的分配，设置完毕后必须重新启动主控程序方能生效。

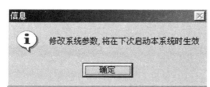

图 13.23　参数修改提示

系统参数输入后，整个系统容量的大小得到了确定，用户可以进行下面部分的输入，当系统设备增加时，用户可以通过修改系统参数获得更大的系统容量，达到扩容的目的。

2. 设置本机节点

单击"系统参数"菜单中的"设置本机节点"，弹出如图 13.24 所示的对话框。

图 13.24　设置本机节点

节点设置一般如表 13.1 所示。

表 13.1　节点设置

机器名	节点号	备注
前置机 A	0	
前置机 B	1	
数据服务器 A	2	
数据服务器 B	3	
工作站 1	4	可作主工作站
工作站 2	5	可作主工作站
工作站 3	6	
……		

三、基本参数配置

基本参数包括：厂站参数、线路参数、设备参数、遥信参数、遥测参数、电能参数。

所有基本参数增加一条记录时都要从左边选择其序号，在右侧设置该条记录的具体参数，做完该记录，点击工具条上的勾号按钮（"√"）进行保存。然后选择左侧的下一个记录号，再在右侧设置该条新记录的具体参数。

1. 厂站参数

单击"基本参数"菜单中的"厂站参数"，弹出如图 13.25 所示的对话框。此对话框用来配置厂站的名称、线路个数和对应的接线图名。事故总信号用来监测厂站总的故障情况。只要该厂站中存在故障，事故总信号即被置位。

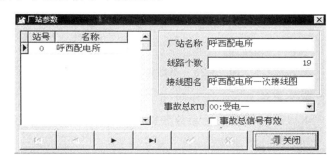

图 13.25　厂站参数

2. 线路参数

单击"线路参数"选项，弹出如图 13.26 所示的对话框。初始化厂站参数后，用户方可进行线路参数、设备参数的设定工作。

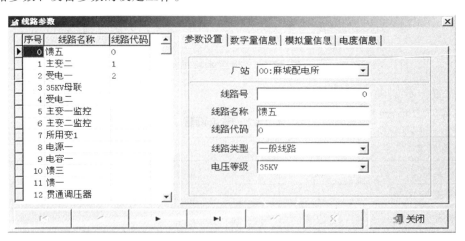

图 13.26　线路参数

各参数意义如下：

厂站：当前线路所属厂站的名称。

线路号：当前线路顺序编号。

线路名称：当前线路的名称，一般由用户自己命名。

线路类型：包括一般线路、母线、变压器三种类型。

电压等级：当前线路的电压等级。

在"遥信信息"页中显示当前线路中所有的遥信及当前的状态。

在"遥测信息"页中显示当前线路中所有的遥测及当前的大小。

在"电度信息"页中显示当前线路中所有的电度量及当前的大小。

3. RTU 参数

单击"基本参数"菜单中的"RTU 参数"项，弹出如图 13.27 所示的对话框。

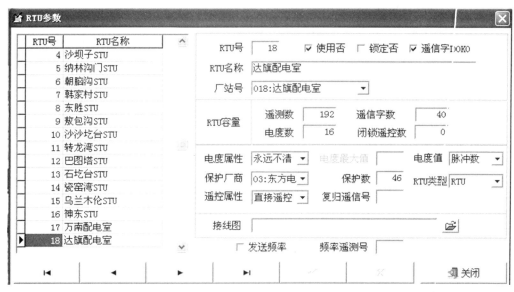

图 13.27　设备参数

各参数意义如下：

RTU 号：当前 RTU 的序号。

RTU 名称：当前 RTU 名称。

使用否：当前 RTU 是否投入使用。

RTU 锁定否：锁定则保持设备当前数据，不再接收新数据（一般不选）。

遥信字 D0K0：遥信字的第 0 位是否对应遥信顺序表的第 0 位，表示是。否则遥信字的第 0 位对应遥信顺序表的第 16 位（前置机后台都要选）。

遥测数、电度数、遥信字数：当前设备所采集的相应参数的数值（不超过对应的系统容量）。

电度属性：设置电度纪录清除的时间间隔（永远不清、一小时一清、一天一清、一月一清、一年一清）。

CDT 规约中在配置遥测参数时必须指定发送频率的遥测号即：在设备参数配置时选中发送频率选择框，并作为一虚拟遥测在遥测参数表中配置。

4. 遥信参数

单击"基本参数"菜单中"遥信参数"项，弹出如图 13.28 所示的对话框。

图 13.28 遥信参数

各参数意义如下：

选择 RTU：采集当前遥信的设备名称。

遥信名：当前遥信的名称。

遥信号：当前遥信的编号。

置入：当前遥信是否为人工置入，正常情况为实时数据，不选。

有效：当前遥信是否有效，无效则不进行处理。

厂站：采集当前遥信的设备所在的厂站名称（注意与 RTU 一致）。

线路：当前遥信所属的线路。

类型：当前遥信的类型：保护或预告动作、开关、事故总等。

保护：当前遥信所对应的保护类型，保护或预告动作的遥信才有此参数。

刀闸名称：当前线路拥有的隔离开关的名称。

刀闸号：隔离开关的编号，一般认为 1 为上隔离，2 为下隔离。

变位描述：确定动作的描述方法，如：合闸|分闸、动作|复归等。

遥信取反：当前遥信是否取反。正常情况下，0 表正常，1 表动作；取反后，1 表正常，0 表动作。

使用遥信名：在需要使用遥信名时是使用用户自定义的遥信名称还是使用系统根据线路名称、类型名称生成的遥信名称。

生成事项：当前遥信的变位是否形成事项，表示生成事项。

打印事项：当前遥信形成的事项是否要打印。

变位调图：当前遥信变位时是否调出系统接线图。

相关遥信：与哪个遥信进行关联，产生第三个状态。

5. 遥测参数

单击"基本参数"菜单中的"遥测参数"选项，弹出如图 13.29 所示的对话框。

图 13.29　遥测参数

各参数意义如下：

选择 RTU：采集当前遥测的设备名称。

遥测名：当前遥测的名称。

遥测号：当前遥测的编号。

置入：当前遥测是否为人工置入，正常情况为实时数据，不选。

有效：当前遥测是否有效，无效则不进行处理。

厂站：采集当前遥测的设备所在的厂站名称（注意与 RTU 一致）。

线路：当前遥测所属的线路。

类型：当前遥测的类型：电流、电压、功率等。

单位：当前遥测的单位。

系数：当前遥测对应遥测的转换系数，一般用于指定当前遥测的小数位个数。

报警上（下）限：当前遥测数值发生越限报警的最大（小）值。

越限报警：当前遥测数值发生越限报警时是否报警。

打印报警事项：是否将当前报警事项付诸打印。

6. 电能参数

单击"基本参数"菜单中的"电能参数"项，弹出如图 13.30 所示的对话框。

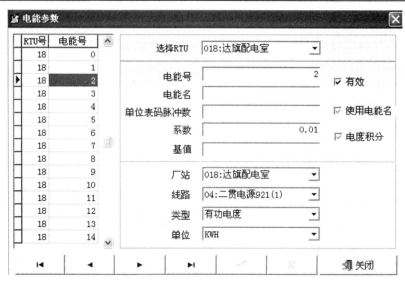

图 13.30　电能参数

各项参数意义如下：

有效：当前电能是否有效，无效则不进行处理。

置入：当前电能是否为人工置入，正常情况为实时数据。

使用电度名：生成事项时，使用用户自定义的电度名称还是使用系统根据线路名称，类型名称生成的电度名称。

电度积分：是否采用电度积分作为电度值。

设备：采集当前电能的设备的名称。

电度号：当前电能的序号。

电度名：用户自己定义的当前电能的名称。

1 表码脉冲数：表码变化 1 个单位的时间内接收数据的脉冲数。

系数：当前电度号对应电度量的转换系数，一般用于指定当前电度量小数位的个数。

厂站：采集当前电度量的设备所在的厂站名称。

线路：当前电度量所属的线路。

类型：当前电度量的类型，保护或预告动作、开关、事故等。

单位：电度量的计量单位，kWh 或 MWh。

四、其他参数设置

其他参数包括：遥测计算参数、遥信计算参数、名称参数、保护名称、电压等级、遥信描述、安全天数等。

1. 遥测计算参数

单击"其他参数"菜单中"遥测计算参数"项，将会弹出如图 13.31 所示的对话框，其中所显示当前项是给达旗配电所的贯通二计算出一个"电压差"（类型中没有"电压差"，就赋值给了"蓄电池电压"），各项意义如下：

数据：指定需要计算数据的类型、遥测或电能值。

厂站：当前计算量所属厂站。

线路：当前计算量所属线路。

类型：当前计算量的类型，如有功功率、A相电流、功率因数等。

表达式：计算当前参数采用的表达式。

参数个数：参与当前表达式计算的参数个数，最大为10。

有效：当前表达式是否有效。

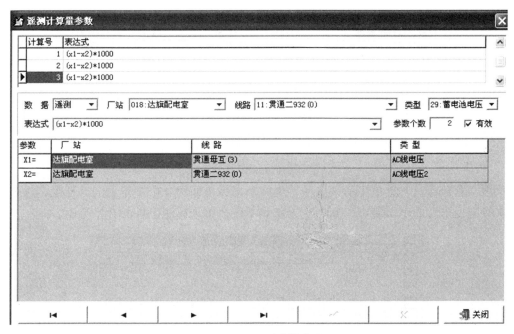

图 13.31　遥测计算参数

此对话框的下半部是对被计算参数的编辑区，在该区域可以设置参数的个数、厂站、线路、类型等属性；中间部分是对计算表达式的编辑区，该区域内可以根据实际需要任意配置表达式；上部是计算表达式的索引区，在该区域可以检索到现存的所有的计算表达式。在此对话框中计算出来的参数将在人机界面模块中得到显示。

注：计算参数也必须作为一虚拟遥测在遥测参数表中配置。

2. 遥信计算参数

单击"其他参数"菜单中"遥信计算参数"项，将会弹出如图13.32所示的对话框，各项意义如下：

厂站：当前计算量所属厂站。

线路：当前计算量所属线路。

类型：当前计算量的类型，如预告信号、保护状态等。

表达式：计算当前参数采用的表达式。

参数个数：参与当前表达式计算的参数个数，最大为10。

有效：当前表达式是否有效，表示有效。

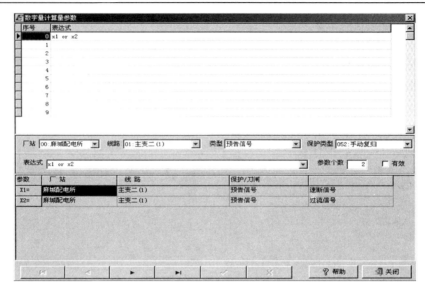

图 13.32　遥信计算参数

3. 电压等级

单击"其他参数"菜单中的"电压等级"项，弹出如图 13.33 所示的对话框，这个对话框用来指定变电所的电压等级，其中上限值和下限值用来标注电压的合格范围。

图 13.33　电压等级

4. 安全天数

单击"其他参数"菜单中的"安全天数"项，弹出如图 13.34 所示的对话框。"安全天数"包括名称、起始日期、是否有效等事项，为了方便用户记录安全工作时间而设。

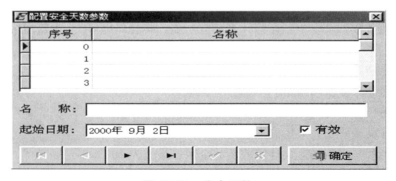

图 13.34　安全天数

五、保护参数

1. 保护厂商

单击"保护参数"菜单中的"保护厂商",将会弹出如图 13.35 所示的对话框。这里记录的是各保护厂商的序号和名称,RTU 参数中的"保护厂商"即是从这里选的。

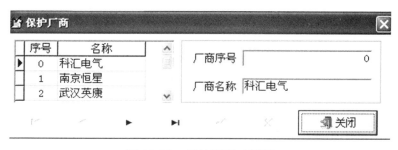

图 13.35　保护厂商对话框

2. 保护类型信息

单击"保护参数"菜单中的"保护类型信息",可显示当前线路保护的名称、类型,共可设置 1024 种保护名称,保护类型包括:故障信号、预告信号、状态信号。

六、数据浏览

该菜单包括:RTU 遥测数据、RTU 遥信数据、RTU 电能数据、实时遥测数据、实时遥信数据、实时电能数据、曲线数据、线路数据、事项数据。如图 13.36 所示。其中前 3 项是前置机传过来的原始数据(没有做乘系数、取反等处理)。

图 13.36　数据浏览菜单

第三节　线路自动化参数配置

一、线路参数配置

线路参数需要配置,如图 13.37 所示。

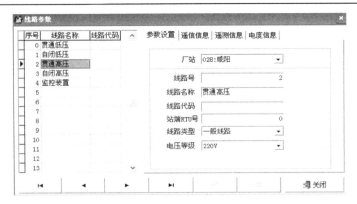

图 13.37　线路参数数配置窗口

"站端 RTU 号"配成站端送来的故障报文中的 source ID 号（与站端方式字配置有关），缺省配置为 0。非高压线路的站端 RTU 号配置为-1 即可。上报故障信息时，将根据站端 RTU 号找到对应的线路，及该线路对应的电流。

二、故障判定参数

在主控程序界面中点击"故障管理参数\分段区间参数"菜单，如图 13.38 所示。

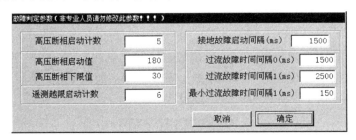

图 13.38　故障判定参数配置窗口

（1）高压断相启动计数：延时消抖处理，防止误判。

（2）高压断相启动值：电压越下限作为断相故障启动条件，一般为 180 V。

（3）高压断相下限值：与电压几乎为 0 的全线失压状态区别，一般设置为 30 V。

（4）遥测越限启动计数：延时消抖处理，防止误判。

（5）接地故障启动时间间隔：两次接地故障的最小时间间隔，即 FTU 检测单相接地故障的恢复时间。

（6）过流故障时间间隔 0：同一次故障，所允许的两个 FTU 感受故障之间的最大时间间隔。

（7）过流故障时间间隔 1：连续两次故障之间的最小时间间隔。

（8）最小过流故障时间间隔 1：瞬时性故障情况下，同一次故障不同保护动作下 FTU 感受到的最大时间间隔。

三、分段区间及故障处理模式参数

如图 13.39 所示。该窗口主要包括以下几类参数的配置：

1. 区间参数

定义供电区间及对应的一次接线图，配置包含的 FTU 个数及名称。

2. 故障处理模式参数

以下参数都以供电区间为单位。

（1）区间的运行模式。

设置具体供电区间的运行模式：备投—重合、单备投、单重合等。

（2）故障方向。

故障方向的状态设置和获取的方法，以及人工置入情况下的供电方向置入、自动检测供电方向情况下的检测对象（配电所出线开关）。

（3）故障处理类型。

包括相间短路、单相接地和高压断相等故障。

（4）故障处理模式。

相间短路故障的处理模式：人工处理、自动分段、自动恢复供电，其中自动恢复供电隐含自动分段处理；

高压断相故障的处理模式：人工处理、自动分段。

（5）故障数据召唤等待时间。

根据具体供电区间的 FTU 数量、通信方式等确定。

（6）小电流接地故障暂态零序电流值的选择。

可以选择暂态零序电流的 1/8 周波、1/4 周波、1/2 周波、全周波暂态等作为比较大小的对象。

（7）FTU 号。

FTU 号即 source ID 号（与线路参数中的"站端 RTU 号"一致）。

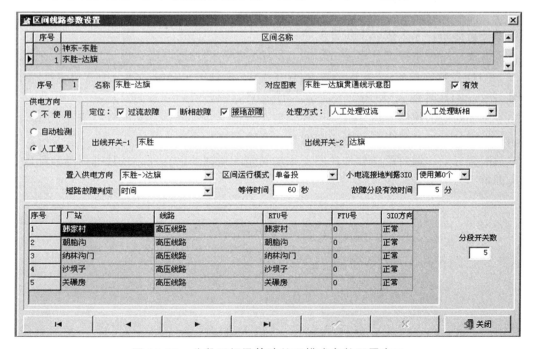

图 13.39　分段区间及故障处理模式参数配置窗口

第四节 添加新子站到主站

一、前置机参数配置

在前置机主界面上，点击"参数设置/端口参数"。在左边空白记录上添加端口，起一个好识别的端口名称，如"锦州南站TCP13"，填写RTU主机IP和端口号。

在前置机界面上，点击"参数设置/RTU参数"。添加一个新的RTU，如"锦州南站FTU"。检查是否"使用"了。是否已经选择了"遥信字D0K0"、"主站对时"等参数。RTU类型如果是信号电源就选择"信号电源"，如果是高压断路器就选"FTU"。其中站址是站端设备设定好的。新添其他站可以在空白记录添加，并且对每个RTU进行参数配置。RTU参数配置好后，退出RTU参数配置界面。

在前置机界面上，点击"参数设置/规约参数"。在左边点击空白记录，这里假定为33号记录，在右边的规约类型中选择"23：1801V6t"。规约描述"锦州南站1801"，选择"使用"、"处理事项"。"通讯端口数"设置为1，并其在下面的选择框中点击选中刚才在"端口参数"中配置的端口"锦州南站TCP13"。RTU数中配置为"1"（如果 m 个站共用一个通道，则配置"m"），在下面的选择框中选择新添加的站——锦州南站FTU。点击下面的勾号按钮保存，重新启动前置机程序。这样如果通道正常，前置机即可正常收发新加站的数据了。

如果是在固有的通道上添加一个站，只需要点击"参数设置/规约参数"。RTU数中配置加"1"（如果添加 m 个站共用一个通道，则配置加"m"），在下面的选择框中添加的新站即可。

二、后台参数配置

如果是新加站，那么按以下步骤配置：

（1）需要在后台主控"基本参数"的"厂站参数"的左边点击空白记录添加一个车站。

（2）RTU参数中添加："基本参数/RTU参数"，添加的记录号必须与前置机RTU参数中的序号一致，RTU名称，"使用"，"遥信字D0K0"。

（3）添加对应的线路参数。

（4）根据站端设备提供的信息表配置遥测参数、遥信参数。

参数配置好后，通过绘图软件在图上添加新站的遥测遥信元件，并且进行参数配置，保存图表即可。

参 考 文 献

[1]　张明光. 电力系统远动及调度自动化[M]. 北京：中国电力出版社，2010.

[2]　柯志敏. 微机远动监控技术[M]. 北京：北京交通大学出版社，2012.

[3]　钱清泉. 电气化铁道微机监控技术[M]. 北京：中国铁道出版社，2000.

[4]　盛寿麟. 电力系统远动监控原理[M]. 2 版. 北京：中国电力出版社，2003.

[5]　柳永智. 电力系统远动[M]. 北京：中国电力出版社，2003.

[6]　路文梅. 变电站综合自动化技术[M]. 北京：中国电力出版社，2007.

[7]　李敏. 远动技术基础[M]. 北京：中国水利水电出版社，2001.

[8]　柳明宇. 牵引供电综合自动化技术[M]. 成都：西南交通大学出版社，2007.

[9]　林生. 计算机通信与网络教程[M]. 2 版. 北京：清华大学出版社，2004.

[10]　何宗华. 城市轨道交通供电系统运营与维修[M]. 北京：中国建筑工业出版社，2005.